Romanik der Ile-de-France

MCMLXXXIII
ZODIAQUE

Anne Prache

Romanik der Ile-de-France

(Paris und Umgebung)

zodiaque – echter

Titelbild des Schutzumschlags: *Chartres, Kathedrale Notre-Dame, Glasfenster: der Baum Jesse*
Umschlag Rückseite: *Morienval*

Dank

Die meisterhaften Schwarzweißaufnahmen dieses Kunstbildbandes erlangen ihre volle Brillanz erst durch die Anwendung des heute selten gewordenen Druckverfahrens der Heliogravüre (Kupfertiefdruck). Diese Technik ermöglicht die volle Ausspielung der Schwarzweißnuancen in der Fülle des Lichtes wie in der Tiefe des Schattens. Trotz des relativ hohen Kostenaufwandes, der mit diesem hochwertigen Verfahren verbunden ist, hat der Kupfertiefdruck bei Zodiaque-Echter Tradition. Da er immer seltener Anwendung findet, fühlen wir uns verpflichtet, der Druckerei Nancy-Hélio besonderen Dank zu sagen.

Deutsche Übersetzung: Gisela Umenhof und Karl Kolb
Fotos: Angelico Surchamp – Zodiaque.

Der Bildteil wurde in Frankreich gedruckt.
Satz und Druck des Textteils sowie buchbinderische Verarbeitung: Echter Würzburg, Fränkische Gesellschaftsdruckerei und Verlag GmbH
ISBN 3-429-01029-2

Inhalt

Das Beauvaisis und das westliche Tal der Oise

Das Vexin und das Tal der Seine

Der Südwesten

Der Südosten

Die romanische Kunst der Ile-de-France

Die in Paris und in der Umgebung der Hauptstadt im Laufe des 11. und in der ersten Hälfte des 12. Jahrhunderts entstandenen Bauwerke bilden den Gegenstand dieses Bandes über die romanische Ile-de-France. Die Grenzen dieser Provinz lassen sich nicht eindeutig festlegen, sie haben zu allen Zeiten immer wieder Veränderungen erfahren. Gerade in der Ile-de-France hat die monumentale Kunst – die Architektur und die Plastik – in der ersten Hälfte des 12. Jahrhunderts eine sehr eigenwillige Entwicklung genommen: Die Kunst dieses Zeitabschnittes zu beschreiben, heißt zugleich, den Ursprüngen der Gotik zu begegnen.

Die geographischen und historischen Grenzen

Die Ile-de-France hat keine natürlichen Grenzen. Sie ist das Herz des Pariser Beckens, dessen Umrisse wie die Ostgrenze Frankreichs einen weiten, auf andere Provinzen übergreifenden Kranz zeichnen. Die große Achse dieses Beckens bildet von Südosten nach Nordwesten die Seine mit ihren Zuflüssen. Paris selbst liegt zwischen zwei Hauptzuflüssen: der Marne, die von Nordosten kommt, und der Oise, die den Norden der Region durchquert. Ourcq und Aisne im

Norden, Loing und Essonne im Süden verdichten das Netz der schiffbaren Wasserstraßen. Die Flüsse bewässern Ebenen und Hochflächen, die zu den fruchtbarsten ganz Frankreichs zählen. So war die Besiedlung hier bereits zu karolingischer Zeit dichter als anderswo. Auf den sandigeren Anhöhen erstrecken sich die Wälder des Pariser Raums.

Die für unsere Darstellung gewählten Grenzen entsprechen im Osten denen des Departements Seine-et-Marne, das einen Teil der ehemaligen Brie Champenoise einschließt. Nördlich der Marne folgt die Ostgrenze annähernd der Linie von Château-Thierry nach Soissons und umfaßt den größten Teil des Departements Oise mit dem Beauvaisis. Im Westen trennt das Tal der Epte das Vexin Français vom Vexin Normand, und südlich der Seine umfaßt unser Gebiet das Departement Eure-et-Loir. Seine Südgrenzen vereinigen sich mit denen des Departements Seine-et-Marne und durchschneiden dabei das Gâtinais. Die heutige Region Ile-de-France erstreckt sich nicht ganz so weit; das Departement Eure-et-Loir ist der Region Centre eingegliedert und das Departement Oise der Picardie. Diese administrative Aufteilung ergab sich aus praktischen Gründen. In romanischer Zeit hingegen war eine Stadt wie Senlis, die an der Oise liegt, nicht von der Ile-de-France zu trennen.

Die Herkunft der Bezeichnung Ile-de-France bleibt unklar. Der Name »Frankreich« leitet sich von den Franken ab, ganz wie bei der Landschaft Franken in Deutschland. Die Ile-de-France bildet aber nur einen Teil der Gebiete, die der Anführer der Franken, Chlodwig, der erste König Frankreichs, Ende des 5. und Anfang des 6. Jahrhunderts erobert hatte. Nach 511 teilten die Söhne Chlodwigs die Königreiche Paris, Orléans und Soissons untereinander auf. Etwas später unterscheidet man Austrasien, welches den östlichen und nordöstlichen Teil des Fränkischen Reiches mit den Hauptstädten Metz und Reims umfaßte, und Neustrien oder *Francia occidentalis*, das sich von der Loire zum Escaut und vom Soissonnais zur Normandie erstreckte. Hier waren Paris, Soissons, Orléans und Tours die Hauptstädte.

Pützger (83) 37
Ploetz p 457f.
DTV 120-22

Die Merowinger bevorzugten Paris, eine im Römischen Reich noch unbedeutende Stadt. Sie besaßen Güter und Residenzen rund um Paris: in Chelles, in Nogent-sur-Marne, in Gentilly, in Palaiseau, Rueil und Clichy. Auch gründeten sie in der Nähe drei große Abteien: Sainte-Geneviève, Saint-Germain-des-Prés und Saint-Denis. Unter ihrer Herrschaft spielte Paris zum ersten Mal eine bedeutsame Rolle.

Die karolingischen Herrscher stammten vom Hausmeier Karl Martell ab, der ursprünglich aus Austrasien kam. Gleichwohl ist Pippin der Kurze, der Vater Karls des Großen, im Jahre 751 in Soissons zum König ausgerufen und 754 von Papst Stephan II. in Saint-Denis gekrönt worden. Die karolingischen Herrscher besaßen Burgen und große Ländereien an der Aisne und der Oise, vorwiegend um Compiègne und Verberie. Ihre Macht wurde durch die Teilungen und die normannischen Einfälle in der zweiten Hälfte des 9. Jahrhunderts geschwächt. So mußten sie ihre Macht lokalen Herrschern abtreten, vor allem aber dem Herzog von Franzien, Robert le Fort, und dem Grafen von Paris, Eudes. Die *Francia occidentalis* beschränkte sich auf ihre Besitzungen, die sich von Senlis nach Orléans im Norden und im Süden auf Paris erstreckten. Das Herz der Domäne war das französische Becken zwischen Saint-Denis und Senlis im Osten des Hügels von Écouen. Aus dieser Domäne ging die Ile-de-France hervor.

In romanischer Zeit fiel diese Landschaft zum Teil, aber nur zum Teil, mit der Krondomäne der ersten Kapetinger zusammen. Hugo Capet wurde 987 in Senlis zum König proklamiert. Als Nachkomme der karolingischen Herzöge Franziens war er Graf von Paris, Senlis, Dreux und Orléans. Er besaß Domänen wie die von Verberie, Städte wie Étampes und Melun und verschiedene, weitgestreute Rechte und Einkünfte. Er herrschte nicht über ein geschlossenes Territorium, doch war er als oberster Lehnsherr anerkannt, das heißt als Oberhaupt, das mehr oder weniger unmittelbar die Macht über die Lehnsherren und Vasallen innehatte. Die Kapetinger, Könige der romanischen Epoche, bemühten sich, ihre Krondomäne zu vergrößern und die direkte Macht über Paris zu erlangen. Philipp I. (1060–1108) erwarb das Gâtinais, Château-Landon und Montlhéry. Ludwig VI. (1108–1137) erweiterte seine Autorität auf Montmorency, Beaumont-sur-Oise, Chevreuse und Corbeil. Die Herren von Valois, von Meulin und des Vexin waren ihm direkt unterstellt. Eine Ausnahme bildete Chartres, denn diese Stadt gehörte zur Grafschaft Blois, verbunden mit der Grafschaft Champagne, einer großen Rivalin des Königtums. Wenn also die Krondomäne der Kapetinger auch die wichtigsten Städte der Ile-de-France einschloß, so deckt sie sich doch nicht mit ihren Grenzen. Orléans zum Beispiel war eine königliche Stadt, Chartres aber nicht.

Auch die Diözesen bildeten im Mittelalter keine einheitlichen Verwaltungsgebiete. Paris hing vom Erzbistum Sens ab, während Senlis, Soissons und Beauvais zur Kirchenprovinz Reims gehörten. Innerhalb einer Diözese konnten verschiedene Mächte herrschen. So gehörte Poissy als Sitz einer königlichen Residenz der Kapetinger zur Diözese Chartres und nicht zur Diözese Paris. Der Einfluß des Königs erstreckte sich allerdings, selbst außerhalb der Krondomäne, auf die ganze Ile-de-France. So konnte er beispielsweise bei der Wahl des Bischofs von Soissons intervenieren. In Chartres unterhielten der Bischof und die Theologen, die sich dort in der berühmtesten Schule jener Zeit zusammenfanden, laufend Beziehungen zu den Theologen von Saint-Victor in Paris.

Vom Ende des 11. Jahrhunderts an ist dann die Entwicklung von Paris der wichtigste Faktor für die Herausbildung einer regionalen Einheit. Im 11. Jahrhundert unterscheiden die Historiker noch zwei Gebiete, das dynamischere nördlich der Seine, das einstige Herrschaftsgebiet der Karolinger, und das konservativere südlich der Seine. Im 12. Jahrhundert ist dann Paris der allgemeine Mittelpunkt geworden. Seine Ausstrahlung bestätigt sich in vielen Kunstwerken. Gelegentlich sind aber auch Kontakte zu den benachbarten Gebieten, der Champagne, Burgund, dem Loire-Tal und der Normandie zu beobachten. Doch schon vor der Mitte des Jahrhunderts übernimmt die Ile-de-France mit Paris, Saint-Denis, Étampes und Chartres die Führung und schafft bahnbrechende Werke, in denen sich bereits die Gotik ankündigt.

Paris gilt von nun an als Hauptstadt und Sitz des Königtums. So entsteht rund um dieses Zentrum die neue Kunst, natürlich vor allem sakrale Kunst. In Paris und Chartres, in den Abteien und den Domschulen treffen sich die größten Denker der Zeit, jene Denker, die die Theologie und Spiritualität durch klarere und fortschrittlichere Methoden zu bereichern suchten, aus welchen dann die Scholastik hervorging. Sie brachten das neuplatonische Gedankengut der christlichen Antike wieder zu Ehren, und betonten die Erleuchtung, die Geist und Herz ins Übersinnliche transzendieren soll. Unter ihrem Einfluß entwickelte sich – wie es die Kunsthistoriker E. Panofsky und A. Katzenellenbogen herausgestellt haben – eine leichte, lichtdurchflutete Architektur, es entstanden Portale mit reichen Bildprogrammen als Träger spiritueller Botschaften, vielschichtig, aber klar konzipiert. Vielleicht ist dies letztlich der bemerkenswerteste Charakterzug der romanischen Kunst der Ile-de-France: Der Impuls eines spirituell erneuerten Denkens ließ unvergleichbare Werke enststehen, in denen sich traditionelle, durch die größten romanischen Bauten inspirierte Architektur mit einer schöpferischen Kraft verbindet, die neue Formen hervorbringt.

Die Architektur

Die romanische Architektur der Ile-de-France wurde lange Zeit als zweitrangig betrachtet, weil sie, abgesehen vom Untergeschoß der Kirchtürme oder den Chorhäuptern, wenig Steingewölbe aufzuweisen hat. Dennoch haben E. Woillez und E. Lefèvre-Pontalis schon im

19. Jahrhundert die Bauwerke in der Region nördlich von Paris untersucht. Etwas später interessierte sich L. Régnier für die Kirchen des Vexin, und in jüngerer Zeit haben F. Deshoulières, L. Grodecki und M. J. Hubert ihre Aufmerksamkeit den großen Werken des 11. Jahrhunderts zugewandt.

Die Bauten dieser Landschaft gelten oft als Erben der karolingischen Kunst. Die Basse-Œuvre, das Ende des 10. Jahrhunderts errichtete Langhaus der Kathedrale von Beauvais, läßt dieses Erbe ermessen. Das Mittelschiff wird von zwei Seitenschiffen flankiert. Die Leichtigkeit des hölzernen Dachstuhls erlaubte weite Wandöffnungen in verhältnismäßig dünnen Mauern. Dieses Erbe blieb in der romanischen Epoche gewahrt. Vor kurzem stellte M. J. Bony fest, daß die Kirchen der Ile-de-France nie ihre leichte Struktur und ihre Lichtfülle aufgegeben haben: Diese beiden Eigenschaften übertrug man auch auf die mit Steingewölben errichteten Bauwerke, und schließlich spielten sie in der Entwicklung der gotischen Architektur eine entscheidende Rolle. Gleichwohl trifft man auch in der Ile-de-France auf bereits in romanischer Zeit eingewölbte Schiffe. So tragen die Kirchen von Fleury-en-Bière (Bild 153) und Villennes-sur-Seine (Bild 100) Kreuzgratgewölbe, und die Ostjoche des Hauptschiffs von Saint-Loup-de-Naud (Bild 148) waren bis zum Ende des 19. Jahrhunderts tonnengewölbt.

Die Merkmale der Basse-Œuvre – Hauptschiff mit Seitenschiffen, doppelgeschossiger Aufriß mit Arkaden und Obergaden, Holzdekkung – blieben in der romanischen Kunst lebendig, wie die zahlreichen Kirchen dieses Typus zeigen. Mit einem einzigen Schiff begnügten sich nur bescheidene Bauwerke wie die in Gaillon und Omerville. Ein weiterer Gesichtspunkt der Basse-Œuvre lebte in der romanischen Epoche fort: Die vertikale Betonung der Wände fehlt sowohl innen wie außen. Doch gibt es auch hier Ausnahmen. Vom 11. Jahrhundert an besitzen die Abteikirchen von Saint-Germain-des-Prés (Bild 4) und Morienval (Bild 23) und die Bauwerke, die unter ihrem Einfluß entstanden, wie die Kirche in Ressons-le-Long, Dienste oder Wandvorlagen, die bis zum Gebälk des Mittelschiffs emporlaufen. Die Arkaden der Basse-Œuvre sind ohne jede Stufung in die Wand eingeschnitten. Die quadratischen Pfeiler wirken massig und schließen unter den Arkaden nur mit einem Kämpfergesims ab. Diese karolingischen Elemente bestehen manchmal bis ins 11. Jahrhundert fort, verschwinden in der Ile-de-France jedoch vollends im 12. Jahrhundert. In einigen Bauten deutet sich schon im 11. Jahrhundert die Entwicklung zu Arkaden mit gestufter Rundung und zu Pfeilern an, die sich aus mehreren Stützgliedern zusammensetzen. Saint-Germain-des-Prés und Morienval sind auch in dieser Hinsicht die richtungweisenden Beispiele. Die Pfeiler mit abgerundeten Ecken, die wie in Bury (Bild 68) schmalen Diensten gleichen, traten erst gegen Mitte des 12. Jahrhunderts auf. Noch etwas später entstanden im allgemeinen die spitzbogigen Arkaden von Bury, Berzy-le-Sec, Saint-Martin-des-Champs (Bild 5) oder Notre-Dame in Étampes (Bild 110).

Die Fenster der Basse-Œuvre sind kaum ausgeschrägt. Die Ausschrägung verstärkte sich im Laufe des 11. Jahrhunderts; besonders im Innern findet man sie gelegentlich abgestuft. Die Fenster der Hochschiffwand blieben kahl, während man sie in der Apsis mit Säulen und skulptierten Archivolten schmückte. Dieser Dekor erstreckte sich dann im 12. Jahrhundert auch auf das Langhaus. Im allgemeinen liegt das Obergadenfenster in der Achse der Arkaden, selbst dann, wenn die vertikale Betonung fehlt. Über den Pfeilern eingelassene Fenster wie in Béthisy-Saint-Martin oder in Cormeilles-en-Vexin sieht man selten. Hier sind sie keineswegs als Zeichen für eine archaische Bauweise zu verstehen, sondern eher – wie Lefèvre-Pontalis bemerkt – als Sparmaßnahme, weil diese Partie es zuließ, die Traufseitenmauern und das Dach niedriger zu halten.

Die Fassade der Basse-Œuvre ist eine einfache, mit einem Giebel bekrönte Wand. Ausgrabungen förderten Reste einer ursprünglichen Vorhalle zutage. Fassadenvorhallen und Giebelmauern bestanden in romanischer Zeit nebeneinander. Die einfache Fassade findet man häufig bei bescheidenen Kirchen und sogar bei bedeutenderen Bauten wie Notre-Dame in Château-Landon. Die Vorhalle steht auch vor den Schiffen kleinerer Kirchen, besonders im Gâtinais.

Eine eigenere Lösung stellen die Glockentürme vor der Fassade dar, Turmvorhallen mit einem überwölbten Eingang im Erdgeschoß. Diese Lösung wurde schon bei der Kathedrale von Reims Ende des 10. Jahrhunderts angewandt. Sie fand in der Ile-de-France weite Verbreitung, gerade auch in Nachahmung der Turmvorhalle von Saint-Germain-des-Prés (Bild 1). Diese Kirche scheint in der Tat einen sehr starken Einfluß ausgeübt zu haben, gleichermaßen nördlich wie südlich der Seine. Ein Jahrhundert im voraus verdeutlicht sie die Überlegenheit, die Paris gegenüber der regionalen Kunst gewann. Die Kirchtürme werden wegen ihrer Zahl, ihrer Vielfalt und Schönheit in einem eigenen Kapitel beschrieben. Wir wollen hier nur noch daran erinnern, daß sich in der ersten Hälfte des 12. Jahrhunderts unter dem Einfluß der Normandie eine harmonische Fassade entwickelte, bei der zwei Türme die Vorhalle rahmen wie in Saint-Leu-d'Esserent oder später in Saint-Denis und bei der Kathedrale von Chartres.

Ein Querschiff trifft man häufig an, ohne daß es zur Regel wurde. Sehr oft fügte man im nachhinein Querschiffarme an das ursprüngliche, einfache Chorjoch an, um so ein Querschiff zu erhalten, wie wir es in Marolles-sur-Ourcq beobachten. Auch können Chor und Querschiff einem späteren Bauabschnitt angehören wie in Villers-Saint-Paul und Bury. War das Querschiff von Anfang an vorhanden, so ragt es selten über die Seitenschiffe hinaus. Während die Seitenarme in Maule und Juziers keine östlichen Kapellen besitzen, fügen sich in Morienval (Farbtafel Seite 97), in der von Notre-Dame in Château-Landon (Bild 134) oder in Saint-Pierre-de-Montmartre in Paris (Bild 11) zwei symmetrische Kapellen an. Den halbkreisförmigen, mit einer Halbkuppel versehenen Kapellen geht meistens ein im allgemeinen tonnenüberwölbtes Chorjoch voraus. Wenn das Querschiff fehlt, enden die Seitenschiffe mit einer geraden Mauer oder mit einem Turm wie in Rhuis (Bild 32) und Berzy-le-Sec oder mit einer halbrunden, die tiefere Chorapsis flankierenden Kapelle wie bei den Kirchen in Retheuil und Oulchy-la-Ville. Genauso dürfte es in Oulchy-le-Château gewesen sein.

Einfache Apsiden wie in Juziers (Bild 79) oder Berzy-le-Sec (Bild 49) sind häufig anzutreffen. Wir begegnen aber auch oft dem rechteckigen Chor wie in Ressons-le-Long, La Villetertre, Cormeilles-en-Vexin, Épône, Fleury-en-Bière, manchmal mit Kreuzgratgewölbe wie in Saint-Lazare in Voisinlieu. Sehr früh, vermutlich seit 1120, wurde der Chor mit Kreuzrippen eingewölbt, während die Apsis eine einfache Halbkuppel trug, die mitunter auch mit Rippen versehen war. Die großen Bauwerke besitzen komplexere Chorhäupter. Der Pseudochorumgang in Morienval wurde erst Anfang des 12. Jahrhunderts angebaut. Doch bereits seit dem 11. Jahrhundert besaß diese Abteikirche ein gestaffeltes Chorhaupt, das aus drei Apsiden zwischen zwei Türmen bestand. Dieses Chorhaupt leitet sich von in dieser Gegend fremden Vorbildern ab, die auf die vom heiligen Mayeul in Cluny errichtete Kirche des 10. Jahrhunderts zurückgehen. Das viel bemerkenswertere Chorhaupt der Notre-Dame in Chartres kennen wir durch die kurz nach 1020 gebaute Krypta. Auf dieses Chorhaupt mit Chorumgang öffnen sich strahlenförmig drei Kapellen. Es gibt vielleicht – dies ist allerdings umstritten – Vorgänger in Clermont-Ferrand oder Saint-Martin in Tours, doch handelt es sich hier um das älteste Chorhaupt dieses Typus, das erhalten blieb und in der Höhe der Krypta ganz eingewölbt ist. Es fand in Chartres selbst Nachahmung, in Saint-Martin-au-Val (Saint-Brice) im 11. und in Saint-Père im 12. Jahrhundert, in Dangeau, Saint-Martin in Étampes und wahrscheinlich in der Madelaine in Châteaudun. Außerhalb der Ile-de-France hat es sehr früh das Chorhaupt der romanischen Kathedrale von Rouen beeinflußt.

Im 12. Jahrhundert vervielfältigten sich derartige Experimente. Saint-Étienne in Beauvais besaß einen geraden Chor mit rechteckigem

Chorumgang. Er kam bei Ausgrabungen zutage und scheint Einflüsse der britischen Insel verarbeitet zu haben. Notre-Dame in Poissy schließt mit einer halbrunden Apsis ab. Deren Chorumgang besaß anfangs keine Kapellen, vergleichbar dem ursprünglichen Chorhaupt der Abteikirche Jumièges in der Normandie. Der Chor von Notre-Dame in Étampes liegt zwischen den doppelten Seitenschiffen, die in Apsiden enden. Andererseits baute man schon vor 1100 in Saint-Lucien in Beauvais aneinandergrenzende Kapellen um den Chorumgang, wobei die Scheitelkapelle rechteckig war, die übrigen Kapellen hingegen einen halbkreisförmigen Grundriß hatten. Die Wirkung, die man damit erzielte, blieb die von geschlossenen Einzelräumen. Einen Schritt weiter wagte man sich in der Kirche Saint-Martin-des-Champs mit einem Chorhaupt, bei dem eine kleeblattförmige Scheitelkapelle von wenigen tiefen, aneinandergrenzenden und mit einem gemeinsamen Dach gedeckten Kapellen umgeben war. Diese Lösung wurde in abgewandelter Form in der Krypta und im Chorhaupt von Saint-Denis wiederaufgegriffen. So entstand in Paris das Urbild des Chorhauptes der großen gotischen Kathedralen.

In verschiedenen Bauten blieben Krypten erhalten. Eine Hallenkrypta aus drei Schiffen gibt es zum Beispiel in Saint-Martin-au-Val in Chartres (Bild 129). In der Kirche Notre-Dame in Étampes liegt ein großer rechteckiger, kellerartiger Raum unter dem Nordarm des Querschiffs. Die Krypta von Notre-Dame in Chartres fällt mit ihren beiden langen, parallel liegenden Stollen, ihrem Chorumgang und ihren prächtigen Kapellen aus dem Rahmen des üblichen. Sie scheint der Madeleine in Châteaudun nachgeahmt worden zu sein. Die große einschiffige Krypta von Saint-Séverin in Château-Landon bildet eine Unterkirche (Bild 138). Die Krypta von Saint-Denis, in der sich die karolingische Krypta bewahrt hat, entspricht in ihrer Anlage dem Chorhaupt mit den aneinandergrenzenden Kranzkapellen.

Der ornamentale Schmuck der romanischen Kirchen in der Ile-de-France beschränkt sich im 11. Jahrhundert auf Kapitelle, Tür- und Fenstergewände, Hauptfassaden und Glockentürme. Im 12. Jahrhundert breitet er sich auf die Wände der Schiffe aus und entwickelt sich besonders im Beauvaisis und Soissonnais. Der Nordarm des Querschiffs von Saint-Étienne in Beauvais, die Wandsäulen und das Kranzgesims des Hauptschiffs, die Apsis der Kirche in Berzy-le-Sec und die darüber im Giebel eingelassene Nische liefern dafür die besten Beispiele. Doch blieb der ornamentale Aufwand begrenzt. Mitunter konzentriert sich die Aufmerksamkeit auf die Westfassade oder ein Hauptportal im Seitenschiff wie bei der Kirche Notre-Dame in Étampes (Bild 105). Doch immer bleibt der plastische Schmuck eng an die architektonische Struktur gebunden.

Die Skulptur

Eine Gesamtdarstellung der romanischen Skulptur in der Ile-de-France liegt bislang noch nicht vor. Was Teilpublikationen über ein Bauwerk oder eine Gruppe von Bauwerken veranschaulichen und was sich aus der Betrachtung der Werke ergibt, ist wesentlich vielfältiger, als man gewöhnlich annimmt. Die Ile-de-France bildet kein in sich abgeschlossenes Gebiet. So lassen sich dort mehrere Strömungen deutlich unterscheiden, die aus den regionalen vorromanischen Traditionen hervorgingen.

In der frühen Romanik hat es an den Portalen keine erzählenden Szenen gegeben. In dieser Hinsicht spielte die Ile-de-France keine Burgund oder dem Languedoc vergleichbare Rolle. Die erste Bauplastik der Gegend findet man an den Tür- und Fensterrahmungen und besonders an den Kapitellen. Die Bildhauer des zweiten Viertels des 12. Jahrhunderts nutzten die anderswo erworbenen Erfahrungen und wuchsen über ihre Vorgänger hinaus. Von da an tritt ihre Kunst in ein neues Zeitalter. Sie hat bereits ein gotisches Erscheinungsbild, obwohl sie noch ganz in romanische Zusammenhänge eingebunden ist. Diese für die Gegend charakteristische Zweigleisigkeit läßt sich in der Plastik ebenso nachweisen wie in der Architektur: Bereits vor der Mitte des 12. Jahrhunderts entwickelte der politische, wirtschaftliche und intellektuelle Mittelpunkt des Königreichs eine Dynamik und Kraft, die immer wieder überrascht.

Die Anfänge muß man in uns überkommenen Zeugnissen der karolingischen Skulptur suchen, weil aus der Zeit zwischen dem 10. und 11. Jahrhundert wenig erhalten blieb. Es gibt nur spärliche Reste, doch kann man mit Hilfe der Elfenbeinschnitzerei eine Kontinuität in der Entwicklung der figürlichen Darstellungen aufzeigen. Von den Kapitellen aus dem Schiff von Saint-Germain-des-Prés (heute im Musée de Cluny, Paris; Bild 2 und 3) bis zu denen in der Krypta von Saint-Denis entwickeln sich die szenischen Darstellungen ohne Anpassung an die Struktur des Kapitells. Man beobachtet ein schweres, in seinen abgerundeten Formen zugleich aber auch weiches Relief. Die Figuren scheinen aus dem Grund herauszutreten, ohne sich deutlich abzuheben. Sie sind ohne Festigkeit modelliert. Die Gewandfalten sind eingeschnitten, zusammengedrängt und gewunden. Diese Kunst steht im Gegensatz zur Kraft und Klarheit, ja Strenge der romanischen Formen südlich der Loire. Sie erinnert mehr an die karolingische, naturalistische, von der Antike beeinflußte Kunst, die zugleich voluminös und unwirklich ist, weil die Integration in einen klar definierten Raum fehlt.

Der ornamentale Schmuck besteht aus geschmeidigem Flechtwerk, aus Laubranken, die mehr in rundem als in scharfkantigem Flachrelief gearbeitet sind, wie wir sie auf den Platten der Chorschranken oder an den Säulenbasen der karolingischen Kirche Saint-Denis sehen. Die von korinthischen Formen abgeleiteten Kapitelle sind mit einfachem Blattwerk verziert; wir finden sie auch auf den Kapitellen des 9. Jahrhunderts in der Krypta von Saint-Germain d'Auxerre. Abgerundete Palmetten mit kräftigen Rippen wurden schon frühzeitig in Germigny-des-Prés geschaffen. Diese Kirche zeigt außerdem Bogenkämpfer mit geometrischen Motiven, wie sie dann später in den Kirchen dieser Gegend wiederholt vorkommen. Das Formenrepertoire der Skulptur leitet sich in der Ile-de-France im 11. Jahrhundert also zum Teil aus der nur wenig zurückliegenden karolingischen Vergangenheit ab, die für uns heute allerdings nur mehr ausschnitthaft faßbar ist. Diese damals aber noch lebendigen Quellen bestimmten eindeutig die Kunst dieser Landschaft. Die Langlebigkeit des karolingischen Erbes führte zu seltsamen Ergebnissen, wie die großen Köpfe der Kapitelle von Cergy (Bild 186 bis 188) oder Château-Landon und die figürlichen Szenen auf den Kapitellen in Saint-Thibault-des-Vignes (Bild 175 bis 177) und Deuil-la-Barre (Bild 182). Die unorganische Komposition ohne Bezug zur tektonischen Grundform des Kapitellkörpers ist auch in Sartrouville (Bild 185), Bellay-en-Vexin (Bild 190 und 191), Villennes-sur-Seine (Bild 101 und 102) und Montévrain (Bild 171 bis 174) anzutreffen. Abgeflachte Formen, die dem volkstümlichen Kunsthandwerk nahestehen, zugleich aber ungeordnet erscheinen, sieht man in Rieux, westlich von Paris (Bild 180 und 181), in Croix-sur-Ourcq (Bild 159 bis 162) oder Marolles-en-Brie im Osten der Hauptstadt (Bild 149 und 150).

Anders gestaltet sich die Skulptur von Morienval (Bild 24 bis 28), denn ihr Formenschatz aus Spiralen, Flechtwerk und geometrischen Motiven fügt sich in eine strengere Struktur ein, die sich vom korinthischen Kapitell herleitet. Die Gesamtansicht des eingebundenen Kapitellkörpers teilt sich deutlich in drei vertikale Zonen. Die obere Partie endet in betont herausgearbeiteten Ecken, während die untere an manchen Kapitellen durch eine »Halskrause« abgesetzt ist (Bild 25). Diesen Kapitelltypus mit einer strukturierten Komposition findet man weniger ausgeprägt auch in Oulchy-le-Château (Bild 40 bis 42) und besser in Villers-Saint-Paul (Bild 74 und 75) oder Arthies (Bild 192 und 193). Er verbreitete sich Ende des 11. Jahrhunderts auch in der Normandie, dort allerdings viel strenger und schematischer. So ist es nicht verwunderlich, daß die Ile-de-France zu Beginn des 12. Jahrhunderts normannische Stilmerkmale verarbeitete wie in Gassicourt (Bild 89 und 90) und in Cormeilles-en-Vexin (Bild 81 bis 84). Die Faltenkapitelle, die man in der Normandie in den letzten Jahren des 11.

Jahrhunderts aus England einführte, erscheinen beispielsweise etwas später in Acy-en-Multien (Bild 163 und 164), in Rhuis oder in Saint-Père in Chartres.

Einige Kapitelle lassen jedoch auch die Durchdringung von Einflüssen unterschiedlicher Herkunft erkennen. Die Kapitelle von Crépy-en-Valois (Bild 165 bis 167) besitzen einen deutlich korinthischen Akzent, der nur vom Loire-Tal kommen konnte, etwa von der Bauhütte der Vorhalle in Saint-Benoît. Die Kapitelle von Soissons (Bild 168 bis 170) aber zeigen Berührungspunkte mit der Skulptur Burgunds zu Anfang des 12. Jahrhunderts. So herrschte im 11. Jahrhundert die Erinnerung an die karolingische Kunst vor, während sich die Region im 12. Jahrhundert von außen einfließenden Strömungen öffnete. Die neue Aufgeschlossenheit beweist sich noch deutlicher in den Kapitellen der großen Portale mit Gewändestatuen im zweiten Viertel des 12. Jahrhunderts. Man erkennt den Einfluß der romanischen Plastik des Languedoc in Saint-Denis neben Motiven, die sich aus den näheren Goldschmiedewerkstätten an der Mosel herleiten. Die Kunst von Vézelay, vor allem die der oberen Zone des Nartex', findet einen Widerhall in den erzählenden Kapitellen von Étampes und Chartres. Schließlich erscheint dann in der Krypta von Saint-Denis und im Südturm der Fassade von Notre-Dame in Chartres ein neuer Kapitelltypus mit stilisierten Akanthusblättern in flachem, aber sich deutlich abhebendem Relief mit schärferen Konturen. Die sauber geordneten Blätter wurden häufig mit dem Steinbohrer durchlöchert, wie man auch die Rippen durch Perlschnüre betonte. Diese formal raffinierte, doch manchmal etwas trockene Plastik hängt eng mit der Entwicklung der Frühgotik zusammen, die sich im Verlauf des dritten Viertels des 12. Jahrhunderts entfaltete.

Angesichts der Skulptur der Kapitelle sollte man die der Portale nicht vernachlässigen. Die meisten Tympana verzichten auf Bildschmuck. Rundbogige Archivolten umgeben die Öffnungen, Rauten oder andere geometrische Formen schmücken das Tympanon wie in Épône (Bild 86) oder in Gassicourt (Bild 87). Doch gab es auch in der Ile-de-France, wahrscheinlich seit dem Ende des 11. Jahrhunderts, Tympana mit figürlichen Darstellungen wie am Portal von Mervilliers (Bild 204). Die wenigen erhaltenen Reste zeugen möglicherweise von einem umfangreicheren Kunstschaffen, dessen Werke mit der Gotik verschwanden. Die Portale öffnen sich meist bündig mit der Außenwand, und das Gewände stuft sich in die Tiefe der Mauern hinein. Im allgemeinen ist die äußere Archivolte von einem leicht vorstehenden Reliefband umgeben, das manchmal im Gewände wiederaufgegriffen wird und als Gesims bis zu den seitlichen Strebepfeilern fortläuft wie in Bury, Catenoy und La Villetertre (Bild 95). Andere Portale werden durch doppelgeschossige Vorbauten überhöht, die in einer horizontalen Bekrönung enden wie bei der Kirche Notre-Dame in Château-Landon und Saint Étienne in Beauvais. Auf eine sehr originelle Weise können die Vorbauten ohne Obergeschoß mit einem Giebel abschließen wie in Rhuis (Bild 31), Saint-Vaast-de-Longmont und Villers-Saint-Paul (Bild 77). An der Vorhalle von Saint-Leu-d'Esserent enden die Ausschrägungen bündig mit den Strebepfeilern, und nur der Giebel scheint sich reliefartig abzuheben (Bild 78).

Die Gewände sind im 11., öfter aber noch im 12. Jahrhundert vielfach durch eine Folge rechtwinkliger Abstufungen gegliedert. In den Winkeln können Säulen eingestellt sein. Säulen und geradlinig gestuftes Gewände erscheinen manchmal gleichzeitig an einem Portal wie in Gassicourt (Bild 87). Gewöhnlich ist das Gewände durch die Kapitelle mit den Deckplatten klar von den Archivolten getrennt. Das Portal von Saint-Vaast-de-Longmont bildet durch seine ununterbrochenen Umläufe in dieser Hinsicht eine Ausnahme (Bild 37). Andere Portale, zum Beispiel in Rhuis (Bild 31), besitzen mit Rundstäben profilierte Archivolten, welche manchmal durch florale Ornamente hervorgehoben sind wie die am Querschiff von Notre-Dame in Château-Landon (Bild 135). Der häufigste Schmuck besteht aus einer Verbindung von Rundstäben und Archivolten mit geometrischem Dekor, Zinnen- oder Zickzackfriesen die – doppelt geführt – Rauten, Rhomben, Diamantspitzen, Zahnschnitte und sogar vertiefte Sterne bilden. Zinnen- und Zickzackfriese trifft man im Norden und Nordwesten von Paris häufiger an. Das Portal in Marolles-sur-Ourcq zeigt ein seltsames Motiv von stilisierten Vogelköpfen (Bild 36). Das Portal von Sainte-Anne in Gassicourt gilt mit seiner Lochperforation und seiner Arkatur auf Kragsteinen als einmalig (Bild 87).

Im geometrischen Dekor dieser Werke wollte man normannische Einflüsse sehen. Zwar war der geometrische Dekor in der romanischen Normandie weit verbreitet, doch erscheint er ungefähr zur gleichen Zeit in der Gegend nördlich von Paris, in der Oise und der Aisne, Ende des 11. Jahrhunderts. Seine Blütezeit lag in beiden Landschaften in der ersten Hälfte des 12. Jahrhunderts. In der Ile-de-France kannte man aber schon im 11. Jahrhundert zahlreiche geometrische Motive, so zum Beispiel auf den Kapitellen von Morienval (Bild 24), an Glokkentürmen und auf der Umrandung des Westfensters von Saint-Étienne in Beauvais. Es besteht kein Zweifel daran, daß es zu Beginn des 12. Jahrhunderts Berührungspunkte und einen wechselseitigen Austausch zwischen dem Vexin Français, dem Beauvaisis und der Normandie gab. Die Ile-de-France besaß jedoch auch ihre eigene Tradition. Ein Portal wie das von Marolles-sur-Ourcq geht vermutlich keineswegs auf normannischen Einfluß zurück. Außerdem sei bemerkt, daß es figürliche Tympana in Beauvais (Bild 56), Heaulme (Bild 208) und Meulan (Bild 207), also in unmittelbarer Nähe zur Normandie, gab, wo diese Darstellungsform äußerst selten anzutreffen ist, und die Gestalten in Meulan und in Heaulme in deutlichem Relief hervortreten, was in der Normandie ebenfalls nur selten vorkommt.

Die Kunst an den Portalen unterlag in der Ile-de-France im Laufe des zweiten Viertels des 12. Jahrhunderts einem entscheidenden Wandel durch die Schaffung des Säulenstatuenportals. Die bedeutendsten Beispiele waren Saint-Denis, Étampes (Bild 105) und Chartres (Bild 119). Sie fanden bald Nachahmung am Annenportal von Notre-Dame in Paris und in Saint-Loup-de-Naud (Bild 146). Diese schöpferische Entwicklung wurde nur möglich, weil sich die Ile-de-France der romanischen Kunst anderer Gegenden öffnete, dem Languedoc und Burgund. Deshalb stehen die ersten Gewändefigurenportale noch in enger stilistischer Beziehung zur romanischen Bauplastik. Die Portale von Saint-Denis und Étampes lassen darüber hinaus in den Figuren ohne Knochenbau und in der weichen Modellierung eine gewisse Kontinuität in der figürlichen Kunst der Region erkennen. Der Bruch zeigt sich dann deutlich in der Plastik des Hauptmeisters von Chartres. Sein energischer und strenger Stil kennt keine Vorgänger. Die Gesamtheit des ikonographischen Programms der drei Portale von Chartres gelangte zu einer bis dahin nie so klar definierten Synthese. Die vollkommene Anpassung dieser skulptierten Portale an ihre architektonische Struktur trägt einen schöpferischen Impuls in sich, der das Kommen der gotischen Plastik ankündigt. Es ist faszinierend, diesem plötzlichen Wandel in der Skulptur der Portale nachzugehen und zu beobachten, daß sich die Ile-de-France wie bereits in der Architektur auch in der Skulptur vor der Mitte des 12. Jahrhunderts machtvoll durchsetzte.

Die Wandmalerei

Wandmalereien gibt es in unserer Region nur vereinzelt. So ist um so mehr zu bedauern, daß noch im 19. Jahrhundert die Fresken der Kirche von Saint-Loup-de-Naud zerstört wurden. Zu den dort erhaltenen Fragmenten kommen glücklicherweise noch die beiden bemalten Wandflächen von Saint-Séverin in Château-Landon (Bild 139) hinzu. Diese Werke aus der Mitte des 12. Jahrhunderts sind in ihrem Geist, ihrer Komposition, in ihrer Raumgestaltung, ihrer Zeichnung und in ihren Farbtönen ganz und gar romanisch. Sie bestätigen die

Ansicht Louis Grodeckis, nach der sich – zumindest in der Ile-de-France – die Malerei unabhängig von der Architektur und Skulptur entwickelte.

Die Glasmalerei

Louis Grodecki hat lange und eingehend die Kirchenfenster untersucht, die Abt Suger in Saint-Denis fertigen ließ (Bild 20). Diese Glasmalerei und die drei großen Fenster der Fassade von Notre-Dame in Chartres gelten als die besten Zeugen für die monumentale Malerei der Region um die Mitte des 12. Jahrhunderts. Es ist eine Malerei, bei der die Farben nicht aufgetragen sind, sondern in der Transparenz des getönten Glases erstrahlen. Diese Kunst scheint mit ihren reich ausgeschmückten Rahmen und ihren raffinierten, kostbaren Effekten mehr der Buchmalerei, den Illuminationen, als den Fresken nahezustehen. Sie bezeugt das hohe Können der Glasmaler und erinnert daran, daß sich die Architektur des Kircheninnern in ihrer Wirkung durch den vielfarbigen Lichteinfall veränderte. Die gemalten Kirchenfenster dienten nicht nur dazu, das Bauwerk zu schließen und gleichzeitig das Tageslicht durchscheinen zu lassen, auch waren sie nicht nur Träger religiöser Darstellungen, die den Glauben und die Liturgie veranschaulichten; vielmehr steigern sie die Architektur ins Übersinnliche, denn dieses Licht im Kirchenraum entspricht keineswegs dem Tageslicht. Es ist ein leuchtendes, farbiges, vibrierendes Licht, angefüllt von Schatten und Mysterien, ein Licht, das zur Meditation und zur inneren Sammlung anregt. Es verleiht der ganzen Kirche einen spirituellen Wert und verbindet sich untrennbar mit der Kunst der Bauleute und der Bildhauer auf dem Weg zur Vollendung des materiellen Baukörpers – Bild und Symbol des himmlischen Jerusalem und der ewigen Glückseligkeit in der tiefen Gläubigkeit der Christenheit des 12. Jahrhunderts.

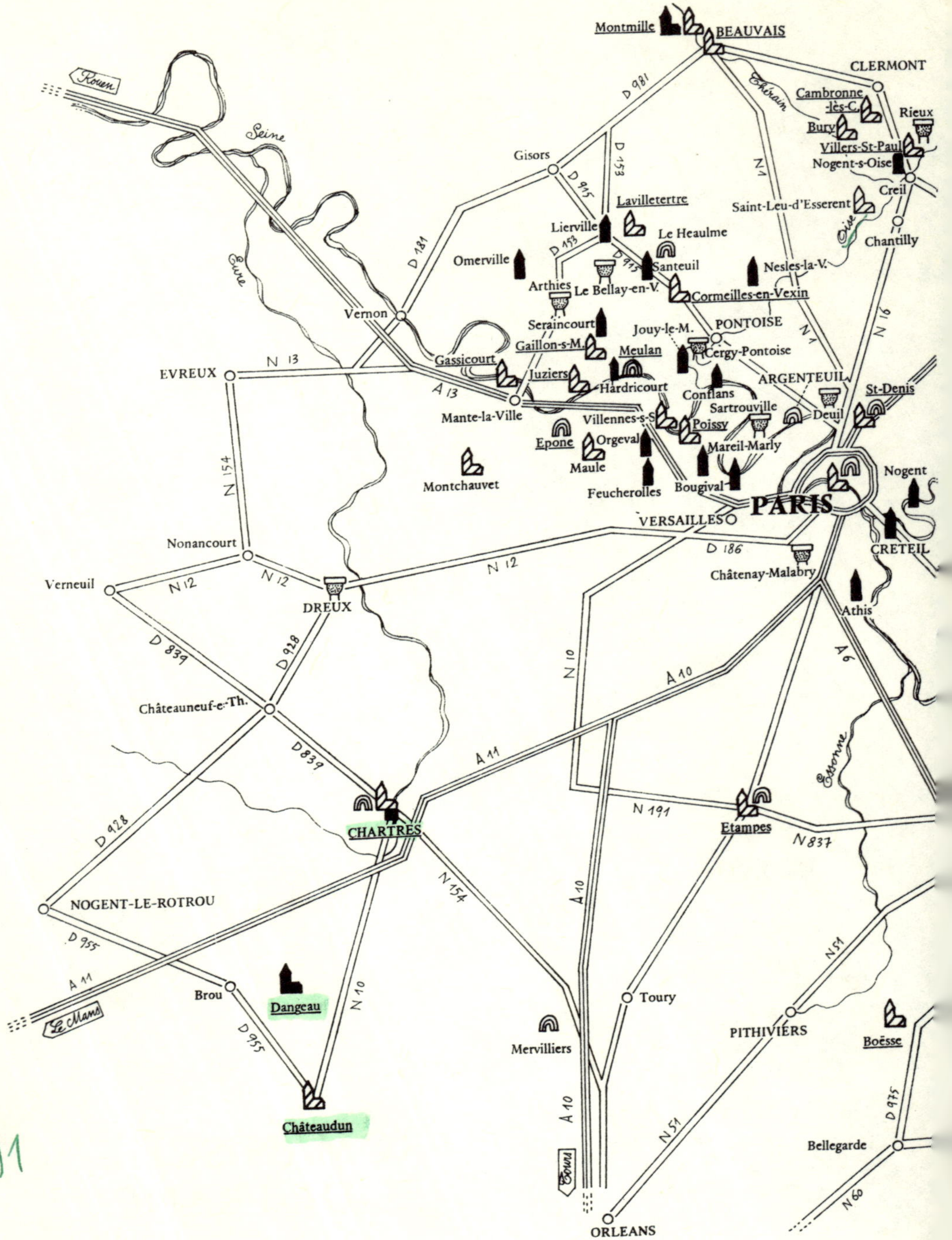

Montmille
BEAUVAIS
CLERMONT
Rouen
Seine
D 981
Thérain
Cambronne -lès-C.
Rieux
Bury
Villers-St-Paul
Nogent-s-Oise
Gisors
D 153
N 1
Creil
D 915
Lavilletertre
Saint-Leu-d'Esserent
Lierville
Le Heaulme
Oise
Chantilly
D 181
D 153
Omerville
Santeuil
Nesles-la-V.
Eure
Arthies
Le Bellay-en-V.
Cormeilles-en-Vexin
Vernon
Seraincourt
PONTOISE
N 16
Jouy-le-M.
N 1
Gaillon-s-M.
Meulan
Cergy-Pontoise
EVREUX
N 13
Gassicourt
Juziers
ARGENTEUIL
Hardricourt
Conflans
St-Denis
A 13
Mante-la-Ville
Sartrouville
Villennes-s-S.
Deuil
Poissy
Epone
Orgeval
Mareil-Marly
N 154
Maule
Nogent
Montchauvet
Feucherolles
Bougival
PARIS
VERSAILLES
Nonancourt
D 186
CRETEIL
N 12
Verneuil
N 12
N 12
Châtenay-Malabry
DREUX
Athis
D 839
D 928
N 10
A 6
A 10
Châteauneuf-e.-Th.
D 839
A 11
Essonne
D 928
CHARTRES
N 191
Etampes
N 837
NOGENT-LE-ROTROU
N 154
A 10
D 955
N 51
A 11
Brou
Dangeau
N 10
Toury
Le Mans
PITHIVIERS
D 955
Mervilliers
Boësse
A 10
D 975
Châteaudun
N 51
Bellegarde
Tours
N 60
ORLEANS

Sept. 1991

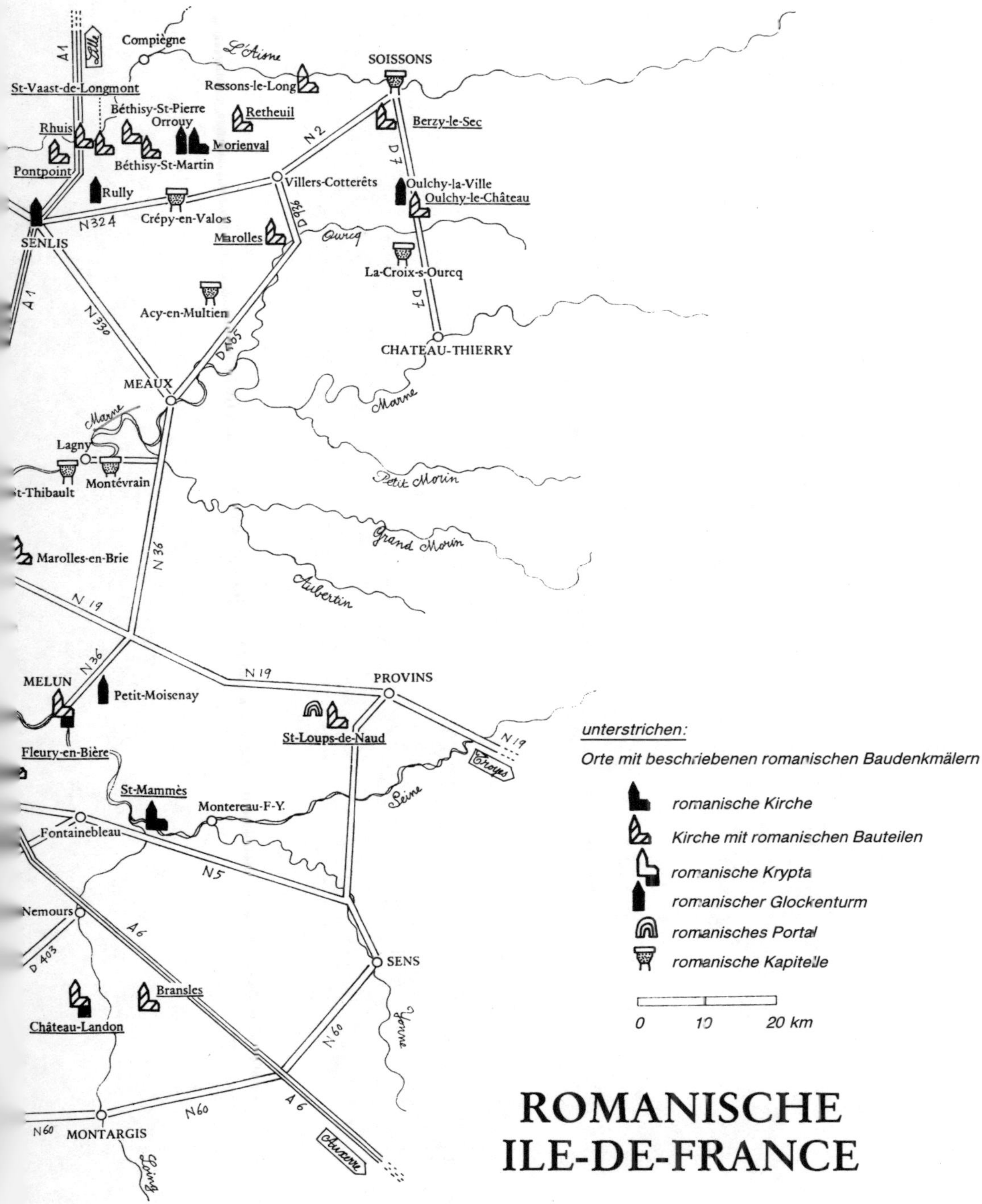

ROMANISCHE ILE-DE-FRANCE

Paris und Saint-Denis

Paris und Saint-Denis besitzen Hauptwerke der romanischen Kunst, obgleich alle Monumente dieser Epoche in der Gotik oder in späterer Zeit überarbeitet und verändert wurden. Die Abtei Saint-Denis kann man wegen der Nähe zu Paris nicht von der Hauptstadt trennen. Sie ist wie Saint-Germain-des-Prés eine auf die Merowingerzeit zurückgehende königliche Gründung und eines der meistverehrten Heiligtümer des Königreichs.

Die älteste romanische Kirche der Region blieb in Saint-Germain-des-Prés erhalten. Ihr 990 gewählter Abt Morard, ein Zeitgenosse von Hugo Capet, ließ die Turmvorhalle erbauen. Die Kirche ist mit ihren aus mehreren Stützgliedern zusammengesetzten Pfeilern, skulptierten Kapitellen und seinen beiden Chortürmen ein außergewöhnliches Werk des 11. Jahrhunderts, das einen nachhaltigen Einfluß, besonders auf die Abteikirche Morienval ausübte. Die Kapitelle des Langhauses brachte man im 19. Jahrhundert ins Musée de Cluny in Paris. Diese mit erzählerischen Szenen geschmückten Kapitelle sind in ihren unorganischen Kompositionen und dem weichen Relief sehr bezeichnend für den regionalen Stil.

Der Seitenturm der Kirche Saint-Martin-des-Champs geht auf das Ende des 11. Jahrhunderts zurück, während ihr Chorhaupt, Saint-Pierre-de-Montmartre, die Kapelle Saint-Aignan und die Fassade und Krypta von Saint-Denis aus der ersten Hälfte des 12. Jahrhunderts stammen.

Saint-Martin-des-Champs und Saint-Denis gebührt eine besondere Beachtung. Das Chorhaupt der ersten und die Fassade der zweiten Kirche sind bahnbrechende Leistungen. Die Entwicklung der Plastik läßt sich an den Kapitellen ablesen. Die Portale von Saint-Denis waren die ersten, in deren Gewände Säulenstatuen eingestellt wurden. Das Annenportal von Notre-Dame, das noch aus vorgotischer Zeit stammt, entwickelt diesen Typus in Paris selbst fort. Die Kirchenfenster von Saint-Denis schließlich liefern die ersten Zeugnisse der Glasmalerei in dieser Region.

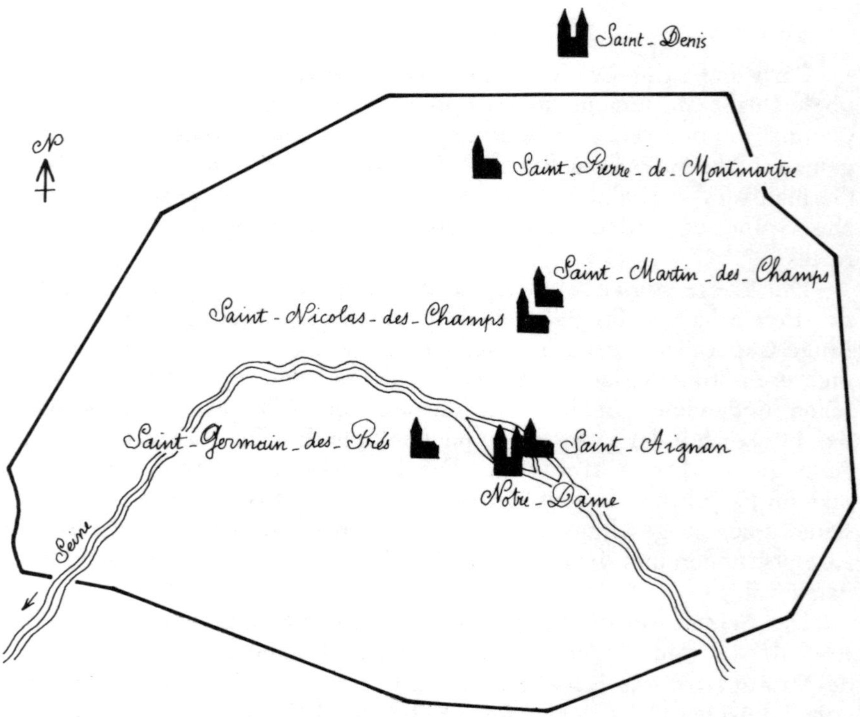

Saint-Germain-des-Prés

Geschichte

Die Kirche Saint-Germain-des-Prés erhebt sich mit ihrem hohen Turm auf dem linken Seine-Ufer im Herzen eines dicht bebauten und äußerst lebendigen Viertels. Das war nicht immer so: Ihr Name erinnert daran, daß sie im Mittelalter inmitten von Wiesen (pré = Wiese) in der Nähe von Paris, aber außerhalb der Stadtmauern lag. Auf den Pré-aux-Clercs kamen die Studenten, um sich hier zu tummeln und zu zerstreuen.

Der Ursprung der Kirche geht in die Merowingerzeit zurück. Einer der Söhne Chlodwigs, Childebert, brachte im Jahre 542 von einem seiner Feldzüge in Spanien zwei Reliquien mit: die Tunika des heiligen Vinzenz von Saragossa und ein goldenes Kreuz aus Toledo. Zur Aufbewahrung dieser Reliquien ließ er eine Basilika zu Ehren des heiligen Kreuzes und des heiligen Vinzenz errichten. Germain, der damalige Bischof von Paris, weihte sie gegen 558. Childebert wurde hier begraben, während man Bischof Germain in der Kapelle Saint-Symphorien neben der Kirche beisetzte. Der Name des heiligen Germain erscheint seit dem 7. Jahrhundert neben dem des heiligen Vinzenz. Im Jahre 756 wurden die sterblichen Überreste des heiligen Germain in Anwesenheit von Pippin dem Kurzen und seinem Sohn Karl, dem zukünftigen Karl den Großen, in die Kirche überführt. Seit dieser Zeit heißt die Kirche Saint-Germain-des-Prés.

Neben der Basilika entstand nach der Mitte des 6. Jahrhunderts ein Kloster. Seine erste Blütezeit fiel in die karolingische Epoche. Es verfügte über bedeutende Einnahmen und besaß ausgedehnte Ländereien. Seit 845 wurde es mehrmals von den Normannen überfallen. Im Jahre 861 steckten sie bei einem ihrer Streifzüge die Kirche in Brand. 869 bereits wieder aufgebaut, wurde sie von den Normannen bei der Belagerung von Paris im Jahre 885 erneut besetzt. Die Mönche hatten die Reliquien des heiligen Germain mehrmals in der Cité in Sicherheit gebracht. 888 kamen seine Gebeine wieder an ihren angestammten Platz.

Erst um das Jahr 1000 dachte man an den Wiederaufbau der Kirche. Morard, der von 990 bis zu seinem Tode im Jahre 1014 das Amt des Abtes von Saint-Germain-des-Prés innehatte, ließ die Kirche und ihren Turm neu errichten. Der Turm wird auf dem Epitaph des Abtes, das sich noch heute in der Kirche befindet, ausdrücklich genannt. Die Baudaten des Langhauses sind umstritten. Seine Obergadenfenster, die außen mit Rollenfriesen umrahmt sind, gehen nicht auf das Jahr 1000 zurück. Sie entsprechen eher dem oberen Geschoß des Vorhallenturms, das man Anfang des 12. Jahrhunderts hinzufügte. Wahrscheinlich aber wurden sie in ein älteres Mauerwerk eingelassen. Die Wände befinden sich nicht genau in der Achse des Westturms. Die Seitenschiffe standen im Westen beiderseits der Turmvorhalle offen. Die Ausgrabungen der Kapelle Saint-Symphorien im Süden werden vielleicht zeigen, ob es eine Verbindung zwischen dem Turm und dem unteren Teil des Langhauses gab. Die Steinmetzzeichen im Mauerwerk des Turms finden sich jedenfalls im Giebel des südlichen Seitenschiffs wieder. Die Kirche des 11. Jahrhunderts besaß ein Querschiff und Zwillingstürme am Eingang in den Chor.

In der Mitte des 12. Jahrhunderts wurde der Chor der Abteikirche abgerissen und durch einen gotischen Altarraum mit Chorumgang und Kapellenkranz ersetzt. Dessen Weihe erfolgte am 21. April 1163 in Gegenwart von Papst Alexander III. und zahlreichen Bischöfen. Der Abt Hugues de Monceaux (1162–1182) hinterließ einen ausführlichen Bericht darüber. Der neue Altarraum behielt aber beiderseits des ersten Chorjoches die beiden Türme der romanischen Kirche über den Seitenschiffen bei.

Im 13. Jahrhundert wurden die Klostergebäude erneuert, wobei man 1227 mit dem Kreuzgang begann. Der Architekt Pierre de Montreuil baute das Refektorium und die Marienkapelle in der Zeit von 1239 bis 1250/1255. Das romanische Querschiff der Abteikirche wurde wahrscheinlich Ende des 13. Jahrhunderts eingewölbt, möglicherweise gegen 1273, also gleichzeitig mit dem Neubau des Dormitoriums. Auch die Innenausstattung der Kirche veränderte sich im Laufe der Jahrhunderte mehrmals. Anfang des 15. Jahrhunderts schufen drei Pariser Goldschmiede einen neuen Schrein für die Reliquien des heiligen Germain. Westlich des Eingangsturms fügte man 1607/1608 eine Vorhalle an und verunstaltete dabei das aus der Mitte des 12. Jahrhunderts stammende Portal.

Im Jahre 1631 erhebt die benediktinische Kongregation von Saint-Maur das Kloster Saint-Germain-des-Prés zu ihrer Mutterabtei. Der Orden der Mauriner erneuerte zahlreiche mittelalterliche Abteien und brachte viele Gelehrte und Historiker hervor, von denen Dom Jean Mabillon der berühmteste war. Ein anderer, Dom Jacques Bouillart, veröffentlichte 1724 die *Histoire de l'abbaye royale de Saint-Germain-des-Prés,* eine Geschichte der königlichen Abtei Saint-Germain-des-Prés. Die Mauriner ließen das Mittelschiff der Kirche in den Jahren 1644 bis 1646 mit einem Kreuzrippengewölbe versehen. Dann erneuerten sie den Steinfußboden und die Ausstattung des Chors. Ferner wurde der Südarm des Querschiffs um die Kapelle Sainte-Marguerite erweitert, deren Altarweihe 1683 stattfand.

Am 13. Februar 1792 wurde die Kirche geschlossen. In demselben Jahr folgt dann auch der Verkauf der Klostergebäude an eine Salpeterfabrik. Seit der Wiederaufnahme der Gottesdienste im Jahre 1803 dient die Kirche von Saint-Germain-des-Prés als Pfarrkirche.

Im 19. Jahrhundert unterzog man den Bau einer gründlichen Restaurierung. 1819 wurde die Scheitelkapelle wiederhergestellt. 1821 und 1822 erneuerte man die vom Salpeter angegriffenen Pfeiler und wechselte die meisten romanischen Kapitelle aus. Außerdem wurde die Turmvorhalle instandgesetzt, doch zerstörte man im Zuge dieser Maßnahmen die oberen Stockwerke der Osttürme. Im Jahre 1823 erneuerte man die Strebebögen des Chorhauptes und ergänzte die Ausstattung. 1843 versah der Maler Hippolyte Flandrin den Chor mit Wandmalereien. Die Ausmalung des Langhauses erfolgte in den Jahren 1856 bis 1861. Zwischen 1848 und 1853 restaurierte der Architekt Baltard das obere Stockwerk des Vorhallenturms.

Bei den 1876 durchgeführten Ausgrabungen kamen jenseits der Südfassade des Querschiffs Grundmauern einer halbrunden Apsis zum Vorschein, die vermutlich zur ursprünglichen Kirche gehörte. In den fünfziger Jahren unseres Jahrhunderts reinigte man verschiedene Teile der Kirche, darunter die kleine Apsis im Westen am Ende des nördlichen Seitenschiffs (Taufbecken). Die Ausgrabungsarbeiten werden im Süden dieses Turmes fortgesetzt, an der Stelle der ehemaligen Kapelle Saint-Symphorien.

Der Außenbau

Ein ungehinderter Blick auf die ehemalige Abteikirche bietet sich von Süden her, seitdem auf dieser Seite im 19. Jahrhundert der Boulevard Saint-Germain durchgebrochen wurde. Im Norden ist die Ansicht zum Teil durch das Abtspalais aus dem 17. Jahrhundert verstellt. Um den Westturm zu betrachten, muß man ein wenig zurücktreten, weil die untere Partie hinter der übergiebelten Vorhalle vom Anfang des 17. Jahrhunderts und einem schmalen, senkrecht zum Schiff vor der Kapelle Saint-Symphorien errichteten Gebäude verschwindet (Bild 1).

Über diesen späteren Anbauten erhebt sich der massive Turm. Die weit vorragenden Eckstrebepfeiler sind bis zum Ansatz des letzten Stockwerks emporgeführt. In diesem im 19. Jahrhundert stark restaurierten Geschoß öffnen sich Zwillingsfenster, deren Rundbögen von schmalen Friesen eingefaßt sind und auf schlanken Säulen ruhen. Sein eleganter, offener Anblick unterscheidet sich deutlich von dem strengen Mauerwerk der darunterliegenden Stockwerke. Deshalb nimmt man an, daß dieser Bauteil aus dem 12. Jahrhundert stammt, während der Turm bis zum Ende der Strebepfeiler den Bauten des Abtes Morard zwischen 990 und 1014 zu entsprechen scheint. Unterschiede im Mauerwerk und in der Farbe des Gesteins lassen die zahlreichen späteren Ausbesserungen erkennen. In der stärkeren Ausbuchtung an der Südostecke führt eine Treppe in die oberen Stockwerke. Als Gegenstück dazu befindet sich in der Nordostecke eine überwölbte Treppe, die das Erdgeschoß mit dem ersten Stock verbindet.

Der Turm gliedert sich in mehrere Geschosse. Abgesehen von dem obersten, jüngeren Geschoß entdeckt man im Westen mehrere übereinanderliegende Öffnungen: in den beiden ersten Stockwerken einfache, im dritten Doppelfenster. Die untere Etage diente als Empore, die sich früher auf das Schiff öffnete. Die Orgel des 17. Jahrhunderts verstellt den Blick auf die Spuren dieser inneren Öffnung. Die Empore trug vor dem 17. Jahrhundert kein Gewölbe, auch nicht die oberen Geschosse. Das zweite Stockwerk besitzt ein sehr großes Fenster nach Westen. Sicherlich sah es im Norden und Süden einst genauso aus. Im Süden blieb der Bogen noch sichtbar. Das letzte Stockwerk war auf allen vier Seiten mit je einem Zwillingsfenster versehen, das sich außen jedoch kaum abzeichnet.

Nur das Erdgeschoß des Turms blieb für den Besucher zugänglich. Nachdem man die 1607 angebaute Vorhalle durchschritten hat, steht man vor dem Portal des 12. Jahrhunderts. Es entstand wahrscheinlich zur selben Zeit wie der Altarraum, der 1163 fertiggestellt war. Die Gewändefiguren gingen 1783 verloren. Das Tympanon wurde bereits im 17. Jahrhundert beschädigt. Auf dem sehr verstümmelten Türsturz läßt sich noch eine Abendmahlsdarstellung erkennen.

Besser erhalten geblieben sind die seitlichen Kapitelle. Ihre Skulptur – Blattwerk, in dem sich Harpyien und Drachen tummeln – scheint der Kapitellplastik des Altarraums nahezustehen. Durch das Portal gelangt man in die tonnenüberwölbte Turmvorhalle. Ursprünglich waren alle Seiten von großen Arkaden durchbrochen, so daß sich ein offener Zugang ergab. Nur die Bogenstellung zum Langhaus hin und die gegenüberliegende auf der Rückseite des Portals blieben erhalten. Die beiden Seitenöffnungen wurden zugemauert. Auf der Südseite der Kirche, an der man entlanggehen kann, sind die Außenmauern der beiden Seitenschiffe vollständig erneuert. Die Rundbögen der Obergadenfenster sind mit einem Rollenfries umrahmt, der von Bogen zu Bogen in einem horizontalen Band fortläuft. Eine Tür aus dem 17. Jahrhundert öffnet sich vor dem Querschiff auf das Langhaus. Nur die Obergadenfenster im Westen des südlichen Querschiffs behielten ihr romanisches Aussehen, als man das gesamte Querschiff im 17. Jahrhundert umwandelte. Weiter zum Chorhaupt hin bemerkt man an der Ostseite des Querschiffs die Reste des Turmes, von dem man 1822 den oberen Teil abtrug. Das Gegenstück dieses Turmes sieht man auf der Nordseite von der Rue de l'Abbaye aus. Hohe rundbogige Öffnungen, ähnlich denen des zweiten Stockwerks der Turmvorhalle, waren in der Außen- und der Ostseite eingelassen. Diese beiden östlichen Türme stammen ganz offensichtlich aus einer Epoche, die der des Chorhaupts voranging und bilden Teile des romanischen Bauwerks. Auf alten Zeichnungen und Stichen besitzen diese Türme drei Geschosse mehr. Möglicherweise wurden sie im 12. Jahrhundert aufgestockt, zu jener Zeit also, in der auch das obere Geschoß des Vorhallenturms entstand.

Der Innenraum

Durch die Vorhalle des Westturms gelangt man in das Langhaus der Kirche. Die Malereien von Flandrin und die Kreuzrippengewölbe des 17. Jahrhunderts machen es nicht gerade leicht, sich das romanische Erscheinungsbild zu vergegenwärtigen (Bild 4). Die Kapitelle mit ihrem plastischen Schmuck (Bild 2) und die freigelegte Bogenstellung am Eingang zur Taufkapelle gleich links in der Rückwand des nördli-

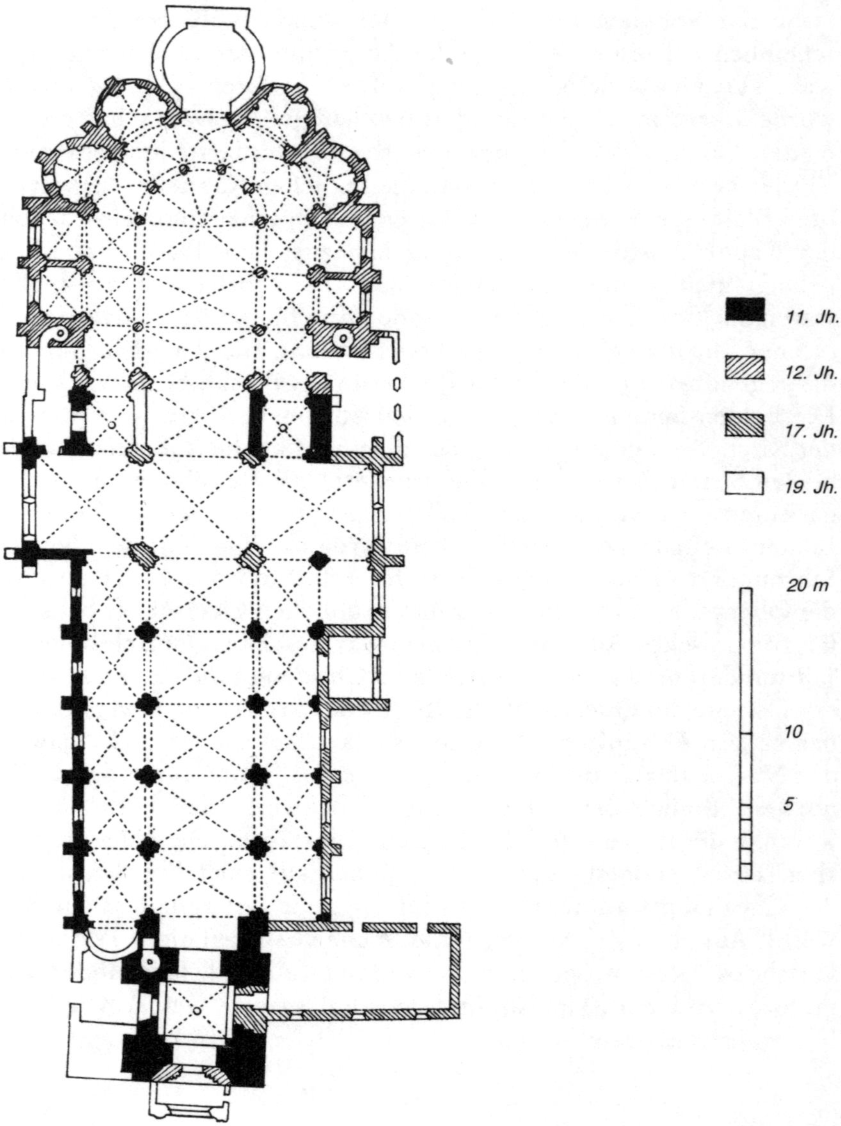

Saint-Germain-des-Prés

chen Seitenschiffs lassen uns dennoch den ursprünglichen Zustand erahnen.

Die Struktur des Mittelschiffs blieb bewahrt. Man müßte sich allerdings statt des Gewölbes eine flache Holzdecke vorstellen. Wohl waren die Wände mit Fresken bemalt, aber in weniger düsteren und schweren Farben. Das Schiff umfaßt fünf Joche in zweizonigem Aufriß: Arkaden führen in die Seitenschiffe; darüber sorgen die Obergadenfenster für den direkten Lichteinfall. Die Arkaden sind zweifach durch einen einfachen Rundstab profiliert. Sie ruhen auf Dreiviertelsäulen, die quadratischen Pfeilern vorliegen. Die Pfeiler weisen auf allen Seiten derartige Vorlagen auf. Diejenigen, die zum Mittelschiff hin ausgerichtet sind, laufen bis zum Gewölbeansatz empor und betonen die Jocheinteilung. Die schlichten, leicht ausgeschrägten Fenster befinden sich in der Achse der Arkaden. In den Seitenschiffen entspricht der Säulenvorlage am Pfeiler eine Säulenvorlage an der Außenmauer. Alles folgt hier einem bestimmten Rhythmus, und scheint für eine Einwölbung bestimmt gewesen zu sein. Doch wissen wir durch die Mauriner, daß das mittelalterliche Schiff einfach flachgedeckt war. Sein Rhythmus und die dünnen Wände sind dafür bezeichnende Merkmale.

Seit dem 11. Jahrhundert waren die Säulenvorlagen unter den Arkaden und in den Seitenschiffen mit skulptierten Kapitellen bekrönt. Einen Teil von denen, die man im 19. Jahrhundert abnahm, fand im Musée de Cluny Aufstellung. Durch den in der Revolutionszeit eingelagerten Salpeter sind sie sehr beschädigt worden. Heute nehmen Kopien ihren alten Platz ein, Kopien, die persönlich interpretiert und nicht immer originalgetreu zu sein scheinen. Die Kapitelle im Musée de Cluny und die beiden freigelegten im Westen des Langhauses zeigen entweder schlichte, gerippte Palmetten, die sich nur wenig vom Grund abheben, oder Szenen mit Menschen (Bild 2 und 3) und Tieren. Die Formen sind abgeflacht, die Konturen abgerundet, die Details nur eingeschnitten. Die Gesamtkomposition paßt sich kaum der Form des Kapitellkörpers an. Auch fehlt den plastischen Modellierungen Kraft und Schärfe. Diese Werke sind charakteristisch für eine regionale Kunst, die sich aus vorromanischen Formen ohne Verbindung zu den Erfahrungen im Languedoc und in Burgund entwickelt hat. Deshalb läßt sich ihre Entstehungszeit innerhalb des 11. Jahrhunderts auch nicht genau festlegen.

Im Querschiff entdeckt man nichts Romanisches mehr. Nur seine Breite und die rechteckige Form der Vierung entsprechen der ursprünglichen Anlage. Im Osten ist das erste Chorjoch zwischen die Sockel der beiden Osttürme eingeschoben, sein Standort konnte nicht verändert werden. Die querrechteckige Vierung läßt darauf schließen, daß die Querschiffarme schmaler sind als das Langhaus. Vielleicht waren sie ursprünglich auch niedriger als die Vierung und bildeten das, was Louis Grodecki ein »tiefes« Querschiff genannt hat. Ähnlich archaische Baustrukturen findet man in Morienval. Das rechteckige Chorjoch zwischen den Türmen schloß vermutlich mit einer Apsis ab.

Saint-Martin-des-Champs

Geschichte

Die Geschichte von Saint-Martin-des-Champs beginnt im 11. Jahrhundert. Die Kirche entstand damals außerhalb des mittelalterlichen Paris, im Norden der unter Philippe Auguste Ende des 12. Jahrhunderts errichteten Stadtmauer. Auch als Charles V. im 14. Jahrhundert einen weiteren Befestigungsring anlegen ließ, lag sie noch vor den Toren der Stadt.

1061 gründete König Henri I. hier ein Stiftskapitel. Im Jahre 1067 wurde die Stiftskirche dem heiligen Martin geweiht. Von nun an erhielt die Gemeinschaft viele Schenkungen. Zwölf Jahre später, 1079, übergab Philippe I. Saint-Martin-des-Champs der mächtigen burgundischen Abtei Cluny, die hier ein Priorat einrichtete. Der Cluniazenserorden war derart organisiert, daß nur ein einziger Abt an der Spitze aller abhängigen Klöster, das heißt der sogenannten Priorate stand. Der Südturm der Kirche (Bild 6) und die Reste einer Kapelle östlich des Turms scheinen in den Jahren nach dem Anschluß an Cluny geschaffen worden zu sein.

In der ersten Hälfte des 12. Jahrhunderts dehnten sich die Besitzungen des Priorats weiter aus, so daß sie schließlich in etwa zehn Diözesen rund um Paris und selbst in England anzutreffen waren. Hugo I., der zwischen 1130 und 1142 das Amt des Priors innehatte, ließ um das Kloster eine Wehrmauer errichten. Auch begann man wahrscheinlich zu dieser Zeit mit dem Bau des heutigen Chorhaupts, angefangen mit dem Umgang. Die kreuzrippengewölbte Apsis, die im Verhältnis zum Kapellenkranz leicht aus der Mittelachse verschoben ist, scheint etwas später entstanden zu sein. Der Prior Thibaud II., der auf Hugo I. folgte, wurde bald darauf zum Bischof von Paris ernannt. Während seines Episkopats von 1143 bis 1159 hat er die Arbeiten an Saint-Martin-des-Champs begünstigen können.

Gegen Ende des Jahrhunderts entstand im Süden des Priorats eine kleine Kirche zu Ehren des heiligen Nikolaus für die Bevölkerung der Umgebung. Die heutige Pfarrkirche Saint-Nicolas-des-Champs stammt zum größten Teil aus dem 16. Jahrhundert.

Im 13. Jahrhundert baute man eine neue, mächtigere Ringmauer. Sie umgab nicht nur die Kirche und die Klostergebäude, von denen das in eine Bibliothek umgewandelte Refektorium erhalten blieb, sondern dazu noch drei Kapellen und einen Friedhof. Refektorium und Langhaus der Kirche sind aus der 1. Hälfte des 13. Jahrhunderts.

Nach 1702 wurden die meisten Klostergebäude unter der Leitung mehrerer aufeinanderfolgender Architekten, darunter Soufflot, wiederaufgebaut. Auch die Fassade der Kirche wurde erneuert. Das Priorat ist dann 1790 aufgehoben worden. Die Gebäude dienten nun einer Waffenfabrik und seit 1798 dem Conservatoire National des Arts et Métiers. Im Laufe der 2. Hälfte des 19. Jahrhunderts fügte der Architekt Vaudoyer neue Gebäude hinzu, restaurierte die Kirche grundlegend und versah sie mit einer neugotischen Fassade. Weitere Arbeiten folgten Anfang des 20. Jahrhunderts unter der Leitung von Henri Deneux. Er ließ die Südseite der Kirche freilegen. Bei Ausgrabungen am Fuße des Kirchturms entdeckte man 1913 die Fundamente einer nach Osten ausgerichteten Apsis. Seither ist in der Kirche das Technikmuseum, das Musée National des Techniques untergebracht.

Besichtigung

Der Außenbau

Bevor man in das Conservatoire des Arts et Métiers eintritt, um die als Museumsraum hergerichtete Kirche zu besichtigen, kann man von der Rue Réaumur aus die Südseite und das Chorhaupt in Augenschein nehmen. Der massive Außenbau des einschiffigen rechteckigen Schiffes ist höher und breiter als die Apsis. Im Giebel der Verbindungsmauer öffnet sich eine Fensterrose. Die Anschlußstelle verdeckt zum Teil der Turm, der sich außen auf der Südseite der Kirche erhebt.

Der Turm steht in so ungeschickter Verbindung mit der Apsis, weil er noch aus vorangehender Zeit, aus dem 11. Jahrhundert, stammen dürfte (Bild 6). Ursprünglich war er ein Geschoß höher, doch wurde dieses Geschoß zur Kaiserzeit abgetragen. Wie das Chorhaupt ist er mehrfach durchgreifenden Restaurierungen unterzogen worden. Er steht auf quadratischem Grundriß und besitzt an den Ecken kräftige Strebepfeiler. Im Süden liegen in zwei Höhen Öffnungen übereinander, während unten ein schönes gotisches Fenster eingelassen ist. Im Osten und im Westen sieht man rundbogige Zwillingsfenster unter einem Entlastungsbogen, in jeder Seite des oberen Stockwerks ein Paar hohe Fenster. Jedes der schmalen Fenster ist etwas aus der Wandfläche zurückgestuft, so daß sie von einem großen Rundbogen überfangen werden, der auf kleinen, in die Abstufung eingestellten Säulen ruht. Die Fenster selbst tragen einen Fenstersturz. Dabei handelt es sich um einen in der Laibung ausgerundeten Stein, auf den »falsche« Keilsteine eingezeichnet sind. Im Osten des Turms entdeckte man 1913 die Reste einer Apsis. Sicher stand an dieser Stelle eine Kapelle, da die Mauer des Chorumgangs hier deutlich am Ansatz der Apsis zurücktritt. Diese Fundamente eines ursprünglichen Baus östlich des Turms sind zum Teil die Ursache für den unregelmäßigen Grundriß des Chorhaupts.

Der gesamte Außenbau des Sanktuariums ist von Vaudoyer im 19. Jahrhundert vollständig überarbeitet worden. Man unterscheidet zwei Zonen: die des Hochchors mit den von kleinen Säulen und profilierten Rundbögen gerahmten Obergadenfenstern und die der Radialkapellen, die als Kapellenkranz zusammengefaßt unter einem Dach liegen, das auch den Chorumgang überdeckt. Strebepfeiler treten an der Apsis etwas über dieses Dach heraus, darüber gliedern Säulenvorlagen die Mauern zwischen den Obergadenfenstern. H. Deneux hat beobachtet, daß die Strebepfeiler, großteils unter dem Dachstuhl des Chorumgangs verborgen, eine Art Stützmauer bilden. Sie stehen auf den Zwickeln der unteren Gewölbe und nicht auf den Gurtbögen. Auch entsprechen sie nicht den Achsen der Kreuzrippenarme der Mittelapsis. Trotzdem verstärken sie diese Apsis. Wahrscheinlich wurden sie hinzugefügt, als die Apsis im Zuge eines Bauvorgangs entstand, der später als der des Umgangs erfolgte.

Das tiefe Dach zeichnet – abgesehen von der Scheitelkapelle – einen gerundeten Umriß. Zwischen den Resten der südlichen Kapelle und der Scheitelkapelle erkennt man drei weitere nebeneinanderliegende Kapellen. Die erste besitzt nur eine Öffnung nach Osten, die folgenden erhalten ihr Licht durch zwei rundbogige Fenster mit neu-

weiter Seite 58

Die Bildseiten

Paris · Saint-Germain-des-Prés

1 *Die Kirche von Südwesten.*
2 *Kapitell von der Taufkapelle: David und Goliath (?).*
3 *Kapitell aus Saint-Germain-des-Prés, heute im Musée de Cluny, Paris: Engel.*
4 *Das Schiff und der Chor von der Orgelempore aus gesehen.*

Paris · Saint-Martin-des-Champs

5 *Nordteil des Chorumgangs.*
6 *Südturm.*

Paris · Die Kapelle Saint-Aignan

7 und 8 *Kapitelle.*
9 *Blick in das einstige Schiff.*

Paris · Saint-Pierre-de-Montmartre

10 *Langhaus und Chor.*
11 *Das Chorhaupt von Süden.*

I

2

3

4

5

6

9

SAINT-DENIS ▶

13

16

17

18

19

HEC EST
VIA QVA DILEC
VS DOMIN O BEA
AT ERBENEDI

Paris · Notre-Dame

12 *Tympanon des Annenportals.*

Saint-Denis

13 *Westfassade.*
14 *Westfassade, Detail aus dem Gewände des Nordportals: die Tierkreiszeichen Steinbock und Schütze.*
15 *Westfassade. Detail aus dem Gewände des Südportals: Monatsbilder, Weinlese und Eichelernte.*
16 *Westfassade, Gesamtansicht des Mittelportals.*
17 *Blick auf den westlichen Abschluß des Mittelschiffs.*
18 *Ausschnitt aus dem Apostelrelief.*
19 *Mittelschiff der Krypta.*
20 *Detail eines aus Saint-Denis stammenden Glasfensters, heute im Musée de Cluny, Paris: Zwei Mönche sehen den heiligen Benedikt in den Himmel auffahren.*

zeitlichem Dekor. In der Mitte zwischen den beiden Fenstern jeder Kapelle erhebt sich ein Strebepfeiler. Diese Strebepfeiler sind durch große, leicht gespitzte Bögen miteinander verbunden, die dem Dach als Stütze dienen. Die Architekturform der aneinandergrenzenden und mit Fenstern versehenen Radialkapellen ist gänzlich neu und wurde in Saint-Denis wiederaufgegriffen. Die Scheitelkapelle springt deutlich hervor. Sie scheint sich in drei Kapellen zu einer Kleeblattform zu entfalten. Der mittlere Teil erhält sein Licht durch drei Öffnungen, die seitlichen durch zwei. Es handelt sich um eine ungewöhnliche Dreipaßform, die dem Chorhaupt im Osten angesetzt ist.

Der Innenraum

Die Kirche – heute Ausstellungsraum des Museums für Technikgeschichte – steht voll von interessantem Gerät und Werkzeug, das allerdings keinerlei Beziehung zur Architektur hat. Das mit einer Holztonne überwölbte Schiff ist gotisch. Im Altarraum ist sowohl die romanische als auch die gotische Baukunst des 12. Jahrhunderts vertreten. Er wurde eigenwillig restauriert und im 19. Jahrhundert im Mittelteil ausgemalt. Zudem wirkt er zusammengestückelt und scheint von einer Unregelmäßigkeit zu sein, die jeder Vernunft widerspricht. Die Apsis paßt sich schlecht dem breiteren, einschiffigen Langhaus an, die Verschiebung aus der Mittelachse ist unübersehbar. Im Süden kann man durch einen schmalen Durchgang vom Schiff zum Chorumgang gelangen; im Norden bleibt der Chorumgang zum Schiff hin geschlossen.

Die Apsis, das Herzstück der Anlage, ist zwar rund, umreißt aber keineswegs einen vollendeten Halbkreis. Sieben ungleich breite Arkaden öffnen sich auf den Chorumgang. Ein zweiter Kranz von Pfeilern und Bögen trennt den Chorumgang von den Kapellen, die ohne Zwischenwand offen miteinander in Verbindung stehen, was den Eindruck eines zweiten Chorumgangs erweckt. Insgesamt sind es sieben Kapellen: die große kleeblattförmige Scheitelkapelle und seitlich davon jeweils drei weitere. Dazu kommt ein Joch im Norden, eine Seitenkapelle, die wie der Anfang zu einem zweiten Chorumgang aussieht. Der Umgang vor den Kapellen entspricht nicht der Achse der Pfeiler, die deren Eingang begrenzen. Die Linien, die von den Pfeilern der Mittelachse ausgehen, setzen sich nicht strahlenförmig fort; vielmehr weichen die Gurtbögen der Gewölbe überall von der Fluchtlinie ab. Alles scheint schief angelegt zu sein, mit Ausnahme der Scheitelkapelle, doch die ist von Vaudoyer vollständig erneuert worden. Zu dieser Zusammenhanglosigkeit der Bauteile kommt noch der Höhenunterschied. Der Boden der Apsis liegt 80 Zentimeter über dem des Chorumgangs und der Kapellen (Bild 5).

Die Unregelmäßigkeit mag ihren Ursprung darin gehabt haben, daß man im Norden am Eingang der Apsis eine höhere und breitere Bogenstellung als die ihr im Süden gegenüberstehende bauen wollte. Ihre ungewöhnlichen Maße störten die Symmetrie der Apsis und führten zu der Verschiebung. Der Grund für diese ungewöhnliche Bogenstellung ist nicht genau bekannt, doch schlossen sich die Prioratsgebäude auf dieser Seite, im Norden der Kirche an, und die Proportionen der Bogenstellung scheinen erforderlich gewesen zu sein, um einen besonders gewichtigen Zugang für die Feier der Messe zu schaffen. Andererseits hatte sich das Chorhaupt auf der Südseite den Kapellen im Osten des Turms anzupassen. So müssen es also die bereits vorhandenen ursprünglichen Gebäude beiderseits des Altarraums gewesen sein, die dessen Unregelmäßigkeiten verursacht haben.

Die Apsis besteht aus zwei Zonen, von denen die untere durch die Arkaden und die obere durch Obergadenfenster gegliedert ist. Die spitzbogigen Arkaden sind durch die Stufung und die Rundstäbe betont. Die erste Bogenstellung im Norden und die in der Mittelachse schmückt auf der Apsisseite ein Zickzackband. Derartige Friese findet man auch an den spitzbogigen Gurtbögen am Eingang zum Altarraum. Die ungleichen Arkadenpfeiler besitzen zum Teil acht, zum Teil aber auch zwölf Säulenvorlagen. Diese schlanken Halbsäulen entsprechen einerseits den Rundungen der Arkaden, andererseits aber den Gurtbögen des Chorumgangs und schließlich den Kreuzrippen und den Schildbögen des Apsisgewölbes. Sie laufen vom Boden empor und tragen zur Vereinheitlichung des Raumes bei, mit einer Ausnahme: der Schildbogen des Jochs in der Mittelachse liegt auf Säulenvorlagen, die gleichzeitig die große Mittelarkade tragen. Sie werden am Bogenansatz von Kapitellen unterbrochen, ähnlich wie bei einem vergleichbaren Teil der Stützen im Langhaus von Saint-Pierre-de-Montmartre und von Notre-Dame in Étampes.

Das Apsisgewölbe tragen acht Kreuzrippen, die in Höhe der Obergadenfenster beginnen, während die Schildbögen weiter oben am Anfänger der Einfassungsbögen dieser Fenster ansetzen. Die Fenster enden rund- oder spitzbogig, je nach Jochbreite. Kurze, schlanke Säulen rahmen sie. Die Deckplatten ihrer Kapitelle setzen sich in einem waagrechten Band fort. Die recht massiven Kreuzrippen sind durch einen scharfen Grat zwischen zwei Rundstäben profiliert. Kreuzrippengewölbe findet man auch im Scheiteljoch des Chorumgangs und in der Verlängerung der kleeblattförmigen Kapelle. Das Kreuzrippengewölbe des Chorumgangs liegt höher als das der be-

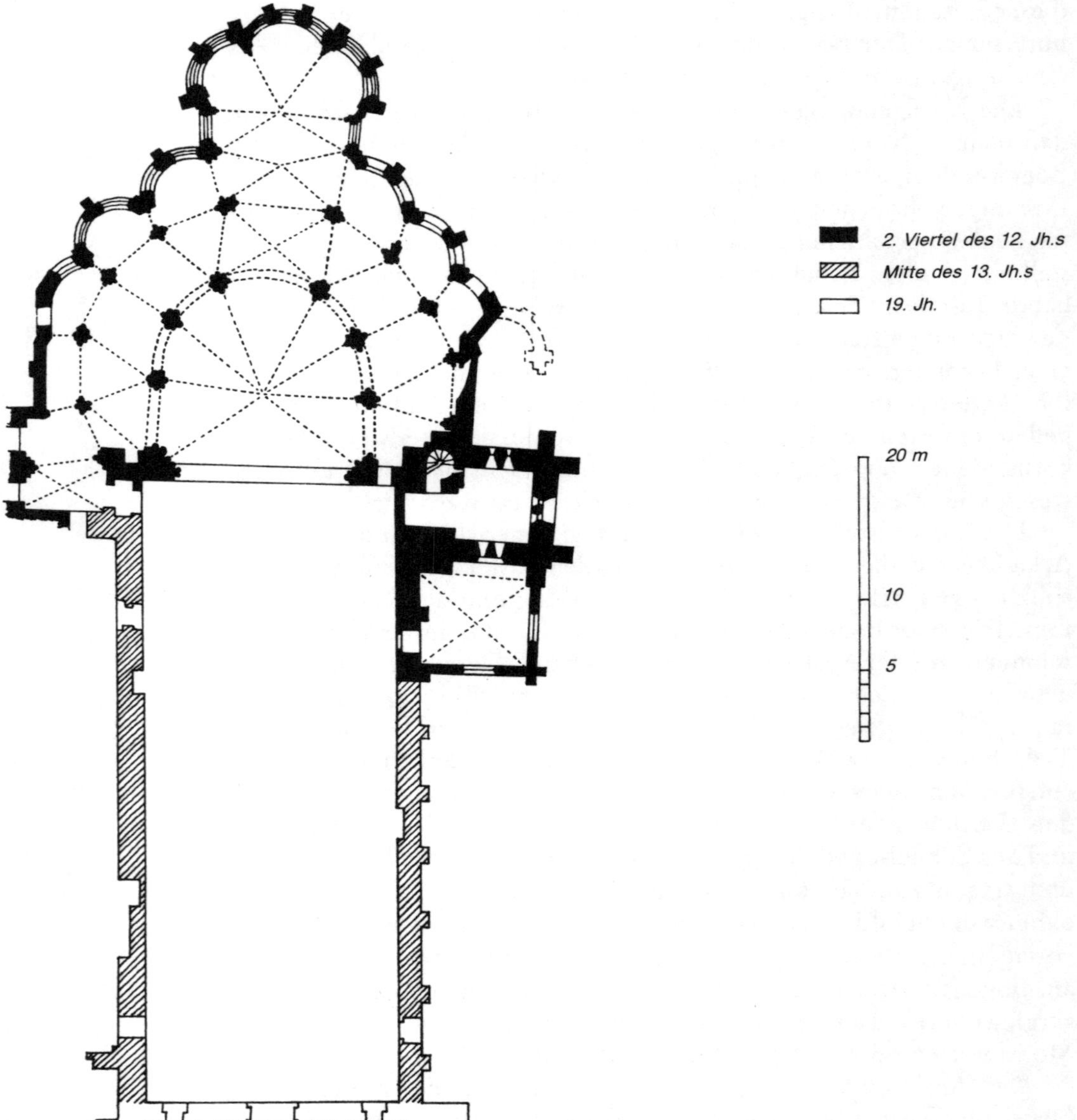

Saint-Martin-des-Champs

nachbarten Gewölbe. Ein Gurtbogen trennt es von einem anderen Kreuzrippengewölbe, das dem Pseudochorumgang des Kapellenkranzes entspricht und eigentlich schon zur dreipaßförmigen Kapelle gehört. Übrigens gibt es keinen Gurtbogen zwischen diesem zweiten Kreuzgewölbe und den sechs Rippen, die die Gewölbesegmente der Scheitelkapelle tragen. Die drei Pässe der Kapelle erwecken den Eindruck, als seien sie mit auf Rippen liegenden Halbkuppeln überspannt. Die Überarbeitungen und der Verputz erlauben es jedoch nicht, die genaue Art der Konstruktion festzustellen.

Im Chorumgang führten die unregelmäßigen Abstände der Stützen sowohl neben dem Mitteljoch als auch am Eingang seitlich des Altarraums zu dreieckigen Gewölbesegmenten. Die übrigen Joche tragen trapezförmige Gewölbe. Diese Gewölbe wurden im Norden mit Hohlziegeln erneuert. Im Süden bestehen die alten trapezförmigen Gewölbe noch aus Bruchsteinen, kreuzgratgewölbt oder vielmehr aus zwei sich durchdringenden Tonnen gebildet, denn die Grate treffen nicht zusammen. Die Wölbung der Kranzkapellen wirkt noch eigenartiger: Sie verbindet das Kreuzgratgewölbe mit den sehr flachen Apsiskalotten.

Die Kapellen stehen ohne Trennwände offen miteinander in Verbindung. Diese Lösung hat auch Abt Suger in Saint-Denis übernommen. Die freistehenden Pfeiler zwischen dem Chorumgang und den Kapellen sind unterschiedlich und asymmetrisch zusammengesetzt. Verhältnismäßig kräftige Vorlagen tragen die verschiedenen Gurtbögen und wechseln sich mit anderen schlankeren Säulenvorlagen ab, die mehr oder weniger genau den Gewölberippen entsprechen. Im Umgang entlang der Kapellen enden die Rippen auf mit Masken skulptierten Konsolen und die Gurtbögen auf Säulenvorlagen, deren Basis in Höhe der Fensterbänke liegt. Der Sockel der Kapellen kragt recht weit vor und ist mit einem Bandgesims bekrönt, das im Süden vierblättrige Blumen schmücken. Die Scheitelkapelle ist dazu noch mit einem niedrigen Bogenfries versehen. In die Laibung der Kapellenfenster sind kleine Säulen eingestellt, die im Süden in dem nur wenig erneuerten Abschnitt einen Ring tragen.

Trotz der umfassenden Überarbeitung blieben skulptierte Kapitelle erhalten, die mit Masken, reichem Laubwerk, mit Geflecht, Löwen und Monstern geschmückt sind. Ein Kapitell zeigt sogar drei menschliche Figuren. Die verhältnismäßig »trockene« Modellierung ist vermutlich auf die allzu gründliche Reinigung und Überarbeitung des 19. Jahrhunderts zurückzuführen. Doch blieben die Formen gut erhalten. Man beachte den Reichtum, die Vielfalt und die Geschmeidigkeit des Dekors, der die Oberflächen überzieht und sich frei und ohne Zwang der Struktur der schlanken und nur wenig ausgebauchten Kapitellkörper anpaßt. Die kleeblattförmige Scheitelkapelle ist in ihren Fensterrahmen besonders aufwendig ausgeschmückt. Vielleicht spiegelt sich in dieser neuzeitlichen Pracht ein älterer Zustand wider.

Saint-Aignan

Geschichte

Auf der Ile-de-la-Cité gab es neben der Notre-Dame und der Sainte-Chapelle zuweilen bis zu dreiundzwanzig weitere Kirchen. Die Ausgrabungen unter dem Vorplatz der Kathedrale haben die Fundamente einiger dieser Bauwerke wieder zutage gebracht. Jene Kirchen begnügten sich im allgemeinen mit bescheidenen Abmessungen. In der Rue Chanoinesse Nr. 24 blieb von all diesen Heiligtümern die kleine Kirche Saint-Aignan als einziges Beispiel teilweise erhalten.

Die Rue Chanoinesse lag früher in einem geschlossenen Bezirk nördlich der Notre-Dame, der den Kanonikern oder Chorherren der Kathedrale vorbehalten war. Man hat behauptet, daß der Ursprung der Kirche auf das 9. Jahrhundert zurückginge, übrig blieben aber nur anderthalb Joche des Schiffs aus dem 12. Jahrhundert. Eine Urkunde aus dem Jahre 1123, die der damalige Bischof von Paris, Gerbert, unterzeichnet hat, bestätigt die Gründung der Kirche, die kurz zuvor Étienne de Garlande, der Archidiakon der Diözese, Seneschall und Kanzler von Frankreich veranlaßt hatte.

Vom Ende des 13. Jahrhunderts bis zur Aufhebung des Kapitels 1790 betreuten zwei Chorherren von Notre-Dame und zwei Vikare die Kirche. Das Fest des heiligen Aignan – er war im 5. Jahrhundert Bischof von Orléans gewesen – wurde hier jedes Jahr besonders feierlich begangen. Ihrer Bestimmung beraubt, verkaufte man die Kirche 1791 an den Unternehmer Varin, der wenig später auch mit der Entfernung der Statuen von Notre-Dame beauftragt wurde. Erst 1966 stellte man die Kirche unter Denkmalschutz.

Bei kürzlich durchgeführten Arbeiten entdeckte man hinter einer Mauer, die das Schiff seit dem 19. Jahrhundert durchschneidet, Reste des Ostteils der Kirche, die Fundamente einer Apsis und die unteren Schichten ihres Mauerwerks, das sich von dem des Schiffs unterscheidet. Vermutlich handelt es sich um den ältesten Teil des Gebäudes von Étienne de Garlande. Das Schiff dürfte etwas jünger sein. Im Süden legte man Türpfosten frei, von denen sich der eine in einem sehr schlechten Zustand befindet, der andere aber das Relief übereinanderstehender Köpfe zeigt, umrahmt von großen Blütenblättern.

Das Schiff

Die anderthalb Joche, die vom Schiff stehenblieben, sind so weit aufgeschüttet, daß von den Basen nichts mehr zu sehen ist (Bild 9). Die sehr gedrungen wirkenden Proportionen waren demnach ursprünglich schlanker. Die fensterlosen Wände tragen Kreuzgratgewölbe. Ein rundbogiger unprofilierter Gurtbogen trennt die beiden Joche. Er endet zu beiden Seiten auf Säulenvorlagen an einem Wandpfeiler, flankiert von zwei weiteren Vorlagen, auf denen die Schildbögen liegen. Auch diese Bögen blieben ohne Dekor, doch tragen die Säulenvorlagen Kapitelle mit plastischem Schmuck. Vier von ihnen sind gut erhalten, die beiden Kapitelle unter dem Gurtbogen und die beiden kleineren auf der Südseite. Die Kapitelle sind mit hohen, profilierten Deckplatten versehen. Die beiden nach oben ausladenden Kapitelle, auf denen der Gurtbogen ansetzt, sind zweizonig mit Palmetten verziert (Bild 7). Der Kapitellkörper ist unter dem Abakus abgerundet. Die oberen Ecken sind durch Voluten betont, während in der Mitte eine Fruchtdolde liegt. Die Qualität der Arbeit, der strenge Aufbau der Komposition und das ausgeprägte Relief des Blattwerks deuten auf eine reife Kunst, die wahrscheinlich erst aus der Zeit nach 1123 datiert.

Die seitlichen Kapitelle haben nur zwei skulptierte Flächen. Das eine ist mit Palmettenranken ohne große Originalität geschmückt, während das andere einen Mann zeigt, dessen Kopf und Leib genau in der vorstehenden Kante liegen (Bild 8). Mit seinen halb ausgestreckten Armen ergreift er die Knöchel seiner gespreizten Beine in der Haltung eines Akrobaten. Dieses eigenartige Werk läßt sich einer Form des Figurenkapitells zuordnen, wie sie mit ihrem deutlich hervortretenden, aber kraftlosen Relief in dieser Region häufig zu finden ist.

Saint-Pierre-de-Montmartre

Geschichte

Der im Mittelalter weit vor den Toren im Norden der Stadt Paris gelegene Hügel Montmartre wird in der Chronik des Fredegar im 8. Jahrhundert als Berg des Merkur bezeichnet. Berg des Mars nennt ihn Abbon von Saint-Germain-des-Prés in der von ihm Ende des 9. Jahrhunderts verfaßten Beschreibung der Belagerung von Paris durch die Normannen. Gegen 840 erscheint in der von Hilduin, dem Abt von Saint-Denis geschriebenen »Vita des heiligen Dionysius« die Bezeichnung Berg der Märtyrer (Mons Martyrum), aus der sich der heutige Name Montmartre entwickelte. Nach dem Bericht des Hilduin fanden der heilige Dionysius und seine beiden Gefährten auf diesem Hügel den Märtyrertod und wurden an dem Ort bestattet, wo später die Abteikirche Saint-Denis entstehen sollte. Diese Legende scheint aus karolingischer Zeit zu stammen, vielleicht genährt durch die Tatsache, daß es auf dem Hügel bereits eine recht baufällige Kirche gab, die in der karolingischen Sammlung der »Wunder des heiligen Dionysius« erwähnt ist.

Anfang des 12. Jahrhunderts war die Kirche Saint-Pierre-de-Montmartre dem heiligen Dionysius geweiht. Seit 1096 gehörte sie zum Priorat Saint-Martin-des-Champs. Im Jahre 1133 tauschte der Prior dieses Klosters mit König Ludwig VI. und seiner Gemahlin, der Königin Adelaide, die Kirche am Montmartre gegen eine Kirche auf der Cité ein.

Im folgenden Jahr gründeten die Herrscher eine Benediktinerinnenabtei neben der Kirche Saint-Denis am Montmartre.

Eine neue Kirche entstand anstelle der alten. Sie wurde von Papst Eugen III. im Frühjahr 1147 geweiht. Den neuen, für die Nonnen vorgesehenen Chor weihte man der Gottesmutter und dem heiligen Dionysius, das für die Pfarrgemeinde bestimmte Schiff aber dem heiligen Petrus. So setzte sich dann schließlich der Name Saint-Pierre durch.

1463 befanden sich der Chor und der Kirchturm in einem so schlechten Zustand, daß man nach langen Verhandlungen den Kirchturm und sein Dach erneuern mußte. Weitere umfangreiche Reparaturen besonders an der Fassade erfolgten im 18. Jahrhundert.

Nach der Revolution wurde das Kloster aufgehoben und schließlich verkauft. 1794 installierte man auf dem Dach des Chores einen Turm für den ersten von Chappe entwickelten Telegraphen. Das Schiff stand seit 1803 wieder dem Gottesdienst zur Verfügung. 1814 besetzte die feindliche Armee die Kirche. In der Südapsis wurden Öfen eingebaut.

Im 19. Jahrhundert war das Gebäude dann so baufällig, daß Prosper Mérimée es gegen 1850 schon verloren glaubte, obwohl in den Jahren 1834 bis 1845 auf Veranlassung des Magistrats die Außenmauern des südlichen Seitenschiffs erneuert worden waren. Es folgte der vollständige Wiederaufbau des südlichen Querschiffarms, der 1874 abgeschlossen war. Von seiten des Denkmalschutzes wurde unter der Leitung des Architekten Sauvage schließlich zwischen 1900 und 1905 eine Gesamtrenovierung durchgeführt. Er mußte die beiden Seitenapsiden neu hochziehen lassen und erneuerte die Obergaden in Querschiff und Langhaus.

Ausgrabungen haben im 19. Jahrhundert und in den vergangenen Jahren rings um die Kirche Sarkophage und Reste eines bedeutenden merowingischen Friedhofs freigelegt.

Besichtigung

Die Fassade der Kirche stammt aus dem 18. Jahrhundert. Nur das stark restaurierte Chorhaupt mit den drei nach Osten ausgerichteten Apsiden und der sie im Norden überragenden Silhouette des Glockenturms vermittelt noch einen Eindruck von dem romanischen Bauwerk (Bild 11).

Die ehemalige Abteikirche hat bescheidene Maße. Das vierjochige

Langhaus besteht aus dem Hauptschiff und einfachen Seitenschiffen. Das Querschiff setzt sich aus einer rechteckigen Vierung und zwei jeweils einjochigen Armen zusammen. Der Südarm ist erneuert, der besser erhaltene Nordarm springt leicht aus der Flucht des Langhauses hervor. Nach Osten folgt auf die Vierung ein querrechteckiges Chorjoch, das mit einer mehrteiligen Apsis abschließt. Den beiden kleineren und weniger tiefen Seitenapsiden geht ebenfalls ein Joch voraus, das sich auf die Querschiffarme öffnet.

Wenn man den Ursprüngen der 1147 geweihten Abteikirche nachgehen will, sollte man die Kirche zunächst einmal durchqueren und die Besichtigung mit der nördlichen Apsis beginnen. Die Apsidiole ist halbrund, trägt eine Halbkuppel und erhält ihr Licht durch zwei Rundbogenfenster. Durch einen spitzbogigen Gurtbogen mit abgeschrägten Kanten ist sie mit dem davorliegenden kreuzgratgewölbten Joch verbunden. Schildbögen gliedern die Seitenmauern. Diese Apsis scheint der älteste und der am besten erhaltene Teil der Kirche zu sein. Die Südapsis ist in einem vergleichbaren Stil erbaut, aber später stärker restauriert worden.

Zwischen den Seitenapsiden fügt sich das rechteckige Chorjoch ein, dessen Seitenwände keine Öffnungen aufweisen. Sein Kreuzrippengewölbe wird von Ecksäulen getragen. Andere Säulenvorlagen nehmen die spitzbogigen Schildbögen auf. Die Kreuzrippen aus drei sehr kräftigen Rundstäben treffen sich in einem Schlußstein, der höher als der Scheitel der Gurtbögen liegt. Die flachen Gewölbekappen wie die Stärke und Form der Bögen zeigen, daß es sich um einen recht primitiven Typus aus der Zeit vor der Weihe im Jahre 1147 handelt. Am Eingang zur Apsis ruht der Gurtbogen auf zwei wiederverwendeten antiken Säulen aus Granit. Ihre Marmorkapitelle ähneln denen der Krypta von Jouarre. Sie scheinen auf das 7. Jahrhundert zurückzugehen und aus einer Pyrenäenwerkstatt zu stammen. Dagegen tragen die Säulen unter den Schildbögen des Chorjochs mit Palmetten und Blattwerk geschmückte romanische Kalksteinkapitelle. Die Mittelapsis ist jünger und hat mit ihren schlanken Säulen bereits ein deutlich gotisches Erscheinungsbild. Ihre Kapitelle sind mit eingerollten Blättern verziert. Der Raum ist mit feinen Kreuzrippen überwölbt, und die Wände sind von drei großen spitzbogigen Öffnungen durchbrochen. Besser beleuchtet als die Apsis aus der Zeit vor 1147 muß dieser Chorabschluß in den letzten Jahrzehnten des 12. Jahrhunderts gebaut worden sein.

Die Vierung ragt höher auf als der Chor, dessen Eingangsbogen aus dem ersten Bauabschnitt stammt (Bild 10). Auch die Querschiffarme erreichen nicht die Höhe der Vierung. Sie sind mit ihr durch große Spitzbögen verbunden, die dem Bogen zum Chor gleichen. Das

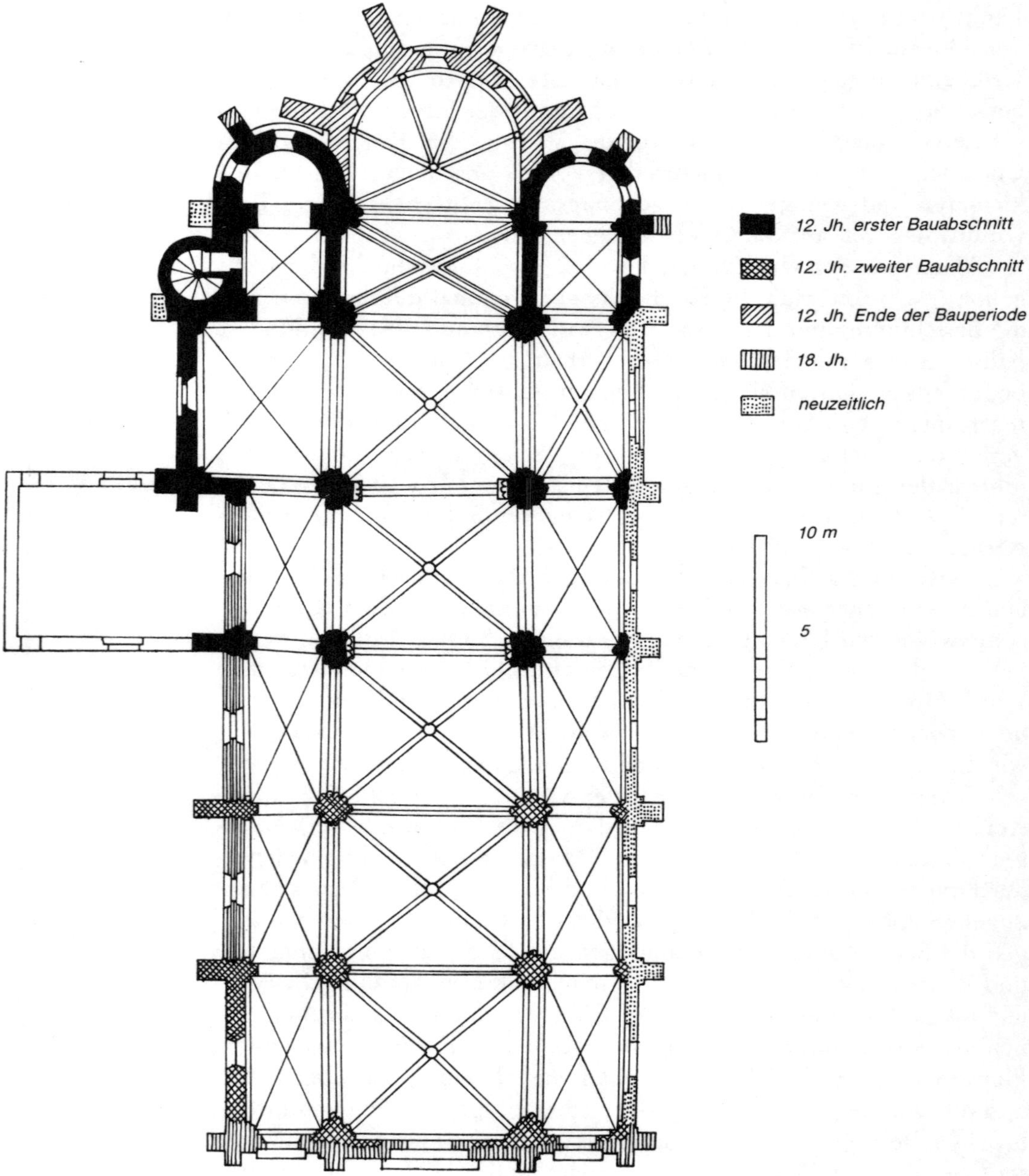

Montmartre · Saint-Pierre

Vierungsgewölbe wurde Ende des Mittelalters eingezogen oder erneuert. Dabei blieben allerdings die alten Kapitelle erhalten, besonders die auf den Ostpfeilern. Der Südarm stammt von 1874. Der stark restaurierte Nordarm ist hinten, nahe dem Eingang in die Apsis durch einen Strebepfeiler des Glockenturms verbaut. Der Raumteil trägt ein erneuertes Kreuzgratgewölbe, das wahrscheinlich dem alten Gewölbe nachempfunden ist. Man kann annehmen, daß auch der Südarm früher ähnlich eingewölbt war. Wie im Chorjoch tragen Säulen und Kapitelle mit Palmetten und stilisierten Blättern einen Schildbogen.

Das Mittelschiff wurde Ende des 15. Jahrhunderts eingewölbt. Nur das letzte Joch vor dem Querschiff scheint noch zum ersten Bauabschnitt vor 1147 zu gehören. Die ersten drei Joche dürften dagegen etwas jünger sein. Der Nonnen-Chor erstreckte sich von dem Joch neben der Vierung bis zur Mitte des nächsten, denn im Mittelschiff sind die Säulenvorlagen der östlichen Pfeiler unten für das Chorgestühl abgeschlagen. Alle Joche haben einen dreizonigen Aufriß: Zwischen der unteren Zone der spitzbogigen, schlichten Arkaden und der der Obergadenfenster liegt ein Wandabschnitt, dessen Öffnungen auf den Dachstuhl der Seitenschiffe führen, eine Art Scheinempore ohne direkten Lichteinfall oder ein Triforium unter dem Dachstuhl.

Die Arkaden des der Vierung benachbarten Jochs sind niedriger als die anderen, doch besitzen alle die gleichen abgekanteten Profile und enden auf Säulenvorlagen an den Innenseiten der Pfeiler. In dem letzten Joch verläuft das Gesims, das die untere Zone von der der Scheinempore trennt, direkt unter den Arkaden, während der Zwischenraum bei den übrigen Jochen etwas größer ist. Auch öffnet sich das Triforium unter dem Dachstuhl im letzten Joch in zwei hohen, spitzbogigen Doppelfenstern, deren Öffnungen ein viereckiger Pfeiler trennt. Ein kleines, von Säulen gerahmtes rundbogiges Obergadenfenster liegt direkt über den beiden Spitzbögen des Triforiums, so nahe, daß das ausgeschrägte Fenstergesims die Schlußsteine der Bögen berührt.

In den ersten drei Jochen besteht das Triforium aus zwei Doppelfenstern (Bild 10). Jede Doppelöffnung schließt mit einem Fenstersturz ab und ist durch hintereinandergestellte Zwillingssäulen unterteilt. Diese Öffnungen wirken weniger gewichtig als die spitzbogigen im letzten Joch. Jedes Joch ist von Wandvorlagen eingefaßt, auf denen ein großer Schildbogen liegt. Die Pfeiler setzen sich aus vielen Stützgliedern zusammen, aus in den Ecken eingefügten Diensten, aus drei Säulenvorlagen, die bis in die obere Zone emporlaufen, einer Säule unter den Arkaden und einer weiteren auf der Seite der Nebenschiffe. Die Säulenvorlage unter den Arkaden setzt sich seltsamerweise oberhalb des Kapitells in der Wandvorlage des Schildbogens fort, ein Verfahren, das man an der Mittelarkade der Apsis von Saint-Martin-des-Champs und im Schiff von Notre-Dame in Étampes wiederfindet. Die Kapitellplastik beweist, daß die ersten drei Joche des Langhauses jünger sind. Der glatte, leicht gebogene Blattschmuck könnte im Laufe des dritten Viertels des 12. Jahrhunderts skulptiert worden sein. Die Basen wurden zum größten Teil erneuert.

Die durchgreifend restaurierten Seitenschiffe tragen Kreuzgratgewölbe vom Anfang des 20. Jahrhunderts. Spuren des alten Gewölbes sollen noch im 19. Jahrhundert sichtbar gewesen sein. Einige alte Kapitelle blieben erhalten, besonders im letzten nördlichen Joch. Man sieht dort einen Reiter mit Tierkopf auf einem Ziegenbock. An der Rückseite der Fassade stehen wie am Eingang zur Apsis zwei schwarze Marmorsäulen, die merowingische Kapitelle tragen.

Die bescheidene Klosterkirche Saint-Pierre-de-Montmartre ist trotz der Kreuzgrate im Chor in ihrem Altarraum noch ganz romanisch. Der Aufriß des Mittelschiffs läßt dagegen an den frühgotischen Chor von Saint-Germain-des-Prés denken, wobei allerdings das letzte Joch des Schiffs älteren Datums ist.

Notre-Dame · Das Annenportal

Die Kathedrale Notre-Dame ist ein Meisterwerk der Gotik, das von der Kraft dieses Baustils im Laufe des zweiten Hälfte des 12. Jahrhunderts zeugt. Nichts Romanisches scheint an diesem Bauwerk überkommen zu sein, obwohl es in der Nachfolge viel älterer Bischofskirchen steht. Vor der Errichtung der heutigen Kathedrale Notre-Dame gab es an diesem Ort bereits zwei Kirchen, eine recht bescheidene, die ebenfalls der Gottesmutter geweiht war und etwa unter dem heutigen Altarraum lag, und eine weitere, die unter dem Patronat des heiligen Stephan stand und wesentlich größere Ausmaße hatte. Die Ausgrabungen unter dem Vorplatz der Kathedrale förderten die Grundmauern von Saint-Étienne zutage, der merowingischen Kathedrale, die im 6. Jahrhundert auf Veranlassung König Childeberts gebaut worden war. Derselbe König hatte auch die erste Basilika auf dem Platz der Kirche Saint-Germain-des-Prés errichten lassen.

Saint-Étienne war bereits ein großes Bauwerk, dessen Mittelschiff von doppelten Seitenschiffen flankiert wurde. Diese Kirche existierte bis zum Bau der gotischen Kathedrale, so daß Paris nie eine romanische Bischofkirche besessen hat. Allerdings findet man an der Westfassade von Notre-Dame, rechts, das heißt unter dem Südturm, in dem Portal vom Anfang des 13. Jahrhunderts Skulpturen eingefügt, die aus der Zeit vor der Entstehung der heutigen Kathedrale stammen. So kann man vor Ort feststellen, daß das eingelassene Tympanon etwas kleiner als das heutige Bogenfeld ist, gerahmt von Blattwerk und bekrönt von zwei Engeln. Der Türsturz, auf dem es aufliegt, füllt die

Breite vollständiger aus und liegt seinerseits auf einem zweiten, jüngeren Türsturz. Zu diesen Reliefs muß man sich die Gewändefiguren hinzudenken, die man bis 1977 nur noch durch Stiche des 18. Jahrhunderts und durch einige Bruchstücke kannte, die die Revolution überlebt hatten. 1977 wurde dann ein Teil der 1796 vergrabenen Figuren in der Rue de la Chaussée-d'Antin zusammen mit den Köpfen von der Königsgalerie aus dem 13. Jahrhundert wiedergefunden.

Das Portal scheint im Laufe von Verschönerungsmaßnahmen an der alten Bischofskirche Saint-Étienne geschaffen worden zu sein, und zwar im Auftrag von Étienne de Garlande, dem Gründer der Kirche Saint-Aignan, kurz vor dessen Tode im Jahre 1150. So gesellt sich das Annenportal zu den Portalen von Saint-Denis, Étampes und Chartres und leistet einen bedeutenden Beitrag zur Monumentalskulptur in der Ile-de-France Mitte des 12. Jahrhunderts.

Das Annenportal verdankt seinen Namen den Szenen aus der Legende der heiligen Anna, die auf dem unteren Türsturz vom Anfang des 13. Jahrhunderts dargestellt sind. Das Tympanon des 12. Jahrhunderts zeigt die Gottesmutter in ihrer Herrlichkeit mit dem Kind, das sie zur Verehrung darreicht, thronend zwischen zwei Weihrauchfässer schwingenden Engeln (Bild 12). Links schließen sich ein stehender Bischof und ein sitzender, schreibender Mönch an. Auf der rechten Seite kniet hinter dem Engel ein König. Die Kunsthistoriker gingen lange davon aus, daß dieses Tympanon nicht vor Beginn des gotischen Baus gegen 1160 entstanden sei. Demnach sollte der dargestellte König Ludwig VII. sein, der zur Entstehungszeit der Kathedrale regierte. In der Bischofsgestalt auf der anderen Seite des Tympanons sah man den Gründer der heutigen Kathedrale, den Bischof Maurice de Sully. Doch war es nicht üblich, noch lebende Personen auf der Fassade in einer religiösen Szene darzustellen, wie bedeutend sie auch gewesen sein mögen. Heute neigt man eher dazu, die beiden Gestalten als die Gründer der merowingischen Kathedrale, Childebert und den heiligen Germain, zu deuten und darin den Ausdruck der hier in dem größten Bauwerk der Hauptstadt repräsentierten Allianz weltlicher und kirchlicher Macht zu sehen.

Auf dem Türsturz reihen sich von links nach rechts Mariä Tempelgang, Jesaja, die Verkündigung und die Heimsuchung, die Geburt und die Verkündigung an die Hirten, Herodes und die Schriftgelehrten und die Drei Könige. Figuren aus dem 12. Jahrhundert erkennt man auch in den Archivolten: Engel, Könige, Propheten, vielleicht auch die Ältesten aus der Apokalypse. Eine Bischofsgestalt – sie stellt den heiligen Marcel dar, der im 5. Jahrhundert Bischof von Paris war – schmückt den Trumeaupfeiler zwischen den beiden Türöffnungen. Beiderseits standen in den Gewänden jeweils acht Säulenfiguren: Petrus und Paulus, David, Könige und Königinnen. Die Könige und Königinnen lassen an das Königsportal von Chartres denken und passen zum Bild der Gottesmutter und zu den Repräsentanten des Hauses David. Die Heiligen Petrus und Paulus und Marcel könnten besser in ein anderes ikonographisches Programm passen, so daß man sich fragt, ob man bei der Zusammensetzung dieses Portals im 13. Jahrhundert nicht Elemente mehrerer Portale zusammenfügte.

Die Skulpturen des 12. Jahrhunderts wirken stilistisch recht uneinheitlich. Zum Beispiel empfindet man die Drei Könige rechts auf dem Türsturz als sehr massig mit ihren gewaltigen Köpfen, während auf der linken Seite und auf dem Tympanon schlankere Figuren mit eleganteren Gesten vorherrschen. Auch die Fragmente der Gewändestatuen zeigen solche Unterschiede und lassen erkennen, daß hier mehrere Meister gewirkt haben. Einige Skulpturen scheinen der Werkstatt des Königsportals von Chartres nahezustehen, andere unterscheiden sich deutlich davon. Die Gestalt des Petrus wirkt sehr starr, während die des Paulus viel geschmeidiger und freier erscheint. In diesem Skulpturenensemble bestätigt sich die Vielfalt an Künstlern und die schöpferische Dynamik des Pariser Raums in der Monumentalplastik kurz vor der Mitte des 12. Jahrhunderts.

Saint-Denis

Die ehemalige Abteikirche Saint-Denis liegt in unmittelbarer Nähe von Paris. Die Vororte haben sich um den mittelalterlichen Ort Saint-Denis und darüber hinaus ausgedehnt. Nach der 1963 vollzogenen Neueinteilung der Departements und Diözesen rund um die Hauptstadt wurde die ehrwürdige Kirche zur Kathedrale erhoben. An ihre einst mittelalterliche Umgebung erinnert heute nichts mehr. Allerdings haben kürzlich durchgeführte Ausgrabungen besonders im Norden der Basilika interessante Überreste ans Licht gebracht.

Geschichte

Der heutige Ort Saint-Denis hieß in der Antike *Cattaliacum.* Der erste Bischof von Paris, der heilige Dionysius, der Mitte des 3. Jahrhunderts den Märtyrertod erlitt, wurde hier zusammmen mit seinen beiden mehr oder weniger legendären Gefährten, dem heiligen Rusticus und dem heiligen Eleutherius, begraben.

Ein weiter Friedhof breitete sich seit dem 5. Jahrhundert um ihre Begräbnisstätte aus, und sehr früh schon muß eine Grabkapelle über den Reliquien des heiligen Dionysius gestanden haben. Im 6. Jahrhundert nahm der Ort seinen Namen an (Dionysius = Denis).Etwas später, im 7. Jahrhundert, gründete Chlotar II. oder Dagobert I. die Benediktinerabtei. Das Mittelalter hat an dem Namen Dagobert als dem des Gründers und Erbauers der ersten Abteikirche festgehalten und überliefert mit ihm auch den Namen seines Beraters und Goldschmieds, des heiligen Eligius, der für die Kirche ein Goldkreuz schuf. Dagobert war der erste König Frankreichs, der sich in Saint-Denis begraben ließ. Seit dieser Zeit bestanden enge Bindungen zwischen dem französischen Königtum und der Abtei, obwohl einige merowingische und karolingische Könige anderswo, das heißt meist in Saint-Germain-des-Prés, beigesetzt wurden.

Am 28. Juli 754 krönte Papst Stephan II. Pippin den Kurzen und seine beiden Söhne Karlmann und Karl, den zukünftigen Karl den Großen, in Saint-Denis. Er besiegelte so die Allianz zwischen der fränkischen Monarchie und dem Heiligen Stuhl. Wie Dagobert wurde im Jahre 768 auch Pippin der Kurze in Saint-Denis begraben, womit sich die Legitimität der neuen karolingischen Dynastie bestätigte. Abt Fulrad (749–784) unternahm den Bau einer neuen, sehr großen Abteikirche und weihte sie 775 in Gegenwart Karls des Großen. Etwas später ließ Abt Hilduin (814–841) hinter der Apsis drei nebeneinanderliegende Kapellen errichten und die Krypta erweitern.

In der Amtszeit Abt Hilduins erhält Kaiser Ludwig der Fromme vom byzantinischen Kaiser Michael II., dem Stammler, ein Manuskript eines griechischen Autors, der wahrscheinlich im 4. Jahrhundert gelebt hat. Die moderne Kritik nennt ihn den Pseudo-Dionysius. Im 9. Jahrhundert verwechselte man diesen Autor mit Dionysius Areopagita, der in Athen in der Frühzeit des Christentums durch Paulus bekehrt wurde. Das Manuskript ist dann in Saint-Denis aufbewahrt worden, und von jener Zeit an verbreiteten die Mönche die Legende, daß der Bischof von Paris, der heilige Dionysius, und Dionysius Areopagita ein und dieselbe Person seien. Die Abtei rühmte sich, die Ruhestätte eines unmittelbaren Schülers des Apostels Paulus zu bergen.

Im Jahre 867 nahm der Enkel Karls des Großen, Karl der Kahle, den Titel des Laienabts von Saint-Denis an, um so die Abtei besser gegen die normannischen Eindringlinge schützen zu können. Er ließ dem Kloster ansehnliche Schenkungen zukommen. Nach seinem Tode wird er in der Mitte des Mönchschores bestattet.

Die Abtei hat zwar bei der Machtübernahme der Dynastie der Kapetinger keine Rolle gespielt, doch wurde auch Hugo Capet nach seinem Tode im Jahre 996 im Westen der karolingischen Basilika begraben. Vermutlich sollte sich darin der Fortbestand der französischen Monarchie seit Dagobert rechtfertigen. Nach ihm bestattete man hier alle Herrscher Frankreichs mit Ausnahme von dreien: Philipp I., Ludwig VII. und Ludwig XI. Die Monarchie der Kapetinger festigte sich im Laufe des 11. Jahrhunderts und besonders im 12. Jahrhundert. Die Könige sahen in dem heiligen Dionysius ihren Beschützer und Fürsprecher. Sie ließen sich in der Abtei segnen, bevor sie in den Krieg zogen oder zum Kreuzzug aufbrachen. Auch trugen sie im Kampf die »Oriflamme«, das Banner des heiligen Dionysius. Sie verwahrten ihre Krone und die Insignien des Königtums in der Abtei. Dieses Interesse des Königtums sorgte für das Wiederaufleben der Abtei im 12. Jahrhundert.

Suger, von bescheidener Herkunft, kommt im Alter von zehn Jahren zunächst als Oblate nach Saint-Denis. Nachdem er dort zusammen mit dem Sohn Ludwigs VI., dem zukünftigen Ludwig VII., erzogen worden ist, wird er dessen Freund und Berater. 1122 zum Abt von Saint-Denis gewählt, bleibt er dessen Vorsteher bis zu seinem überraschenden Tod am 13. Januar 1151. Er schreibt die Lebensgeschichte Ludwigs VI. und mehrere Werke über sein eigenes Wirken in der Abtei. In der Verwaltung der Klostergüter erweist er sich als äußerst geschickter Administrator. Stets bleibt er ganz und gar Mönch, obwohl er viele politische Missionen durchführt und sogar während der Abwesenheit König Ludwigs VII. die Regentschaft des Königreichs übernimmt, als jener am zweiten Kreuzzug von 1147 bis 1149 teilnahm. Suger stärkt das Königtum ebenso wie das Papsttum, das damals gerade den Angriffen des deutschen Kaiserreichs ausgesetzt war. Viermal begibt er sich nach Rom. Auch reist er in die Normandie, nach Aquitanien, ins Languedoc, was ihm ermöglichte, zahlreiche Kunstwerke zu sehen und den besten Künstlern seiner Zeit zu begegnen.

Gegen 1130–1135 beschließt er, die karolingische Basilika seiner Abtei zu renovieren. Er glaubte wie seine Zeitgenossen, daß dieses baufällige Monument die verehrungswürdige Kirche sei, die Dagobert gründete. So trifft er viele Vorsichtsmaßnahmen, um schriftlich die Restaurierung und Umgestaltung zu begründen und abzusichern. Zuerst läßt er vor dem karolingischen Schiff eine Doppelturmanlage errichten, die in Gegenwart des Erzbischofs von Rouen am 9. Juni 1140 vor Beendigung des zweiten Turms geweiht wurde. Im folgenden Monat, am 13. Juli, begann man mit dem Neubau des Sanktuariums. Die Krypta des 8. Jahrhunderts, die noch aus der Zeit des Abtes Fulrad stammte, blieb erhalten, die Apsis darüber und die drei Kapellen aus der Amtszeit des Hilduin wurden jedoch abgerissen. Eine neue, wesentlich größere Krypta bildete das Fundament für den darüberliegenden Altarraum. Bereits im Januar 1143 konnte der Bischof von Chartres, Geoffroy de Lèves, die Messe am neuen Hochaltar zelebrieren, während die Gewölbe noch unvollendet waren. Die gesamte Krypta und der Chor wurden am 14. Juli 1144 in Gegenwart des Königs und der Königin und einer großen Zahl von Erzbischöfen, Bischöfen und Äbten geweiht. Suger plante, nun auch das Querschiff und das Langhaus zu erneuern.

Dieses Bauvorhaben wurde aber erst unter Abt Eudes Clemens verwirklicht. Die Doppelturmfassade im Westen blieb dabei erhalten, ebenso die Krypta, der Chorumgang und der Kapellenkranz des oberen Altarraums. Die Arbeiten am Chor wurden wiederaufgenommen, das Querschiff und das Schiff erneuert. So erscheint Saint-Denis heute als Bauwerk der Hochgotik.

Die Klostergebäude wurden im 18. Jahrhundert renoviert. Sie beherbergen heute eine Einrichtung der Ehrenlegion. Während der Revolution wurde die Basilika ihrer ganzen Einrichtung beraubt, die Königsgräber wurden entweiht. Schon vorher, 1771, hatte man die Gewändefiguren an der Fassade beseitigt. Ein skulptiertes Tympanon ersetzt heute das Mosaik des linken Seitenportals.

Während der Herrschaft Napoleons begann die Restaurierung. 1846 schlug der Blitz in die gotische Spitze des Nordturms der Fassade ein. Architekt Debret ließ sie abbrechen. Viollet-le-Duc verurteilt diesen Schritt und löst Debret im Amt ab. Die großen Arbeiten des 19. Jahrhunderts haben zwar den Bauschmuck verändert, nicht aber die Struktur. Ein Teil der Kirchenfenster und der Grabmonumente gelangte wieder an seinen alten Platz. Geduldige Nachforschungen erwirkten die Identifikation von Stücken aus der Schatzkammer, von Fragmenten der Bauplastik und der Glasmalerei, die über die ganze Welt verstreut waren.

Besichtigung

Die ehemalige Abteikirche Saint-Denis ist ein überwiegend gotisches Bauwerk, auch wenn man von den wesentlichen Bauteilen des 13. Jahrhunderts absieht, denn auch das vor 1144 geschaffene Werk Sugers trägt bereits gotische Züge. Der Chorumgang und die Kapelle des oberen Altarraums sind die ersten Meisterwerke dieser neuen Stilepoche und dennoch entdeckt man in der Krypta, den Kirchenfenstern und an der Fassade zahlreiche romanische Elemente, die den in der Ile-de-France sehr charakteristischen Übergang von der früheren zur späteren Epoche erkennen lassen.

Der Westbau

Die vor 1140 errichtete Fassade gehört zu einem zwei Joch tiefen Baumassiv, das zwei übereinanderliegende Kapellen birgt. Ein solches Vor-Schiff mit Empore oder Kapelle war in romanischer Zeit üblich, besonders in Abteikirchen der Benediktiner wie in Moissac im Languedoc, in Tournus und Vézelay in Burgund oder in Jumièges in der Normandie. Vor allem die normannische Architektur dürfte diesen Bauteil von Saint-Denis beeinflußt haben, denn dort errichtete man seit dem 11. Jahrhundert Doppelturmfassaden, wie wir sie von Jumièges, Saint Étienne und der Sainte-Trinité in Caen kennen.

Saint-Denis führt, verglichen mit seinen Vorbildern, eine Neuerung ein: Hier wird das Kreuzrippengewölbe zur Regel. Die Kreuzrippen der oberen Kapelle lassen mehr noch als die des Erdgeschosses eine gotische Verfeinerung erkennen. Im unteren Geschoß zeigt sich die altertümliche Bauweise noch in den massiven Pfeilern, den kräftigen Bogenprofilen und in den ungleichmäßigen Höhen der Rippenansätze (Bild 17). Hier befindet sich die Baukunst noch in einem Stadium des Experimentierens. Drei Schiffe unterteilen den Westbau in Entsprechung zu den drei Portalen und der Gliederung in zwei Türme und einen Mittelteil. Wie das Mittelportal die beiden Seitenportale überragt, so ist auch das dazugehörige Schiff höher als die benachbarten Seitenschiffe. Die daraus resultierende Verschiebung scheint den Baumeister bei der Errichtung der darüberliegenden Kapellen vor Probleme gestellt zu haben. Da die Mittelkapelle höher liegt, öffnen sich in den Seitenkapellen unter einem Entlastungsbogen Doppelfenster auf das Mittelschiff. All das verrät eine gewisse Inkohärenz und mangelnde Beherrschung der anfallenden Probleme, denen sich nur wenige Jahre später der Meister des Chorhaupts gewachsen fühlte.

1846 verlor der Nordturm seine oberen Stockwerke. Er bildete wohl ursprünglich das symmetrische Gegenstück zum Südturm. Dieser scheint etwas zurückversetzt hinter der Fassadenwand aufzuragen. Darin unterscheidet er sich von seinen normannischen Vorbildern (Bild 13). Eine Brüstung mit Zinnenkranz trennt ihn vom unteren Teil. Die Brüstung ist modern, doch erneuerte man sie in ihrer ursprünglichen Form. S. Crospy, der große Experte für Saint-Denis, nahm an, daß Suger die Bekrönung so beabsichtigte, um dem Bau ein defensives Aussehen zu geben, das ihn an die großen monumentalen Tore antiker Stadtmauern erinnern und zugleich die Schutzrolle dokumentieren sollte, die das Königtum für Saint-Denis übernommen hatte. Die Brüstung begrenzt und betont ein massives Rechteck, das durch die Strebepfeiler der Türme gegliedert und gerahmt und durch ein einziges horizontales Gesims in etwa zwei Drittel ihrer Höhe unterbrochen ist. Die vertikal sehr streng dreiteilige Gliederung war bereits an normannischen Fassaden anzutreffen.

Die horizontale Einteilung wirkt weniger gelungen. Sie ist an zwei Innovationen gebunden, die von der großen Entwicklung in der gotischen Kunst zeugen: Gemeint sind die drei großen skulptierten Portale und die Rose oben im Mittelteil. Die drei skulptierten Portale haben romanische Vorläufer etwa im Narthex von Vézelay. Allerdings bleiben die Seitenportale dort immer sehr klein, die Betonung liegt auf dem Mittelportal. Auch in Saint-Denis ist das Mittelportal höher und breiter. Vor 1771 besaß es im Unterschied zu den Seitenportalen sogar einen Trumeaupfeiler. Doch erreichen auch die Seitenportale beträchtliche Maße. Die Rose ihrerseits ist ein Motiv der frühchristlichen Kunst, das sich hier von neuem entfaltet und die Mitte der Fassade einnimmt. Diese bahnbrechenden, neuen Elemente stellten den Baumeister vor Probleme, für die er nicht nur im Innern noch keine befriedigende, ausgewogene Lösung fand. Der Partie des großen Mittelfensters unter der Rose entsprechen in den Türmen zwei Stockwerke, das eine gedrungen, das andere schlanker und höher, ohne daß es jedoch zu dem oberen Abschluß der Rose hinaufreicht. Darüber sind, deutlich restauriert, in Arkaden Reliefs eingefügt. Der dreiteilige Rhythmus von einer Öffnung zwischen zwei Blendarkaden oder einer Blendarkade zwischen zwei Öffnungen gleicht die Unausgewogenheit nicht aus. Darin liegt die Doppeldeutigkeit des Westbaus von Saint-Denis: Er trägt bereits den Keim der zukünftigen gotischen Fassade in sich, ist aber zugleich noch allzusehr der romanischen Tradition der Vergangenheit verpflichtet, so daß es zu keiner klaren Definition des neuen Stils kommt.

Die Westportale

Den gleichen Zwiespalt beobachtet man an den drei Portalen, die noch rundbogig oder, wie bei den Seitenportalen, leicht zugespitzt sind. Die Uneinheitlichkeit muß vor 1771 noch auffälliger gewesen sein, als ein Mosaik das Nordtympanon zierte. Suger war sich dessen übrigens durchaus bewußt, denn er schrieb, dieses Tympanon sei »gegen die modernen Bräuche«.

Es ist heute schwer, die Qualität der Skulptur des 12. Jahrhunderts an den Portalen von Saint-Denis zu beurteilen. Die Gewändefiguren, der Trumeaupfeiler und das Mosaik des Nordportals sind 1771 verlorengegangen. Außerdem wurden die drei Portale in der ersten Hälfte des 19. Jahrhunderts durchgreifend restauriert. Säulen stehen

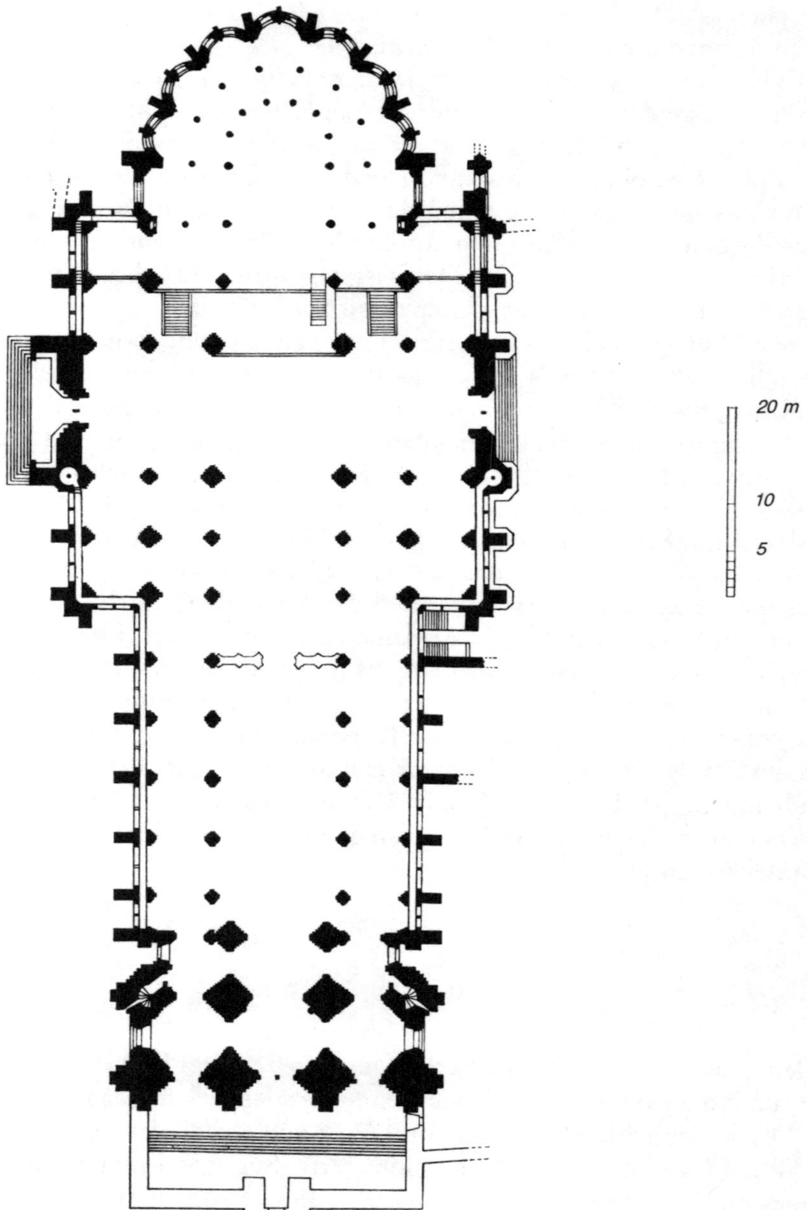

Saint-Denis

heute anstelle der Gewändestatuen. Das Tympanon des Nordportals und seine Archivolten sind praktisch modern, ebenso die beiden äußeren Archivolten des Südportals. An anderen Stellen ersetzte man Köpfe, ganze Körper oder Teile von Figuren. Verschmutzung und Erosion haben die Oberflächen angegriffen und sie im Laufe der Zeit mit einer schwärzlichen Schicht bedeckt. Will man sich den Stil an Ort und Stelle vergegenwärtigen, so kann man sich nur auf die kleinen Reliefs der Türpfosten gründen (Bild 14 und 15); in Museen befinden sich noch einige Köpfe und Säulenfragmente. Eine weitere Informationsquelle sind die im 18. Jahrhundert für ein Werk von Bernhard de Montfaucon *Les monuments de la monarchie françoise,* entstandenen Zeichnungen der Gewändefiguren.

Trotz aller Veränderungen scheint die Struktur, die allgemeine Anordnung der Skulptur und das ikonographische Programm gewahrt zu sein. Neu war die Konzeption der Säulenfiguren, die sich genau in die Ausschrägung der Gewände einpassen. Man sucht Vorläufer in den Figuren an den Trumeaupfeilern oder Türpfosten der Portale von Vézelay und Moissac, ferner in den Gestalten des Kapitelsaals von Saint-Étienne in Toulouse und in den annähernd zeitgenössischen Portalen in Verona und Ferrara, doch erzielte man hier zum ersten Mal eine derartige Ausgewogenheit in der Zuordnung von Portal und Tympanon. Die in die Bogenläufe eingepaßten, langgestreckten Figuren betonen die Kontinuität und geben dem Portal seine Geschlossenheit. Diese Archivolten haben ihre Vorläufer vor allem im Poitou und in der Saintonge, aber erst in der harmonischen Verschmelzung der verschiedenen Teile liegt der erneuernde, richtungweisende Charakter.

Die Ikonographie ist äußerst vielschichtig und umfaßt gleichzeitig traditionelle und neue Elemente. Wie bei vielen romanischen Portalen sind Altes und Neues Testament einander gegenübergestellt. Das Mittelportal ist der Wiederkunft Christi zum Jüngsten Gericht gewidmet, nach den Darstellungen im Matthäusevangelium, in den Visionen des Propheten Ezechiel und der Offenbarung des Johannes (Bild 16). Das Alte Testament wurde durch die Gewändestatuen repräsentiert, durch die königlichen Vorfahren Christi, ferner durch die Patriarchen und Propheten, das heißt die Vorboten des Neuen Testaments. Es scheint so, als kreisten die Gedanken Sugers ständig um die Verbindung von Kirche und Königtum, der geistlichen und der weltlichen Macht. Im 18. Jahrhundert glaubte Montfaucon übrigens, daß die Könige und Königinnen die Herrscher Frankreichs darstellen sollten, eine verständliche Verwechslung, wenn man bedenkt, daß die Könige Frankreichs gesalbt und geweiht wurden wie die Könige Judas, als deren Nachfolger sie sich im christlichen Abendland verstanden. Zu dieser biblischen Ikonographie kamen Darstellungen, in denen die Verehrung der Abtei für ihren Patron zum Ausdruck kam: Die Gestalt des heiligen Dionysius schmückte den Trumeau; die Legende, nach der Christus selbst ihm im Gefängnis die Kommunion erteilte, ist das Thema des südlichen Tympanons, während das Martyrium des Heiligen und seiner beiden Gefährten möglicherweise am Nordportal dargestellt war.

Einige Details verdienen besondere Beachtung, so die klugen und törichten Jungfrauen auf dem rahmenden Gewände des Mittelportals. Der Bezug zum Jüngsten Gericht war zwar immer schon herausgestellt worden, doch ist es das erste Mal, daß ein Portal beide Themen vereinigt (Bild 16). Auf dem Tympanon breitet Christus in der Darstellung des Jüngsten Gerichts seine Arme vor den Armen des Kreuzes aus. Dieses Motiv ist in Beaulieu wiederaufgegriffen und nicht vorher geschaffen worden, wie Emile Mâle annahm. Die Gottesmutter und die Apostel gruppieren sich auf dem Tympanon über der Auferstehung der Toten und stehen hier erstmals als Fürsprecher der Menschheit. Bei den Auferstandenen ließ sich Suger selbst einreihen, flehend zu Christi Füßen. Wenn auch die Gewändestatuen eine bedeutende Neuerung darstellen, so geben doch die übrigen ikonographischen Details keinen Anlaß zu der Behauptung, die Ikonographie sei eher gotisch als romanisch; denn die Denker des 12. Jahrhunderts dachten unablässig über die Wiederkunft Christi nach und die romanischen Portale zeigen eine ständige Entwicklung dieses Themas und eine wachsende Komplexität der symbolischen Anspielungen.

Außer den klugen und törichten Jungfrauen des Mittelportals gehört das Gewände des Südportals mit den Monatsbildern (Bild15) und des Nordportals mit den Tierkreiszeichen (Bild 14), deren Motive sich zu einem Kalender reihen, zum romanischen Portal. Auch kann man die Kapitelle der Gewände und die kleinen Schmucksäulen dazurechnen, die getreu den im Musée de Cluny befindlichen Originalen nachgebildet wurden. Die figürlichen Szenen und die wenigen erhaltenen Köpfe erinnern in ihren Proportionen, in der Behandlung der Gesichter, in der Modellierung und in dem konventionellen Faltenwurf an die Kunst der Bildhauer von Toulouse und an das Portal von Moissac. Suger hat sicherlich Künstler aus dem Languedoc nach Saint-Denis kommen lassen. Die ornamentale Plastik wirkt kostbar und subtil, außerordentlich reich und vielfältig und ist in einer minuziösen Genauigkeit gearbeitet, die an Goldschmiedekunst denken läßt.

Suger berichtet, er habe Goldschmiede aus Lothringen kommen lassen, das heißt von den großen Goldschmiedezentren des Maasgebiets aus der Gegend von Huy. Vielleicht gesellten sich Steinbildhauer zu ihnen oder auch andere Künstler, die sich hier in der Bauhütte von Saint-Denis durch die Arbeit der Goldschmiede inspirieren ließen. Die mit Palmetten und Akanthusblättern, phantastischen Vögeln und Menschenköpfen geschmückten Kapitelle zeigen ein köstliches, kraftvolles Relief und sind kunstvoll und harmonisch nach den ihrer Struktur zugrundeliegenden Achsen gegliedert. Die Kunst des Languedoc und des Maaslandes bereicherten hier die Ile-de-France, ohne daß man diese Einflüsse als gotisch bezeichnen könnte.

Die Krypta

In die Krypta gelangt man über zwei Treppen im Osten der Querschiffarme. Sie liegt nur zur Hälfte unter der Erdoberfläche, so daß Fenster für einen direkten Lichteinfall sorgen. Diese Anlage machte die Anhebung des Chorhaupts notwendig. Die Krypta ist zusammen mit dem Altarraum geplant worden und stimmt deshalb auch mit seinen Umrissen überein, wodurch die Sicherheit seiner Fundamente gewährleistet sein sollte. Die Krypta ist gotisch in der Aneinanderreihung der Radialkapellen und in der Verbindung der Innenräume. In den Augen eines oberflächlichen Betrachters mag sie vielleicht noch romanisch erscheinen durch die Geschlossenheit der Kapellen, die massiv wirkenden Mauern und Pfeiler und durch das Kreuzgratgewölbe. Diese Merkmale beweisen aber nur, daß der Baumeister einen kräftigen Sockel errichten wollte, der die schlanken Säulen und die großen Öffnungen des Chorumgangs und der oberen Kapellen ermöglichte. Die Krypta ist wie das gesamte Chorhaupt stark restauriert worden.

Die Kapitelle der kräftigen zylindrischen Pfeiler und der Stützen der Radialkapellen in der Krypta sind mit Palmetten und glatten Blättern ohne besonderen Ausdruck geschmückt. Interessanter erscheinen die rundbogigen Blendarkaden, die den Mauern der rechten Seite vorliegen. In der Mitte der Krypta blieben zwei parallele Längsmauern erhalten, die von der Mittelkapelle der unter Abt Hilduin in der ersten Hälfte des 9. Jahrhunderts errichteten Krypta stammen (Bild 19). Der Baumeister des 12. Jahrhunderts gab die Seitenkapellen und das Ostende der Mittelkapelle auf und verstärkte die Seitenmauern durch Arkaturen, die auf kleinen Säulen mit skulptierten Kapitellen ruhen. Die rechteckigen Deckplatten zeigen in übereinstimmendem Stil flachen Palmettendekor. Die sehr beschädigten figürlichen Kapitelle sind im 19. Jahrhundert überarbeitet worden. Einige stammen vielleicht von anderen Bauten außerhalb der Abtei. Dargestellt sind verschiedene Szenen aus dem Alten Testament (Kain und Abel), aus dem

Leben Christi oder aus dem Leben des heiligen Benedikt. Einige Kapitelle entsprechen dem kraftvollen Stil der Westportale, andere, wie das der Gefangennahme Christi, sind als fortlaufender Fries behandelt. Dort zeigen die Figuren weiche, gerundete Umrisse und tragen Gewänder, deren Faltengebung durch parallel verlaufende Rillen angedeutet ist. Dieser besondere Stil läßt sich mit einigen Kapitellen von Saint-Thibault-des-Vignes (Bild 175–177) und Deuil-la-Barre (Bild 182–184) vergleichen. Sein Charakter ist mehr lokaler Art, wie man ihn schließlich auch an den Kapitellen des Langhauses von Saint-Germain-des-Prés findet.

Die Glasmalerei

Suger hatte sowohl die Fenster der Krypta als auch die im oberen Kapellenkranz mit Glasmalerei versehen lassen. Die wenigen heute noch in Saint-Denis verbliebenen Fragmente befinden sich alle im oberen Geschoß. Tatsächlich hat die Glasmalerei mindestens ebensoviel Schaden erleiden müssen, wie der Skulpturenschmuck der Fassade. Seit dem 13. Jahrhundert wurden die Fenster bei den großen Umbauten der Abteikirche immer wieder mit umgearbeitet. Während der Revolution holte sich Alexandre Lenoir 140 Tafeln für sein Museum; nur 31 erhielt die Basilika später zurück. Die anderen sind verlorengegangen oder verkauft und verstreut, um andere Kirchen zu schmücken oder Sammlungen zu bereichern. Viollet-le-Duc bemühte sich Mitte des 19. Jahrhunderts um die Wiederverglasung der Fenster. Er ließ sie von den Brüdern Gérente restaurieren und ergänzen.

Suger selbst hat nur drei dieser Kirchenfenster beschrieben: den Stammbaum Jesse, das Leben Mose und eine allegorische Darstellung. Die Glasgemälde scheinen paarweise entworfen worden zu sein, jeweils den beiden Fenstern einer Kapelle entsprechend. In den Kapellen nächst dem Querschiff befanden sich ornamental geschmückte Fenster in Grisaillemalerei mit farbigen Motiven und vielfarbigem Rahmen. Einige Fragmente und alte Zeichnungen erlaubten die Wiederherstellung zweier Fenster mit Greifenvögeln in der Kapelle Sainte-Osmane, der ersten Chorumgangskapelle auf der Nordseite. Die sehr farbenprächtigen Gläser sind wie die meisten Fenster des 12. Jahrhunderts in große rechteckige Felder unterteilt. Die Greifenvögel fügte man in runde Medaillons ein, die von Rauten umgeben sind. Diese Rauten wiederum stehen in einem größeren, sie begrenzenden Viereck. Die Dreiecke in den Winkeln jedes Vierecks sind mit Blattwerk ausgeschmückt, ebenso wie alle Rahmen.

Die anderen alten Glasgemälde wurden in die Fenster der drei mittleren Kapellen eingelassen. In der der Gottesmutter geweihten Scheitelkapelle befinden sich seitdem wieder die beiden originalen Glasfenster. Rechts sieht man den Stammbaum Jesse: Zum ersten Mal ist hier in der Glasmalerei des 12. Jahrhunderts dieses Thema dargestellt. Der sehr breite Rahmen besteht aus einem Ornamentband. Es ist äußerst kunstvoll und minuziös mit Blattwerk bemalt, das sich in die halbrunden Einfassungen einfügt, die die Kontur des Fensters nachzeichnen und miteinander durch Ringe verbunden sind. Die Mannigfaltigkeit der Farben bewirkt das kostbare Aussehen dieser Glasgemälde. Register unterteilen die Fenster in drei Felder, wobei jeweils ein Quadrat zwischen zwei Rechtecken liegt. Die Rechtecke enthalten Halbmedaillons, in denen Propheten dargestellt sind. Unten in der Mitte liegt der schlafende Jesse, aus dem der Stammbaum Christi wächst. Jesse liegt auf einer Art Bett in einem Raum, der durch zwei Arkaden angedeutet ist, von denen eine Lampe und ein Vorhang herabhängen. Die drei darüberliegenden Quadrate zeigen die thronenden, gekrönten Könige von Juda. Beidseitig sprossen geschmeidige Zweige mit prächtigem, zu Bouquets zusammengefaßten Blattwerk, das sich auf dem azurblauen Fond leuchtend abhebt. Im vorletzten Register erscheint die Gottesmutter und oben die Gestalt Christi. Das Blattgeranke erinnert an die Buchmalerei in den Handschriften aus der Abtei Cîteaux. Deshalb hatte man vermutet, daß ein Teil der Glasmaler von Saint-Denis aus Burgund kam, doch haben sich in Burgund keine Glasfenster bewahrt, die älter sind als die der Ile-de-France. Folglich ist der Stil neu, es gibt keine Vorläufer.

Als Pendant zu diesem Fenster mit dem Baum Jesse ist auf der anderen Seite der Scheitelkapelle die Kindheit Jesu dargestellt. In einem ähnlichen Rahmen wechseln die Einfassungen der einzelnen Szenen ab, kreisrund und quadratisch im Zentrum, unter Arkaden und halbrund auf den Seiten. Das entspricht übrigens nicht der ursprünglichen Anordnung. Der Rahmen besteht abwechselnd aus Laubrankenmotiven und aus Flechtwerk mit Perlschnüren und Zickzackstäbchen. Nur drei Felder des heute wiederhergestellten Fensters sind alt: die Verkündigung unten in der Mitte, der heilige Joseph, von den Engeln zu seiner Rechten benachrichtigt (zum Teil restauriert), und in der Mitte des zweiten Registers die Geburt Christi. Die anderen Felder stammen aus dem 19. Jahrhundert. Am Fuß der Verkündigung ließ sich Suger – wie schon am Mittelportal – darstellen. Er kniet vor der Gottesmutter und bittet sie um ihre Fürsprache. Die Geburt ist unter drei Arkaden dargestellt, über denen Engel stehen. Das Kind ruht auf einem Altar, von Ochs und Esel bewacht. Joseph steht unbeteiligt ganz außen am rechten Rand unter der höchsten Arkade. Die beiden anderen Felder zeigen den gleichen Stil: geschickt auf einem horizontalen Sockel komponiert, recht kurze Figuren, deutlich konturiert mit stilisierten Falten wie in zeitgenössischen Manuskripten Nordfrankreichs. Auch die Sorgfalt in der Art des Glasschnitts und die Farbnuancen deuten auf eine Verwandtschaft mit der Buchmalerei.

In der im Norden angrenzenden Kapelle, das heißt links von der Scheitelkapelle, wurden zwei zum Teil authentische Glasfenster wiedereingesetzt: das Mose- und das Allegorienfenster. Obwohl Viollet-le-Duc die Montage der Einzelstücke nicht genau interpretierte und ausführte, wie sie die Zeichnungen vom Ende des 18. Jahrhunderts vorgaben, konnte er doch das Netz der Bleiruten annähernd genau wiederherstellen. Sie passen sich den runden Formen der mittleren Medaillons an. Dieser in der Mitte des 12. Jahrhunderts außergewöhnliche Typus des Bleinetzes fand vor 1200 kaum Anwendung. Das Mosefenster zeigt in den Halbmedaillons beiderseits des mittleren Medaillons szenische Darstellungen, während das allegorische Fenster nur in der Mitte mit einer Szenenfolge versehen ist, flankiert von ornamentalen Motiven. Die beiden Fenster besitzen unterschiedliche Rahmen, die ebenso aufwendig wie die der Fenster in der Scheitelkapelle gestaltet sind. Die kunstvollen Rahmungen und die szenischen Darstellungen erinnern an die Arbeit der Goldschmiede von der Maas. Wie bei der Bauplastik fragt man sich, ob ein Meister der Glaskunst aus dem Maasgebiet die Goldschmiede aus Lothringen nach Saint-Denis begleitet hat. Das Mosefenster links dürfte ursprünglich – laut Suger – auch eine Allegorie gezeigt haben. Die meisten Szenen der seitlichen Halbmedaillons sind Ergänzungen des 19. Jahrhunderts, während es sich bei den runden in der Mitte größtenteils um Originale handelt. Von unten nach oben sieht man die Rettung Mose aus dem Nil, den brennenden Dornbusch, den Durchzug durch das Rote Meer, die Übergabe der Gesetzestafeln und die eherne Schlange. Die beiden letzten Szenen wurden im 19. Jahrhundert vertauscht.

Das allegorische Fenster ist in seiner gedanklichen Konzeption sicherlich das subtilste und komplexeste Glasgemälde des 12. Jahrhunderts. Es wurde nicht für ein ungebildetes Publikum, sondern für Mönche geschaffen, denen die Lektüre des Pseudo-Dionysius und seines angeblichen Lehrers, des heiligen Paulus, geläufig war. Louis Grodecki hat in der Tat nachgewiesen, daß es sich um Allegorien handelt, die nach der Interpretation durch christliche Autoren den Briefen des Apostels Paulus entnommen sind. Nur zwei alte Felder blieben hier erhalten. Die bekannteste Szene findet man jetzt unten und nicht mehr wie einst in der Mitte des Fensters: die Quadriga des Amminadab. In der Mitte sieht man die Quadriga oder den Karren mit zwei Rädern darüber und zweien darunter, gezeichnet in einer für die romanische Kunst charakteristischen Perspektive. Auf dem Wagen befanden sich einst die Gesetzestafeln und der Aaronstab, es handelte sich also um die Bundeslade. Darüber sieht man einen Gnadenstuhl, bei dem der Gekreuzigte an einem grünen Lebensbaum hängt. Die vier Evangelistensymbole umgeben dieses Bild. Eine Inschrift besagt, daß das Kreuz auf der Bundeslade errichtet sei und den neuen Bund symbolisiere. Die Quadriga des Amminadab bezieht sich auf Salomon und Sunamit und damit auch auf die Synagoge und die Ecclesia. Ein weiteres altes Medaillon befindet sich im oberen Teil des Fensters und zeigt Christus zwischen Synagoge und Ecclesia. Er krönt die Ecclesia und entschleiert die Synagoge. Auf der Brust Christi sieht man einen Vogel in einer Scheibe, von der strahlenförmig sechs weitere Scheiben ausgehen, auch jeweils mit einem Vogel. Mit diesen sieben Tauben sind die sieben Gaben des Heiligen Geistes gemeint. Durch die purpurne und grüne Farbgebung heben sich die Personen deutlich vom blauen Grund ab.

In der im Süden an die Scheitelkapelle angrenzenden Chorkranzkapelle kann man noch in dem linken, modernen Fenster ein vereinzeltes altes Teilstück entdecken. Es zeigt die prophetische Vision des Ezechiel mit den Gerechten, die mit dem griechischen Buchstaben Tau, also mit dem Kreuzeszeichen gekennzeichnet sind. Viollet-le-Duc hat neben diese Vision ein Bildfeld gestellt, das ursprünglich zu einem Passionsfenster gehört haben muß. Man erkennt darauf Ereignisse des Alten Testaments, die als Vorläufer auf die Erlösung anspielen. Der Stil dieses Feldes unterscheidet sich deutlich von dem der anderen Fenster. Die gedrungenen Personen wirken ruhig und sind weich gezeichnet. Der altertümliche Akzent dieser Szenen erinnert an bestimmte Arbeiten der Maasgegend.

Saint-Denis besaß weitere Fenster, insbesondere zwei mit historischen Darstellungen. Davon war das eine der legendären Wallfahrt Karls des Großen ins Heilige Land gewidmet, das andere dem ersten Kreuzzug, wahrscheinlich in Verbindung mit dem zweiten Kreuzzug im Jahre 1147. Andere Kirchenfenster zeigten Heiligenlegenden. Eine Kranzkapelle der Krypta weihte man 1144 dem heiligen Benedikt. Ein Fenster erinnerte an die Hauptereignisse seines Lebens. Vier daraus stammende Teilstücke wurden in englischen Bauten wiederverwendet. Zwei weitere befinden sich jetzt in einer Kirche von Fougères. Ein besser erhaltenes Fragment hat das Musée de Cluny erworben. Dargestellt sind zwei gen Himmel schauende Mönche mit Nimben (Bild 20); eine Inschrift an der linken Seite besagt: HEC EST VIA QUA DILECTUS DOMINO BEAT (US) ALTER BENEDI (CTUS) ... Dieser Satz stammt aus der Vita des heiligen Benedikt und bezieht sich auf seine Todesstunde.

Ein anderes Fenster war dem heiligen Vinzenz gewidmet. Das ikonographische Programm war also in sich nicht homogen. Louis Grodecki hat den romanischen Charakter dieser Kunst betont, ihre Nähe zur Buchmalerei und zu den Emaillearbeiten der Mitte des 12. Jahrhunderts, vielfältig in ihrer Ausdrucksweise, wie es für die romanische Malerei typisch ist.

Das Apostelrelief

Das 1947 entdeckte Flachrelief ist heute als Altarretabel in der ersten nördlichen Chorkapelle aufgestellt. Es bildete die Innenseite eines unter dem Querschiff eingegrabenen Sarkophagdeckels. Das in einem ausgezeichneten Zustand erhaltene Relief blieb seltsamerweise unvollendet. Besonders am rechten Rand sieht man die Konturen der Palmetten eingraviert, doch zur Modellierung war es nicht gekommen. Die Kleidersäume blieben ebenfalls unvollendet, und die Pupillen der Augen sind hier nicht ausgehöhlt.

Die zwölf Apostel stehen unter Arkaden. Jeweils paarweise wenden sie sich einander zu (Bild 18). Ihre gedrungenen Proportionen füllen den ganzen für sie vorgesehenen Raum. Die rahmenden Arkaden liegen auf reichverzierten Säulen. S. Crosby, der das Relief entdeckt hat, zählte 80 verschiedene Motive und vermutet, daß auch dieses Werk der Goldschmiedekunst des Maasgebietes aus der Mitte des 12. Jahrhunderts nahesteht, wie verschiedene Skulpturen der Westfassade und ein Teil der Kirchenfenster.

Die ursprüngliche Bestimmung dieses Reliefs bleibt rätselhaft. Ohne ein christologisches Emblem in der Mitte konnte es nicht als Altaraufsatz gedient haben. Man dachte an die Längswand eines Sarkophages oder an eine in die Mauer über einem Grab eingelassene Platte. In jüngster Zeit wurde die Vermutung geäußert, daß das Relief für das Grab Sugers bestimmt gewesen sei, überstürzt ausgeführt wurde und nach seinem Tod unvollendet blieb. Bei dem Neubau des Querschiffs im 13. Jahrhundert soll es entfernt und vergraben worden sein, dem Vergessen anheimgegeben, bis man es 1947 wiederentdeckte.

Der Nordosten

Die Grenzen der Ile-de-France sind besonders im Nordosten von Paris nicht genau festgelegt. Die Region umfaßt die ehemalige Grafschaft Valois um Crépy-en-Valois. Doch besaßen die karolingischen Herrscher ausgedehnte Domänen in der Nähe von Verberie, an der Oise, bei Compiègne und Soissons, von denen die meisten mehr oder weniger unmittelbar der Krone der Kapetinger unterstellt blieben. Die alten Bistümer von Senlis, Noyon, Soissons und Meaux besaßen Ländereien, die diese Gebiete überschnitten. So legen wir uns der Einfachheit halber auf eine willkürliche geographische Grenze fest: Die hier beschriebenen Bauwerke liegen in einem Gebiet, das im Westen im großen und ganzen durch die Linie Paris-Senils begrenzt wird, die sich dann auf der Höhe von Pont-Sainte-Maxene in dem Tal der Oise fortsetzt. Die Oise bildet mit der Aisne bis Soissons die nördliche Grenze. Die Straße von Soissons nach Château-Thierry schließt das Gebiet im Osten ab, während das Tal der Marne die südliche Grenze markiert.

Im Innern des unregelmäßigen Vierecks liegen die Bauwerke recht weit verstreut. Im südlichen Teil blieben kaum romanische Bauwerke erhalten. Die meisten liegen in der Nähe der Oise, um Verberie und Morienval an der Grenze des Valois, im Nordosten nahe bei Soissons und schließlich im Tal des Ourcq.

Soissons war mit dem Bischofssitz, der der Krone unterstand, und den großen Abteien Saint-Médard, Saint-Crespin-le-Grand und Notre-

Dame ein bedeutendes künstlerisches Zentrum, ebenso Crépy-en-Valois mit der Abtei Saint-Arnoul. Leider sind die romanischen Bauwerke dieser beiden Städte praktisch vollständig verlorengegangen. Man kennt sie fast nur noch durch Dokumente aus der Zeit vor der Revolution. In Crépy-en-Valois finden sich einige Reste der Kirche Saint-Arnoul, und in Soissons bewahrt das Museum mehrere Kapitelle. Diese Fragmente werden wir in dem Kapitel über die Skulptur behandeln. Das interessanteste, noch erhaltene Bauwerk der nordöstlichen Ile-de-France ist zweifellos die Kirche von Morienval an der Südgrenze des Waldes von Compiègne. Sie ist es wegen ihres Alters, wegen ihrer besonderen architektonischen Merkmale und wegen ihrer Kapitellplastik.

Morienval

Geschichte

Die Abtei der Benediktinerinnen von Morienval wurde wahrscheinlich im Laufe des 9. Jahrhunderts gegründet. Eine Urkunde Karls des Einfältigen aus dem Jahre 920 erinnert an Schenkungen, die bereits Karl der Kahle dem Kloster gemacht hatte.

1122 brachten Geistliche der Diözese Sées in der Normandie auf ihrer Durchreise die Reliquien des heiligen Annobert, eines frommen Mannes aus dem 8. Jahrhundert, mit und gaben sie in Verwahrung.

Die Quellentexte geben keinerlei Auskunft über den Bau der Abteikirche. Sie wurde vermutlich gegen die Mitte des 11. Jahrhunderts errichtet. Ihr Vorhallenturm, zumindest aber die beiden oberen Geschosse, kann man in das beginnende 12. Jahrhundert datieren. Eine Art Rundgang, ein Pseudo-Chorumgang, der auf die Türme des Chorhaupts stößt und nicht mit dem Querschiff in Verbindung steht, wurde später der Apsis angefügt. Man hat ihn mit dem Eintreffen der Reliquien des heiligen Annobert in Beziehung setzen wollen, doch dient er lediglich zur Verstärkung des Chorhaupts auf dem abschüssigen Gelände. Das Chorjoch wurde kurz danach eingewölbt, wahrscheinlich noch vor der Mitte des 12. Jahrhunderts.

An der Stirnseite des Nordarms baute man im 13. Jahrhundert eine Kapelle an. Etwas später wurde das Gewölbe der Apsis im gotischen Stil erneuert. Ab 1625 ließ die Äbtissin Anne II. de Foucault umfangreiche Arbeiten ausführen. Beiderseits des Vorhallenturms entstanden zwei Joche, so daß sich der Zugang zur Kirche in eine bündig abschließende Fassade vor dem Mittelturm und den Seitenschiffen wandelte. Außerdem ließ die Äbtissin ein großes Portal in dem nördlichen Seitenschiff öffnen, das Mittelschiff mit Kreuzgratgewölben versehen und den Unterbau des südlichen Seitenschiffs erneuern. Das Vierungsgewölbe stammt von 1652. Der südliche Querschiffarm wurde durch den Anbau einer Sakristei verändert.

Bereits 1745 fand die Aufhebung der Abtei statt und die Kirche wurde zur Pfarrkirche. Unter der Leitung von Selmersheim wurden gegen 1878 und von 1900 bis 1903 Renovierungsarbeiten durchgeführt. Ausgrabungen im Jahre 1900 haben ein ursprünglich gestaffeltes Chorhaupt freigelegt: Zwei Türme flankieren die eingezogene Mittelapsis, zwei weniger tiefe Apsidiolen führten direkt auf die Enden der Querschiffarme. Selmersheim rekonstruierte die kleine Nordapsis und renovierte ihr gegenüberliegendes Pendant. Das Kreuzrippengewölbe der Apsis ersetzte er durch eine Halbkuppel und erneuerte das nördliche Seitenschiff.

Die Kirche ist also im 12., 17. und Ende des 19. Jahrhunderts wiederholt stark verändert worden.

Besichtigung

Der Außenbau

Von dem in der Achse der ehemaligen Abteikirche angelegten Platz aus erblickt man zuerst den Vorhallenturm. Man muß sich vorstellen, daß er einst aus der Fassade vorkragte, aber wie die Kirche von Saint-Germain-des-Prés seitliche Anbauten hatte, zumindest im Norden, wo man am Seitenschiff noch eine eingebundene Säule sieht. Sein jetziges hohes Dach ist nicht ursprünglich. Nach Meinung Lefèvre-Pontalis trug er früher ein Satteldach mit zwei Giebeln. Von den drei Geschossen sind die unteren beiden an den Kanten von Strebepfeilern eingefaßt. Die Sockelpartie wurde für die Aufnahme eines Glockenstuhls umgebaut. Man erkennt dort kleine Rundbogenfenster. Darüber öffnen sich auf drei Seiten Zwillingsfenster, deren doppelter Rundbogen von einem Rollenfries gerahmt wird. Als diese Fenster, die zwischenzeitlich zugemauert waren, Ende des 19. Jahrhunderts wieder geöffnet wurden, erneuerte man zugleich die Säulen. Ein Gesims mit Rollenfries trennt diesen Teil von dem oberen Geschoß, das an den Ecken mit zierlichen Säulen geschmückt ist. Der reichere Dekor scheint anzuzeigen, daß dieses Stockwerk Anfang des 12. Jahrhunderts hinzugefügt wurde. Jede Seite ist von vier Arkaden durchbrochen. Sie gruppieren sich paarweise unter rundbogigen Entlastungsbögen, konturiert durch einen Rollenfries, der rund um den Turm verläuft. In der Mitte jedes Arkadenpaares stehen Doppelsäulen. Das abschließende Kranzgesims liegt auf Kragsteinen auf und ist mit einer gedrehten Leiste und einer Reihe plastisch herausgearbeiteter Sterne verziert.

Man geht im Norden an der Kirche entlang, ohne beim Langhaus oder Querschiff zu verweilen, die sehr stark überarbeitet sind. Auf der anderen Seite entdeckt man das Chorhaupt und die beiden schlanken Türme, die den Chor in ihre Mitte nehmen (Farbtafel S. 97). Die Silhouette dieses Bauwerks bestimmen die drei Türme, ein massiver auf der Fassadenseite, zwei schlankere im Osten. Ursprünglich muß Saint-Germain-des-Prés ähnlich ausgesehen haben. Die beiden Türme setzen sich aus drei geschmückten Stockwerken über einem hohen Unterbau zusammen. Die Strebepfeiler enden, wie auch am Fassadenturm, unter dem obersten Geschoß. Die drei oberen Stockwerke besitzen auf allen Seiten rundbogige Zwillingsfenster. Die Öffnungen sind von kleinen Säulen, ihre Bögen von einem Fries eingefaßt, der wie bei dem Obergeschoß des Westturms in einem horizontalen Gesims fortläuft. Im ersten und im obersten Geschoß rahmen gestufte Bögen die Öffnungen, im Mittelgeschoß ist es dagegen eine einzige Reihe von Keilsteinen. E. Lefèvre-Pontalis hat angenommen, daß der Nordturm etwas älter ist als der Südturm, obwohl beide aus dem 11. Jahrhundert stammen. Der Nordturm ist rechteckig, der Südturm quadratisch, wobei sein Dekor ausgereifter wirkt. Eine kurze vierseitige Pyramide bekrönt beide Türme (Bild 21). Dieser Turmabschluß fand nicht weit entfernt Nachahmung in Rhuis (Bild 31), in Pontpoint im Westen (Farbtafel S. 139) und in Retheuil im Osten (Bild 38).

Der gesamte obere Teil der Apsis ist wiederaufgebaut. Doch blieb der Pseudo-Chorumgang mit seinem Außenschmuck erhalten. Der erhöhte Sockel gleicht den Höhenunterschied des Untergrundes aus. Ein Rollenfries betont die Fensterbänke. Die Fenster sind von zwei fortlaufenden Rundstäben gerahmt und wiederum von einem Rollenfries eingefaßt, der sich um die Apsiswand und die im oberen Teil abgerundeten Strebepfeiler zieht.

Der Innenraum

Das Erdgeschoß des Vorhallenturms blieb erhalten. Vier im Innern in den Ecken emporlaufende Pfeiler tragen vier schmucklose Ar-

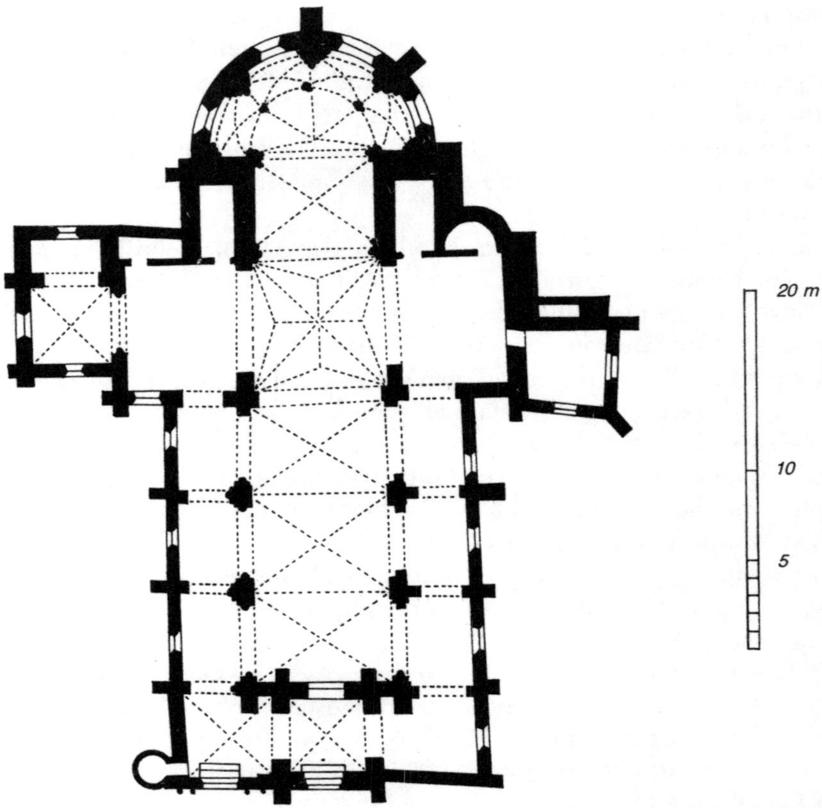

Morienval

kaden, auf denen ein Kreuzgratgewölbe ruht. Vom Langhaus aus sieht man, daß das erste Turmgeschoß eine Empore bildet, die sich auf das Mittelschiff öffnet (Bild 22). Das ist ein weiterer gemeinsamer Wesenszug mit Saint-Germain-des-Prés.

Die ursprüngliche Kirche von Morienval scheint einschiffig gewesen zu sein. Im 11. Jahrhundert kamen dann Seitenschiffe hinzu. Der Mittelteil blieb bis zum 17. Jahrhundert ohne Einwölbung. Wie die Seitenschiffe ursprünglich gedeckt waren, weiß man nicht, wahrscheinlich mit einem Gebälk, auf dem das Pultdach auflag. Doch gibt es auch Vermutungen, nach denen sie kreuzgratgewölbt waren. Das recht kurze Langhaus besteht nur aus drei Jochen. Sie sind seit dem

11. Jahrhundert durch Säulenvorlagen gegliedert, die zwischen den Fenstern bis zur Decke hochlaufen.

Die Rundbogenarkaden sind gestuft und können demnach nicht vor dem zweiten Viertel des 11. Jahrhunderts entstanden sein. Die viereckigen Pfeiler sind mit Säulenvorlagen versehen, zwei unter dem Innenbogen der Arkaden, einer zum Mittelschiff und einer zum Seitenschiff hin. Die Form dieser aus mehreren Stützgliedern zusammengesetzten Pfeiler spricht ebenfalls für eine Datierung in die Mitte des 11. Jahrhunderts. Die Säulen der Arkaden tragen Kapitelle, die in besonderem Maße zum Ruhm Morienvals beigetragen haben. E. Lefèvre-Pontalis und G. L. Micheli wiesen auf die Originalität ihres Formenrepertoires hin, das sich bereits vor der Entwicklung des geometrischen Dekors in der Normandie herausgebildet hatte. Diese Kunst spiegelt wahrscheinlich alte vorromanische, ja sogar vorrömische Traditionen wider. Spiralmotive (Bild 24 und 25), Flechtwerk, Bänder aus ziseliertem Blattwerk, ausgehöhlte Dreiecke erinnern an keltische Formen und merowingischen Schmuck. Bestimmte Motive stammen wahrscheinlich aus dem volkstümlichen Handwerk, etwa von Flechtwaren oder Holzschnitzereien. Die Struktur der Kapitelle ist durch die Betonung der Mitte und der oberen Ecken der Schauseite deutlich herausgestellt. Manchmal markiert ein stilisierter Pflanzenstengel die Mittelachse. Einige Kapitelle tragen sogar eine Art Halskrause um den unteren Teil aus kleinen Blättern oder aufgereihten Schnecken, ein Motiv, das sich vom korinthischen Kapitell ableitet (Bild 25). Andere geben diese horizontale Unterteilung auf und das Schmuckelement überzieht die gesamte Oberfläche. Die Motive sind im Flachrelief mit abgerundeten Umrissen in den ebenen Hintergrund gearbeitet, ohne schematisch zu wirken.

In dieser Modellierung liegt ein wesentlicher Unterschied zu den normannischen Kapitellen mit vergleichbarer Struktur, aber trockener und schematischer Zeichnung.

Die Obergadenfenster des Mittelschiffs liegen jeweils in der Achse eines Jochs. Sie sind wie die Seitenschiffe erneuert worden.

Die Vierung, deren Eingang am Ende des Mittelschiffs durch einen großen Rundbogen hervorgehoben ist, hat eine größere Erstrekkung in der Breite als in der Tiefe (Bild 23). Fünf schmucklose Rundbogenöffnungen reihen sich horizontal in der Querschiffmauer über dem Triumphbogen, zum Teil durch das Gewölbe überschnitten. Zwillingssäulen liegen an den Ostpfeilern der Vierung. Die Vierung war früher höher als die beiden Querschiffarme und erhielt ihr Licht direkt durch zwei Fenster, eines im Norden, das andere im Süden, über den Bögen, die sich auf die Arme öffneten. Reste dieser zugemauerten Fenster sieht man noch im Dachstuhl. Man muß sich also ein flachgedecktes Querschiff vorstellen, dessen Vierung eine Laterne bildete, an die seitlich zwei weniger hohe Arme stießen. Der Raum ist abgeteilt wie in einigen vorromanischen Bauwerken.

Der Nordarm, der niemals eingewölbt war, hat trotz der kürzlichen Rekonstruktion der kleinen Ostapsis recht gut sein ursprüngliches Erscheinungsbild bewahrt. Zwischen dieser Apsidiole und dem Chor bildet der untere Teil des Turms eine rechteckige, mit einer Tonne überwölbte Kapelle, die ebenfalls in sich abgeschlossen ist. Der Südarm entsprach einstmals symmetrisch dem Nordarm, er wurde jedoch stärker überarbeitet. Seine kleine Apsis geht trotz der Restaurierung auf das 11. Jahrhundert zurück. An der Stirnseite dieses Querschiffarms scheinen sich die beiden kleinen, ziemlich hoch liegenden Fenster in der ursprünglichen Anordnung zu befinden.

Das Chorjoch zwischen den Türmen war zunächst mit einer Tonne überwölbt, von der man an den Seitenwänden noch den Ansatz der Rundung erkennt. Im 12. Jahrhundert wurde die Tonne durch ein noch archaisch wirkendes Kreuzgratgewölbe ersetzt. Seine sehr kräftigen Bögen sind durch einen Grat zwischen zwei Rundstäben profiliert, gerahmt von zwei Reihen stilisierter Blüten. Die Ecksäulen fügte man bei der Wiederinstandsetzung des Gewölbes ein. Sie nehmen die Gurtbögen auf.

Die Halbkuppel der Apsis ist neueren Ursprungs. Die gerippte Struktur, wie sie in dieser Gegend vor der Mitte des 12. Jahrhunderts üblich war, gilt als wahrscheinlich. Vorher gab es vermutlich schon eine einfache Halbkuppel. Der untere Teil der Apsis dürfte Anfang des 12. Jahrhunderts erneuert worden sein, als das abschüssige Gelände ins Rutschen geriet und der Einsturz drohte. So entstanden die vier Arkaden, die sich auf einen engen, ringförmigen Gang öffnen. Sie sind wie die Joche des Pseudo-Chorumgangs unregelmäßig und sehr eng gestellt: Die beiden äußeren Arkaden sind spitzbogig, die Arkade links vom Mittelpfeiler ist leicht gespitzt und die rechts davon rundbogig. Den Gang selbst decken vier Kreuzrippengewölbe, die wegen ihres urtümlichen Aussehens Anlaß zu vielen Kommentaren gegeben haben (Bild 29). Die Schlußsteine liegen nicht in der Mittelachse, die dickwulstigen Rippen sind mehr schlecht als recht plaziert und laufen in das Gewölbe hinein. Dennoch sind es keine gotischen, nicht einmal frühgotische Gewölbe. Die Rippen dienten nur dazu, die Konstruktion zu sichern. Einen Vorläufer der Gewölbe von Saint-Denis kann

Morienval, die Kirche von Nordosten ▷

man darin nicht sehen, weil zur selben Zeit in der Normandie und in England bereits entwickeltere Kreuzrippengewölbe mit beträchtlich größeren Spannweiten gebaut wurden. Die Kirche von Morienval ist keine Vorläuferin des gotischen Stils, sondern ein romanisches Bauwerk, das Anfang des 12. Jahrhunderts im östlichen Teil gesichert wurde.

Zudem stehen die Kapitelle, auf denen die Bogenstellungen der Apsis ruhen, den Kapitellen des Langhauses noch sehr nahe. E. Lefèvre-Pontalis dürfte recht haben, wenn er den Pseudo-Chorumgang in die Zeit um 1110 datiert. Die Konstruktion dieses Umgangs sollte die Neigung des Terrains ausgleichen und zugleich eine widerstandsfähige Verstärkung bilden. Sie steht in keinem Zusammenhang mit dem Erwerb der Reliquien des heiligen Annobert im Jahre 1122, weil man diesen Gang offensichtlich nicht als Chorumgang verwenden konnte, wie man ihn sonst bei der Reliquienverehrung zu nutzen pflegte. Er war hierfür zu eng und wegen der Türme unzugänglich.

Die Kapitelle der kräftigen Säulenvorlagen an den Pfeilern haben noch ähnliche Proportionen und Formen wie diejenigen des Mittelschiffes. Sie sind allerdings wesentlich schlanker, laden aber auch nach oben hin nur wenig aus. Ihr Schmuck aus Flechtwerk, Palmetten und eingerollten Stengeln erinnert an die Kapitellplastik des Langhauses. Man entdeckt aber auch Faltenkapitelle, die ein jüngeres Datum vermuten lassen, Vögel, deren Köpfe die oberen Ecken des Kapitells betonen (Bild 28), aber auch Masken, die in Flechtwerk eingebunden sind (Bild 27) oder ein Pferd, umgeben von Blattwerk. Die Betonung der Ecken ist deutlicher als im Schiff. Auf eine spätere Entstehungszeit weisen auch die abwechslungsreicheren Deckplatten, die bald durch Rundstäbe und Hohlkehlen profiliert, bald durch Spirallinien, Zickzackbänder oder Palmetten hervorgehoben sind.

Die Kirche von Morienval nimmt einen bemerkenswerten Platz in der Kunst der Ile-de-France des 11. und des beginnenden 12. Jahrhunderts ein, sowohl durch den Rhythmus ihres Langhauses, durch das abgeteilte Querschiff, den von Türmen flankierten Chor und den Vorhallenturm als auch durch die sehr originelle Kapitellskulptur im Langhaus und in der Apsis.

Rhuis

Die Kirche von Rhuis liegt etwa 20 Kilometer westlich von Morienval und etwa 15 Kilometer nordöstlich von Senlis. Sie ist den Heiligen Gervasius und Protasius geweiht. Im Mittelalter gehörte sie wie Morienval zur Diözese Soissons. Zwischen 1964 und 1970 ist sie durch das Amt für Denkmalpflege unter Leitung des Architekten J. P. Paquet gründlich und sehr gut restauriert worden.

Geschichte

Die Geschichte der Kirche läßt sich durch keine alten Dokumente belegen, so daß sie nur durch Vergleiche mit anderen, benachbarten Monumenten wie der Kirche in Morienval zu datieren ist.

Ausgrabungen haben erwiesen, daß der erste Chor etwas kleiner war und flach abschloß. Er öffnete sich auf das heutige Schiff, das wahrscheinlich in der Mitte des 11. Jahrhunderts erbaut wurde. In der Mauer der Fassade entdeckte man Lagen in Fischgrätmuster, die aus jener Zeit stammen müssen. Im Laufe der zweiten Hälfte des 11. Jahrhunderts wurde der rechteckige Chor zerstört und durch die heutige Apsis ersetzt. In dieser Zeit baute man auch den Glockenturm am Ende des nördlichen Seitenschiffs an. Im 12. Jahrhundert wurde dann das letzte Joch des südlichen Seitenschiffs umgewandelt.

Wahrscheinlich auf den Resten einer älteren Kapelle kam im Nor-

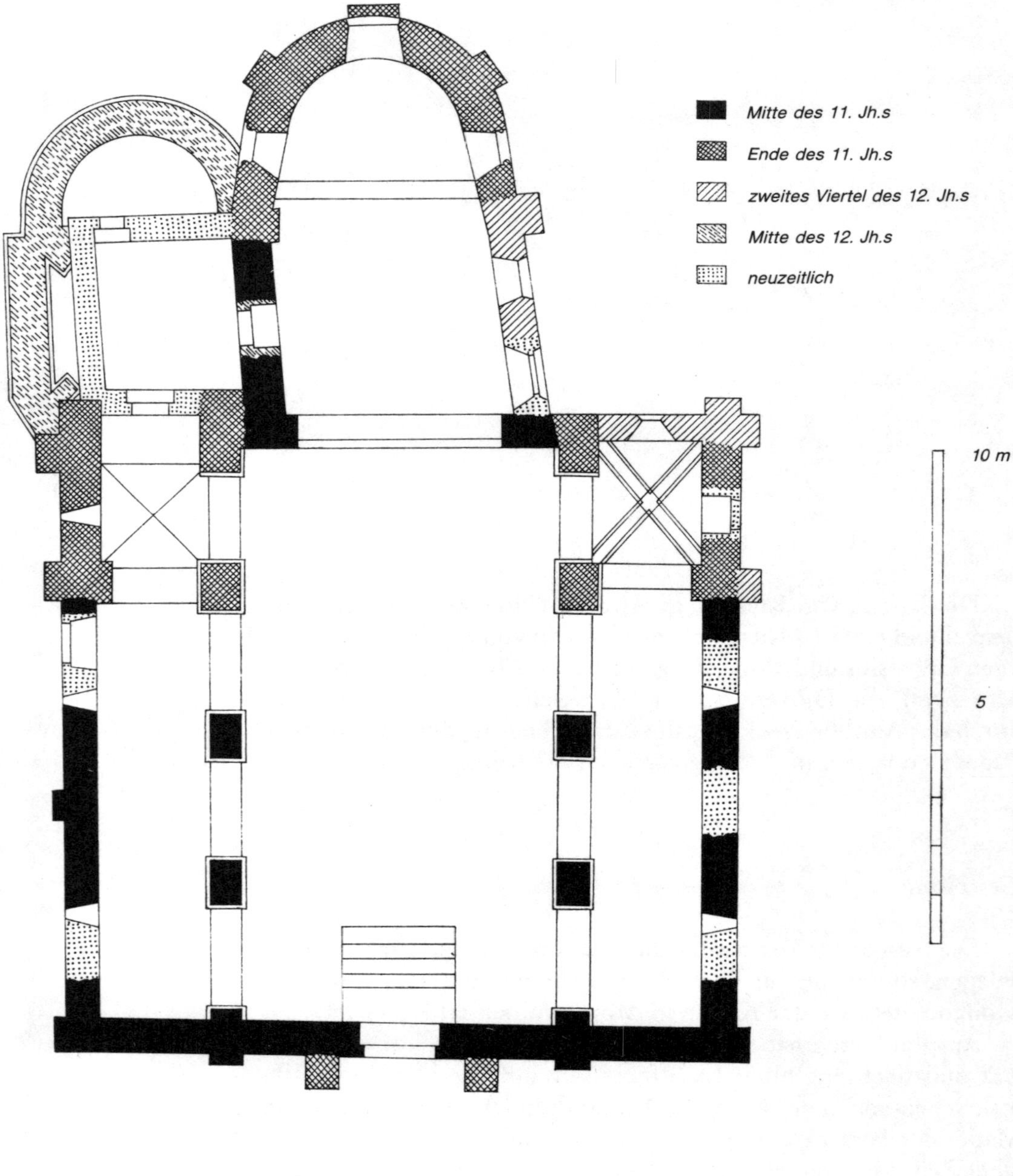
Mitte des 11. Jh.s
Ende des 11. Jh.s
zweites Viertel des 12. Jh.s
Mitte des 12. Jh.s
neuzeitlich
10 m
5

Rhuis

den eine Sakristei hinzu. Falsche, das heißt verputzte Gewölbe aus Holz deckten das Schiff. Bei den Renovierungen wurde der offene Dachstuhl wiederhergestellt. Auch wurden die im 18. Jahrhundert vergrößerten Fenster der Seitenschiffe in bescheideneren Abmessungen erneuert.

Besichtigung

Der Außenbau

Die Fassade der Kirche besteht aus Bruchsteinen mit Resten von Fischgrätmustern (Bild 31). Zwei schmale, flache Strebepfeiler verlaufen an der Grenze zwischen Mittelschiff und Seitenschiffen und teilen so die Mauer in drei Abschnitte. Ein Rollenfries unterstreicht die Giebelwaagerechte.

Darunter liegt in der Mittelachse ein kleines, schlichtes Rundbogenfenster, das unten durch die Einfassung des Portals etwas verdeckt ist. Letzteres bildet einen kleinen übergiebelten Vorbau. Die beiden massiven Pfeiler ziert in den Türwinkeln je eine kleine Säule, deren Kapitell mit Halbpalmetten skulptiert ist. Die Pfeiler schließen mit einem Abakus ab, der aus einer profilierten Platte über einer Schrägkante mit Palmetten besteht. Ein großer Rundbogen spannt sich unter dem Giebel von Pfeiler zu Pfeiler. Seine Keilsteine sind außen durch dünne Rundstäbe hervorgehoben, zwischen denen Hohlkehlen liegen. Der obere Teil des Giebels besteht aus einfach gemauerten Bruchsteinen.

Unter dem Rundbogen öffnet sich in der Mitte der Fassade die Tür. Ihr schmuckloses Gewände trägt einen Türsturz aus drei Steinen, wobei der mittlere, kleinere Stein keilförmig in die längeren seitlichen Blöcke eingefügt ist. Der Abakus bildet oben einen Vorsprung, welcher sich in einem runden Entlastungsbogen fortsetzt. Das Bogenfeld des Tympanons ist gemauert.

Der einfache Dekor und die Verwendung von Bruchsteinen im Giebel zeigen, daß dieses vorspringende Portal wahrscheinlich zu einem der ältesten in der Region zählt. Lefèvre-Pontalis hält es sogar für das erste und nimmt an, daß es vor dem 12. Jahrhundert geschaffen wurde.

Die beiden Außenmauern der Seitenschiffe sind neuzeitlich. Im Süden ist das letzte Joch durch einen Strebepfeiler abgesetzt und unterscheidet sich auch durch ein anderes Dach. Die Obergadenfenster haben ihre ursprüngliche Schlichtheit bewahrt. Auch das Kranzgesims darüber blieb erhalten. Es zeigt ein Spiralmotiv und liegt auf Kragsteinen. Das südliche Seitenschiff endet mit einer geraden Mauer. Eine kleine rundbogige Öffnung ist etwas aus der Mitte verschoben. Der Chor wird im Süden durch ein weiteres Fenster beleuchtet, dessen Rundbogen in den Fenstersturz eingemeißelt ist.

Fünf Strebepfeiler stützen die Apsis (Bild 30). Der in der Achse ist etwas kürzer als die anderen und endet schräg unter dem Fenster. Die drei rundbogigen Fenster sind von einer doppelten Keilsteinreihe auf zwei Säulen eingefaßt. Die Kapitelle zeigen ein sehr einfaches Blattwerk mit Voluten in den Ecken, mit Ausnahme eines Faltenkapitells im Süden. Ein Kranzgesims aus einem in sich gedrehten Rundstab umläuft auf Kragsteinen die Apsis unterhalb des Daches. Im Norden ist die Sakristei direkt an den Chor angebaut. Der dreigeschossige Kirchturm erhebt sich über dem letzten Joch des Seitenschiffs (Bild 31). Seine Eckstrebepfeiler verjüngen sich im zweiten und enden unter dem dritten Geschoß, in dessen Ecken Säulen eingestellt sind.

Den hohen Sockel lockern auf drei Seiten rundbogige Öffnungen auf, deren schmucklose Keilsteine von einem Rollenfries eingefaßt sind. In den Winkeln stehen Säulen, deren Deckplatten eingemeißelte Ornamente erkennen lassen. Ein Gesims, das ebenfalls mit Rollenfries versehen ist, markiert die Trennlinie zum zweiten Geschoß, in dem sich auf jeder Seite Zwillingsfenster öffnen. Ihre Bögen ähneln denen des ersten Stockwerks, zwei schlanke gekuppelte Säulen bilden jedoch die Mittelstütze. Diese Fenster sind schmäler und höher. Sie wiederholen sich im obersten Stockwerk. Der Rollenfries, der auch hier die Fensterrundung umgibt, setzt sich allerdings über die Kapitelle hinaus rund um den Turm fort. Das Ganze wirkt sehr homogen. Voluten betonen die Ecken der Kapitelle, in die Palmetten, Sparrenmotive und Stern eingemeißelt sind. Dieser Glockenturm steht den beiden Türmen am Chorhaupt von Morienval sehr nahe (Bild 21). Wie jene muß er in der zweiten Hälfte des 11. Jahrhunderts gebaut worden sein.

Der Innenraum

Durch das Westportal gelangt man in das Kircheninnere. Der offene Dachstuhl und die Wiederinstandsetzung der Seitenschiffe haben zu dem einheitlichen Gesamteindruck des Raumes beigetragen.

Das vierjochige Schiff hat einen zweizonigen Aufriß (Bild 33). Die Rundbogenarkaden liegen mit ihren schmucklosen Keilsteinen auf

Kämpfern auf, die den Abschluß der viereckigen Pfeiler bilden. Nur der jeweils dritte Pfeiler besitzt eine umlaufende Deckplatte. Die Kämpfer ziert ein Zickzackband (Bild 32). Ein sehr verwitterter Rundstab umläuft die Basis der Pfeiler. Die Obergadenfenster liegen in der Achse der Arkaden.

Die Nüchternheit des Aufrisses und der Ausschmückung, die Anbringung von Bogenkämpfern anstelle von Deckplatten deuten auf eine Entstehungszeit im späten 11. Jahrhundert. Der heutige Chor ist etwas aus der Achse des Langhauses verschoben.

Die beiden Seitenschiffe tragen in den ersten drei Jochen eine hölzerne Flachdecke. Im Norden entspricht das vierte Joch dem Glokkenturm, es schließt mit einer neu eingezogenen Mauer ab. Zwei Rundbögen öffnen sich im Osten und im Westen des kreuzgratgewölbten Jochs. Der letzte Pfeiler des Langhauses ist kräftiger, um die Stabilität des Turmes zu sichern. Das letzte Joch des südlichen Seitenschiffs scheint anzuzeigen, daß ein Turm als Pendant zum Nordturm vorgesehen war, aber nicht ausgeführt wurde. Auch auf dieser Seite ist der letzte Pfeiler des Schiffs verstärkt, aber über dem Joch spannt sich ein Kreuzrippengewölbe mit massiven Rippen aus drei durch Grate getrennten Rundstäben (Bild 32). Wahrscheinlich gegen 1130 errichtet, steht es im Zusammenhang mit der Änderung des Bauplans, als die Errichtung des südlichen Turms aufgegeben wurde.

Ein großer, abgestufter Rundbogen, der auf Pfeilern mit Bogenkämpfern lastet, verbindet das Mittelschiff mit dem Chorjoch. Dieses Joch wird durch eine kleine Öffnung im Süden erhellt. Die Apsis, die sich an einen Rundbogen anschließt, trägt eine verputzte Holzdecke. Drei rundbogige Fenster erhellen den Halbkreis.

Die kleine Kirche von Rhuis ist trotz der aufeinanderfolgenden Bauabschnitte und Renovierungen eine der besterhaltenen romanischen Bauten der Region, da, abgesehen von dem Kreuzrippengewölbe im südlichen Seitenschiff, alles romanisch blieb. Das Langhaus ist charakteristisch für die Bauweise des 11. Jahrhunderts. Es mündet in das Chorhaupt, das von Türmen flankiert sein sollte und darin den Einfluß der benachbarten Bauten von Morienval und Senlis zeigt. Die Kirche bietet also in ihrer Nüchternheit ein hervorragendes Beispiel der romanischen Architektur in der Ile-de-France. Der Schmuck des Kirchturms und des Westportals verleiht dem Bau eine besondere, typisch regionale Note.

Saint-Vaast-de-Longmont

Geschichte

Die Kirche von Saint-Vaast liegt ganz in der Nähe von Rhuis. Die Ländereien der Gemeinde gehörten einst zur karolingischen Domäne von Verberie und gingen dann in die Hände der Herren von Béthisy und der Familie Bouteiller de Senlis über, die im Jahre 1204 ihre Rechte an die Abtei von Châalis abtrat.

Die dem heiligen Vaast geweihte Kirche unterstand dem Bischof von Soissons, der dann aber im Jahre 1201 die Einnahmen des Altars der Abtei Saint-Denis überließ. Es gibt kein Dokument, aus dem man eine Datierung ableiten könnte. Die Kirche entstand wahrscheinlich Anfang des 12. Jahrhunderts, war zunächst nur einschiffig mit vermutlich einem Chorjoch und einer halbrunden Apsis.

Im Laufe der zweiten Hälfte des 12. Jahrhunderts baute man im Norden ein Seitenschiff sowie eine kleine nach Osten gerichtete Apsis an. Gegen 1160 wurde die ursprüngliche Apsis abgerissen und am Chorjoch mit dem Bau eines zweiten kreuzrippengewölbten Jochs und einer ebenfalls kreuzrippengewölbten Apsis begonnen.

Weitere Arbeiten wurden nach dem Hundertjährigen Krieg durchgeführt. Dabei erneuerte man das Westportal und vergrößerte die Fenster in der Südwand des Mittelschiffs.

Der Außenbau

Die Westfassade ist in der Achse des Langhauses mit einem großen Portal ausgestattet. Es springt wie bei einigen anderen Kirchen dieser Region etwas vor und schließt mit einem Giebel ab. Die Tür selbst im Innern des Portals wurde im 16. Jahrhundert erneuert und mit einem Korbbogen versehen, umgeben von einer Art zusammenfassender Klammer. Der Vorbau, der nur eine geringe Tiefe hat, ist zum Portal hin sehr breit durch vier große rundumlaufende Bögen ausgeschrägt, das heißt die Archivolten gehen ohne Unterbrechung in das Gewände über (Bild 37). Diese vier Bögen sind auf der Innenseite mit Diamantspitzen und außen mit einem Zickzackband geschmückt, so daß sich ein geometrisches Muster von außerordentlich großer Wirkung ergibt, durch überhöhte Kanten betont und durch tiefe Linien unterteilt. Außen liegen dem Gewände des Portalvorbaus zwei kleine Säulen an. Sie entsprechen dem rahmenden Bogen, der durch einen Rundstab und sich kreuzende Perlbänder betont wird. Das ganze Ensemble, einschließlich des Giebels, ist mit Sorgfalt gearbeitet. Die geometrischen Motive lassen an normannischen Einfluß denken, während die ununterbrochene Rahmung und der Giebel eine andersartige, deutlich lokale Interpretation dieser Gestaltungsmittel verraten. Die Plastizität in den Formen des Mauerwerks spricht für eine Datierung dieses Portals in die erste Hälfte des 12. Jahrhunderts. Ein kleines steinernes Kreuz überragt den Giebel des Vorbaus. Darüber öffnen sich drei kleine rundbogige Fenster, deren Kargheit in einem gewissen Kontrast zum Portal steht.

Wenn man auf der Südseite am Langhaus entlanggeht, kommt man zunächst an den erneuerten Fenstern vorbei und sieht die Reste des Kranzgesimses auf Kragsteinen, verziert mit Zahnschnittmuster und gedrehten Bändern, bevor man zu dem vor allem in der unteren Partie durch kräftige Strebepfeiler verstärkten Glockenturm gelangt (Bild 34). Er erhebt sich über dem ersten Chorjoch, in dem man noch ein rundbogiges Fenster erkennt. Kleine Säulen sind in die Wandung eingestellt, und der Bogenrücken ist wiederum durch ein Band mit Rollenfries betont. Eine weitere, aber schmucklose Rundbogenöffnung liegt darüber. Den Beginn des ersten Geschosses unterstreicht ebenfalls ein Rollenfries. Hier sind die Öffnungen zugemauert, drei auf der Ostseite, der Apsis zu, und zwei nach Süden. In beide Blendfenster sind kräftige Mittelsäulen eingestellt und außen je eine schlanke Ecksäule. Die Deckplatten dieser Säulen setzen sich bis zu den Turmecken fort. Das letzte Geschoß ist durch ein Flechtband abgesetzt. Hier fehlen die Strebepfeiler, aber auf einem Rollenfries, der in der Verlängerung der Deckplatten verläuft, stehen kleine Ecksäulen. Jede Seite besitzt eine breite rundbogige Doppelöffnung, gerahmt von Rollenfries und wie im zweiten Geschoß in der Mitte von einer dicken gemauerten Säule unterteilt. Auch hier sind zwei schlanke Säulen in die Seitenwandung eingestellt. Zwei kleine Bogenstellungen, die eine zierliche Mittelsäule trägt, unterteilen die Öffnungen. Das obere Kranzgesims, wiederum ein Rollenfries, liegt auf Kragsteinen in Form von Masken. Darüber erhebt sich eine achtkantige dachziegelartig verkleidete Steinspitze. Vier kleine dreieckige Pyramiden nehmen die Ecken des Turms an der Basis der Steinspitze ein.

Der Schmuck der beiden oberen Turmgeschosse verdient besondere Beachtung. Auf den beiden großen gemauerten Säulen liegen breite gedrungene Kapitelle. Das erste zeigt Köpfe an den Ecken, die auf den Seiten durch zwei Flügel verlängert werden, das zweite ein langgezogenes Tier (Pferd?) in vollem Lauf, den Kopf in der einen Ecke und den Schwanz als Volute eingerollt in der anderen. In die schlanken Säulenschäfte beider Stockwerke sind verschiedene Muster eingemeißelt, gewundene Linien, Zickzackbänder und Ringe, oder, wie bei einer Säule im Obergeschoß Rautenmuster. Die Kapitelle sind ebenfalls mit geometrischen Ornamenten geschmückt, dazu mit Köpfen und kleinen Figuren mit gespreizten Armen und Beinen. Die Motive sind stark schematisiert, das Relief ist nur flach.

Die Apsis liegt recht ungeschickt am Kirchturm an und scheint nachträglich gebaut worden zu sein (Bild 34). Recht massive Strebepfeiler stützen sie. Licht fällt durch fünf Fenster ein, von denen zwei zum querrechteckigen Chorjoch gehören. Diese fünf rundbogigen Öffnungen besitzen als einzigen Dekor eine profilierte Leiste über dem Bogenrücken. Im Norden liegt der Apsis eine weniger tiefe Apsidiole an, die das Seitenschiff abschließt. Beleuchtet wird sie durch zwei Fenster, deren gestufter Bogen auf zwei kleinen Säulen ruht. Ein Rollenfries verläuft an der Sohlbank der Fenster und umgibt auch die Strebepfeiler. Während ein einfaches Band den oberen Abschluß der Hauptapsis bildet, besitzt die kleine Nordapsis ein für das Beauvaisis typisches Kranzgesims aus kleinen Blendarkaden, die durch zwei noch kleinere Bögen unterteilt sind. Die Nordmauer der Kirche ist weniger interessant.

weiter Seite 127

Die Bildseiten

Morienval

21 *Die Kirche in ihrer Umgebung von Norden.*
22 *Vierung und Mittelschiff gegen Westen.*
23 *Blick aus dem Mittelschiff in den Chor.*
24 bis 28 *Kapitelle.*
29 *Kreuzrippengewölbe im kleinen Umgang um den Altarraum.*

Rhuis

30 *Die Kirche von Südosten.*
31 *Die Kirche von Nordwesten.*
32 *Südliches Seitenschiff.*
33 *Langhaus und Chor.*

Saint-Vaast-de-Longmont

34 *Die Kirche von Süden.*
37 *Westportal.*

Marolles-sur-Ourcq

35 *Glockenturm.*
36 *Detail aus den Archivolten des Portals.*

Retheuil

38 *Glockenturm.*

23

24

25

26

30

RHUYS

32

SAINT-VAAST DE LONGMONT

35

MAROLLES-SUR-OURCQ

36

SAINT-VAAST DE LONGMONT ▶

38

RETHEUIL

Das Schiff ist nicht eingewölbt. Seine Seitenwände wurden durch die Vergrößerung der beiden Südfenster und durch die Öffnung von vier Arkaden auf das angebaute nördliche Seitenschiff verändert. Die spitzbogigen Arkaden ruhen auf ungleichen rechteckigen Pfeilern. Das Seitenschiff selbst wurde im zweiten Viertel des 12. Jahrhunderts angebaut, später jedoch zum größten Teil erneuert. Reste der ehemaligen Nordfenster blieben im Dachstuhl des Seitenschiffs sichtbar. Die sich daran anschließende kleine Apsidiole ist gut erhalten. Ein tonnengewölbtes Joch verbindet sie mit dem holzgedeckten Seitenschiff. Der Eingang zur Hauptapsis ist durch einen kräftigen Rundstab betont. Er ruht auf Säulenvorlagen, deren Kapitelle mit Masken und Voluten geschmückt sind. Die abgeschrägten Abaki setzen sich als horizontale Leisten weiter unter dem Gewölbe fort. Die beiden Fenster der Apsidiole blieben im Innern schmucklos.

Lefèvre-Pontalis wies nach, daß der Chor in zwei aufeinanderfolgenden Bauabschnitten entstand. Das erste Joch unter dem Kirchturm ist der ältere Teil, obwohl im 16. Jahrhundert das ursprüngliche Gewölbe durch ein Kreuzrippengewölbe ersetzt wurde. Zwei große gestufte Rundbögen tragen das Gewölbe, sie enden auf den mit Deckblättern abschließenden Wandpfeilern. Die Deckplatten des zweiten Bogens sind mit Zickzackbändern verziert. Dieses Joch scheint noch aus der Entstehungszeit des ursprünglich einschiffigen Langhauses zu stammen, das heißt vom Anfang des 12. Jahrhunderts, während das zweite Joch und die Apsis Mitte des 12. Jahrhunderts eine kürzere Apsis mit einem flachen Chorhaupt ersetzten.

Das Chorjoch erhellen zwei Fenster, über denen Blendbögen liegen. Die schmucklosen Keilsteine ruhen auf klar getrennten Säulen, deren Kapitelle mit einfachen, nebeneinander aufgereihten Akanthusblättern skulptiert sind. Eine Piszina liegt in der Südwand, rundum mit Zahnschnittmustern geschmückt. Das zweite Chorjoch und die Apsis sind mit Kreuzrippengewölbe gedeckt, das von spitzbogigen Schildbögen und Ecksäulen gehalten wird. Ein Gurtbogen, ebenso wie die Kreuzrippen durch eine Leiste zwischen zwei Rundstäben profiliert, trennt Joch und Apsis, über der sich eigenartigerweise eine Kreuzrippe wölbt. Daraus geht unverkennbar hervor, daß das letzte Joch und die Apsis der Kirche später angefügt wurden.

Obwohl sie in der Nähe von Rhuis und in der Nachbarschaft von Morienval liegt, zeigt die Architektur von Saint-Vaast-de-Longmont enge Beziehungen zum Beauvaisis. Die Grenze der alten Diözese des Beauvaisis bildete hier, einige hundert Meter von der Kirche entfernt, das rechte Ufer der Oise. Tatsächlich findet man den einschiffigen

Grundriß und das Kranzgesims der nördlichen Apsidiole häufiger im Beauvaisis als im Nordosten der Ile-de-France. Den Kirchturm kann man mit dem von Marolles-sur-Ourcq im Südosten (Bild 35) vergleichen oder, weiter westlich, mit dem von Saint-Leu-d'Esserent. Wie die Nachbarkirche von Rhuis gilt die gleichwohl etwas jüngere Kirche von Saint-Vaast-de-Longmont als ein recht gut erhaltenes Beispiel der romanischen Kunst in dieser Region. Die Bauplastik am Portal und am Kirchturm verdient ein besonderes Interesse.

Marolles-sur-Ourcq

Geschichte

Die Kirche Sainte-Geneviève in Marolles-sur-Ourcq liegt in der Nähe von Ferté-Milon etwa 20 Kilometer östlich von Crépy-en-Valois. Der Bischof von Soissons, Josselin († 1152), schenkte sie in der ersten Hälfte des 12. Jahrhunderts dem Kapitel der Kathedrale. Der größte Teil des Gebäudes scheint aus dieser Zeit zu stammen, doch gab es im Laufe der Jahrhunderte manche Umbauten. Der Nordarm des Querschiffs wurde im 13. Jahrhundert errichtet und dessen Fenster im 16. Jahrhundert verändert. Die Südpfeiler des Mittelschiffs besserte man im 16. Jahrhundert aus, als man das südliche Seitenschiff erneuerte. Der Südarm des Querschiffs und der Chor entstanden ebenfalls im 16. Jahrhundert.

Im 19. Jahrhundert wurde der obere Teil der Fassade erneuert. Die Rose ist modern.

Besichtigung

Der Außenbau

Das Portal liegt in der Mitte der Fassade. Lefèvre-Pontalis datiert es in die Zeit um 1135. Die Tür rahmen abgestufte Gewände, die zum größten Teil im 19. Jahrhundert restauriert wurden. Drei romanische, plastisch ausgestaltete Archivolten (Bild 36) umlaufen das schmucklose Tympanon. Die erste, sehr verwitterte Archivolte ist mit einem kräftigen Zickzackfries aus einem wulstigen Rundstab und einer Hohlkehle verziert. Die zweite besteht aus zwei sich überschneidenden Zickzackbändern, die Rauten bilden. Die letzte, die breiteste, ist sehr originell skulptiert: Sie setzt sich aus Keilsteinen zusammen, die einen stilisierten Vogelkopf mit einer fächerförmig geritzten flachen Haube darstellen. Die Vögel sind durch zwei runde Augen und einen langen Schnabel gekennzeichnet, der einen Rundstab hält. Auf dem Bogenrücken verläuft ein Zahnschnittfries, der von zwei mit Masken verzierten Konsolen ausgeht.

Das nördliche Seitenschiff besitzt noch ein rundbogiges Fenster aus dem 12. Jahrhundert, die anderen sind alle jünger. Die Obergadenfenster sind durch das große Dach verblendet, das Mittelschiff und Seitenschiffe zusammenfassend überdeckt. Der Kirchturm erhebt sich über dem letzten Joch des nördlichen Seitenschiffs (Bild 35). Auf seiner Nordseite erhielt er im 19. Jahrhundert ein Treppentürmchen, das die ersten drei Geschosse verdeckt. Den kräftigen quadratischen Turmsockel verstärken Eckstrebepfeiler, die sich nach oben hin verjüngen und unter dem letzten Geschoß auslaufen. Zwei rundbogige Öffnungen sind in jede Seite des ersten Stockwerks eingelassen, das durch kein Gesims vom Sockel getrennt ist. Die Öffnungen sind zum Teil zugemauert, aber man erkennt sie noch an dem Profilband, das den Bogenrücken einfaßt. Über einem horizontalen Gesims liegen die beiden Öffnungen des zweiten Geschosses, die etwas höher und reicher ausgestattet sind. Zwei Reihen von Keilsteinen ruhen auf Pilastern, die mit einer Deckplatte abschließen. In die Turmkanten sind Säulen eingestellt, die bis zur Höhe der Kapitelle und der gemeinsamen Deckplatte der Öffnungen reichen. Letztere – sie sind breiter als die darunterliegenden – sind durch Zwillingsarkaden unterteilt, die in der Mitte auf Monolithsäulen aufliegen. Die Bögen, die sie rahmen, bestehen aus zwei Reihen profilierter Keilsteine. Die Rundungen stützen sich seitlich auf drei gestuft angeordnete, eingebundene Säulen. Ein Bogen mit Diamantfries umrahmt die Öffnungen.

Die Kapitelle der seitlich in die Wandung eingestellten Säulen finden ihre Fortsetzung als Fries an den Ecken des Turms, geschmückt mit glatten Blättern, stilisiertem Akanthus und Flechtwerk.

Das oberste Turmgeschoß schließt mit einem Kranzgesims auf Kragsteinen mit Köpfen und Masken ab. Darüber erhebt sich die achteckige Spitze, umgeben von vier kleinen Pyramiden in den vier Ecken. Große Ähnlichkeit besteht zu dem Turm von Saint-Vaast-de-Longmont (Bild 34). Die Form der Spitze selbst wirkt aber ungewöhnlich, fast rhombisch. Etwa in halber Höhe erkennt man einen Knick, als ob sie höher geplant und während des Bauvorgangs geändert worden wäre. In zwei Höhen öffnen sich in jedem der acht Teilflächen kleine rechteckige Dachfenster.

Der Innenraum

Das vierjochige Langhaus mit seinen einfachen Seitenschiffen ist niemals überwölbt gewesen. Nur der nördliche Aufriß blieb annähernd unverändert erhalten. In der Mauer erkennt man noch die kleinen, später zugemauerten Rundbogenfenster des Obergadens. Die spitzbogigen Arkaden ruhen auf dicken, viereckigen Pfeilern, deren Deckplatten profiliert oder mit Zickzackmotiven geschmückt sind.

Das nördliche, holzverkleidete Seitenschiff endet in dem überwölbten Joch unter dem Kirchturm. Die rundbogigen Blendarkaden blieben erhalten sowie ein altes, ursprüngliches Fenster in der Außenwand. Das Joch ist durch zwei gespitzte Gurtbögen eingefaßt. Das Gewölbe hat die Form einer Spitztonne.

Im Osten verbindet ein weitgespannter Spitzbogen das Mittelschiff mit der Vierung des Querschiffs, die einst das Chorjoch gewesen sein muß. Dieser mit fünf Rundstäben profilierte Bogen ruht auf zwei Pfeilern mit fünf Säulenvorlagen unterschiedlichen Durchmessers. In ihre Kapitelle sind Palmetten, stilisierte Farnkräuter und kleine nackte, sehr schematisierte Figuren gemeißelt, wobei das Relief aber flach bleibt. Man entdeckt auch Faltenkapitelle normannischer Herkunft. Das Kreuzrippengewölbe der Vierung muß zur selben Zeit wie das Schiff und der Kirchturm gebaut worden sein. Es wirkt noch sehr altertümlich, stark gedrückt und mehr oder weniger gut gemauert. Die kräftigen Kreuzrippen bestehen aus einem kräftigen Wulst, der von zwei dünnen Rundstäben gerahmt wird.

Die übrige Kirche ist jünger. So wie sie sich uns heute darbietet, veranschaulicht Sainte-Geneviève in Marolles-sur-Ourcq die Entwicklung hin zu der Vorherrschaft des Spitzbogens bei gleichzeitigem Weiterbestehen von Tonnen- und Kreuzgratgewölbe. Darin liegt ein in dieser Region im 2. Viertel des 12. Jahrhunderts charakteristischer Zug der Architektur. Die Portalplastik und der schöne Kirchturm sind typische Zeugen einer bereits zur vollen Entfaltung gelangten romanischen Kunst.

Retheuil

Geschichte

Saint-Aubin in Retheuil liegt auf halber Höhe der Hügel, die einen kleinen Zufluß der Aisne säumen, einige Kilometer südlich von Pierrefonds und östlich von Morienval.

Die Kirche, die zur ehemaligen Diözese Soissons gehörte, findet zum ersten Mal im Jahre 1108 in einer Bulle des Papstes Paschalis II. Erwähnung. Sie bestand vermutlich schon vor diesem Datum und dürfte im letzten Viertel des 11. Jahrhunderts erbaut worden sein. Das Langhaus mit den Seitenschiffen schloß im Osten ursprünglich mit drei Apsiden ab. Der Kirchturm ragt über dem letzten Joch des südlichen Seitenschiffs auf.

Nach dem Hundertjährigen Krieg erfuhr die Kirche gegen Anfang des 16. Jahrhunderts einschneidende Veränderungen. Das Mittelschiff und das nördliche Seitenschiff wurden fast vollständig neu errichtet und zwischen die beiden kleinen Seitenapsiden wurde ein rechteckiger Chor eingefügt.

Der Außenbau

Außen blieb aus romanischer Zeit nur noch der Glockenturm auf dem letzten Joch des südlichen Seitenschiffs bestehen (Bild 38). Drei Geschosse erheben sich über dem quadratischen Sockelbau, der von drei hohen, aber ungleich breiten Bogenstellungen verstärkt wird. Die Rundbögen aus schmucklosen Keilsteinen liegen auf zwei schlanken Pilastern und den breiten, flachen Eckstrebepfeilern auf. Der mittlere Bogen umrahmt ein schmuckloses Fenster. Ein Rollenfries, der sich auf den Strebepfeilern fortsetzt, hebt das erste Stockwerk hervor, in das regelmäßigere Rundbögen mit rechteckigen Keilsteinen eingelassen sind. Sie enden auf den eingestellten Säulen. Eine dieser Säulen ist mit Spiralen versehen. Die glatten, nur geringfügig ausladenden Kapitelle tragen Eckvoluten. Das zweite Geschoß besitzt zwei rundbogige Öffnungen mit gestuften Bögen aus glatten Keilsteinen. Um den äußeren Bogen verläuft ein Mauerband aus Rollenfries und gedrehtem Rundstab, das um den Turm herumgeführt ist. Wie im ersten Stockwerk sind in die Winkel der Öffnungen Monolithsäulen mit Kapitellen eingestellt, die ihrerseits denen des ersten Stockwerks ähneln. Die beiden Zwillingsfenster des oberen Geschosses entsprechen denen des zweiten Stockwerks. Sie öffnen sich auf den Glockenstuhl. Schlanke eingebundene Säulen runden die scharfen Kanten des Turms ab. Ein Kranzgesims auf Kragsteinen stützt die Basis einer kurzen Steinpyramide, die den Turm bekrönt.

Der sehr schlichte Glockenturm zeigt eine auffallende Verwandtschaft mit den östlichen Türmen der Kirche von Morienval (Bild 21) und dem Nordturm von Rhuis (Bild 31). Sein Standort über dem letzten Joch des südlichen Seitenschiffs ähnelt dem des Glockenturms von Oulchy-le-Château. Letzteres Bauwerk muß ursprünglich auch durch das fehlende Querschiff und die drei Ostapsiden weitgehend mit Saint-Aubin in Retheuil übereingestimmt haben.

Der Innenraum

Im ersten Augenblick hat man den Eindruck, daß das Kircheninnere ganz und gar der Zeit des Flamboyant angehört. Doch dann läßt das zu keiner Zeit überwölbte Langhaus in seinem Volumen und seinen Maßen das ursprüngliche Schiff erahnen. Außerdem blieben am

Eingang in den Chor die beiden Säulenvorlagen unter dem Gurtbogen vom Ende des 11. Jahrhunderts stehen. Ihre für diese Epoche charakteristischen Kapitelle tragen mit einer Schrägfläche profilierte Abaki unter einer Platte, die wie die Kapitelle mit vierstrahligen Sternen verziert sind.

Das letzte Joch des südlichen Seitenschiffs, über dem sich der Glockenturm erhebt, muß einst – wie in Oulchy-le-Château – das Vorjoch der Seitenapsis gewesen sein. Die Apsidiole wird durch ein kleines, schmuckloses Rundbogenfenster beleuchtet. Sie trug ein Tonnengewölbe, dessen Ansatz sichtbar blieb. Trotz aller Umbauten weist die Kirche in Retheuil manche regionalen Merkmale auf, die in romanischer Zeit noch viel weiter verbreitet gewesen sein müssen.

Pontpoint

Geschichte

Die kleine Kirche Saint-Gervais in Pontpoint gehört zu der Gruppe romanischer Bauten in der Nähe von Verberie und im Tal der Oise. Innerhalb dieser Gruppe ist sie die am westlichsten gelegene Kirche.

Ebenso wie die Kirche in Rhuis dürfte sie aus dem 11. Jahrhundert stammen, allerdings ist sie mehrmals umgestaltet worden. Gegen Ende des 12. Jahrhunderts erneuerte man das Mittelschiff. Die beiden östlichen Joche des südlichen Seitenschiffs wurden im 14. Jahrhundert überwölbt, zur selben Zeit, als man auf dieser Seite auch eine Seitenkapelle anbaute. Eine weitere zweijochige Kapelle entstand im 16. Jahrhundert am nördlichen Seitenschiff.

Besichtigung

Der Außenbau

Die Westfassade ist durch eine moderne Vorhalle verstellt. Darüber öffnen sich drei rundbogige Fenster. Zwei weitere Öffnungen lassen in die Seitenschiffe Licht einfallen. Unter der Vorhalle liegt ein spitzbogiges Portal, das wahrscheinlich während der Erneuerung des Langhauses Ende des 12. Jahrhunderts errichtet wurde. Seine dreifach gestufte Archivolte besteht aus mit einem Sternenband geschmückten Rundstäben, die auf sechs Diensten enden, deren Kapitelle Schnecken tragen. Das Tympanon ist durch drei Blendarkaden unterteilt, die mit Laubwerk geschmückt sind.

Entlang der Nordseite des Schiffs reihen sich die rundbogigen Fenster des Seiten- und des Hauptschiffs unter dem auf Kragsteinen liegenden Kranzgesims. Das rundbogige Portal in der Wand des Seitenschiffs ist von zwei Reihen ununterbrochener Zickzackbänder umgeben, die an das Westportal von Saint-Vaast-de-Longmont erinnern. Das Portal scheint aus der ersten Hälfte des 12. Jahrhunderts zu stammen.

Hinter der spätgotischen Kapelle schließt sich die fünfeckige Apsis an, verstärkt durch vier massive viereckige Strebepfeiler, die nach oben hin auslaufen. Die fünf hohen rundbogigen Fenster blieben schmucklos. Unter dem Dach verläuft ein Kranzgesims auf Kragsteinen.

Der Glockenturm steht an der Südseite des Chors (siehe Farbtafel). Der Turmsockel ist durch einen rechteckigen Anbau im Osten und durch die südliche Kapelle aus dem 19. Jahrhundert verdeckt. Über dem Sockel liegen drei Stockwerke mit Öffnungen. Eine kurze Steinpyramide schließt den Turm ab, ähnlich wie bei den Chortürmen von Morienval (Bild 21), in Rhuis (Bild 31) und Retheuil (Bild 38). Strebepfeiler verstärken die Ecken. Mit Rollenfries verzierte Mauerbänder kennzeichnen die Basis der beiden unteren Geschosse, indem sie über die Strebepfeiler hinweg weiterlaufen. Beide Geschosse sind auf jeder Seite von zwei rundbogigen Fenstern durchbrochen. Kleine Monolithsäulen liegen in den Winkeln der Öffnungen. Ihre Kapitelle sind mit Schnecken und Spiralen skulptiert. Das letzte Stockwerk zeigt die gleiche Gestaltung, doch öffnen sich hier auf jeder Seite drei Fenster.

Pontpoint, die Kirche von Südosten ▷

Der Innenraum

Das von Seitenschiffen flankierte Mittelschiff ist nicht eingewölbt. Fünf Arkaden gliedern jede Seite. Die Obergadenfenster liegen oberhalb der Pfeiler und nicht in der Achse der Bögen, wie im Schiff der benachbarten Kirche Béthisy-Saint-Martin. Die spitzbogigen, einfach gestuften Arkaden mit abgeschrägten Kanten müssen Ende des 11. Jahrhunderts erneuert worden sein ebenso wie die Säulen, auf denen sie ruhen. Ihre Kapitelle sind grob behauen oder mit breiten Blättern geschmückt, die sich zu Schnecken einrollen. Die Deckplatten haben eine Kreuzform, weil sie sich dem doppelten Bogen der Arkaden anpassen. Die mit Eckklauen geschmückten Basen sind mit einem Wulst versehen, über dem eine Perlschnur liegt.

Die Seitenschiffe sind in ihrem Westteil nicht eingewölbt. Rundbogenfenster lassen Licht einfallen. Im Osten wurden gotische Kapellen angebaut. Ursprünglich endete das südliche Seitenschiff mit dem Kirchturm und das nördliche mit einer geraden Mauer oder einer Apsidiole, die weniger tief als die Mittelapsis war.

Um eine Art Vierung zu erhalten, erneuerte man um die Mitte des 12. Jahrhunderts das Chorjoch, das zwischen Schiff und Apsis liegt. Der spitzbogige Eingangsbogen wird durch vier Rundstäbe betont. Sie liegen auf Säulenpaaren auf, deren Kapitelle mit stilisierten Akanthusblättern geschmückt sind. Das Kreuzrippengewölbe ruht auf den Ecksäulen. Seine Rippen sind durch drei Rundstäbe profiliert. Während jenes Bauabschnitts wurde auch die Apsis neu errichtet. Ein sechsteiliges Kreuzrippengewölbe überwölbt die Apsis. Die polygonale Form ist bemerkenswert, weil man sie in dieser Gegend nur selten antrifft. Kleine Säulen mit Blattkapitellen nehmen die Rippen auf. An der Basis der fünf rundbogigen Fenster verläuft ein Mauerband, verziert mit Perlschnüren.

So ist der Kirchturm im Süden heute der älteste Bauteil der Kirche, die sich gegen Ende des 11. Jahrhunderts in der für diese Landschaft geläufigen Form gezeigt haben muß, als ein von einfachen Seitenschiffen flankiertes Mittelschiff, das durch ein Chorjoch verlängert wird und mit einer Apsis abschließt.

Oulchy-le-Château

Geschichte

Die Kirche Notre-Dame von Oulchy-le-Château liegt nahe dem Tal des Ourcq, etwa 20 Kilometer östlich von La Ferté-Milon. Die bedeutende mittelalterliche Burg des Ortes unterstand dem Grafen der Champagne, die Pfarrei jedoch gehörte zur Diözese Soissons.

1076 stiftete der Graf der Champagne, Thibaud I., ein Kanonikerstift. Die ältesten Teile des Bauwerks müssen aus dieser Zeit stammen. Die Kirche wurde 1122 der Abtei Saint-Jean-des-Vignes in Soissons geschenkt.

In der zweiten Hälfte des 12. Jahrhunderts brach man den Ostteil ab, das heißt die drei Absiden, mit denen das Hauptschiff und die Seitenschiffe abschlossen, und ersetzte ihn durch ein Querschiff und einen rechteckigen Chor. Dabei erhöhte man das Mittelschiff und vergrößerte wahrscheinlich die Fenster.

Die Fassade ist Anfang des 13. Jahrhunderts neu errichtet worden.

Der Außenbau

Am Mittelschiff blieb ein Teil des Kranzgesimses erhalten. Es ist mit einem Flechtband geschmückt und liegt auf Kragsteinen, die Masken oder Rollenfriese tragen. Darin erinnert es an das Kranzgesims der Kirche von Rhuis oder an das der Osttürme von Morienval.

Der Glockenturm über dem letzten Joch des südlichen Seitenschiffs ist ein weiteres Element, das Notre-Dame in Oulchy-le-Château mit diesen beiden Bauwerken verbindet. Er besteht aus drei Geschossen über einem massiven Turmsockel. Der Sockel wird von mächtigen Strebepfeilern gestützt, die auf halber Höhe des ersten Stockwerks enden. Ein großer Entlastungsbogen verstärkt den Unterbau. Ein umlaufender Rollenfries unterstreicht das erste Geschoß, in dem sich zwei rundbogige Fenster öffnen. Ihre gestuften, scharfkantigen Bögen rahmt ein Rollenfries, der um die Ecken des Turms fortläuft. Kleine Monolithsäulen tragen die Bögen. Die gleiche Anordnung wiederholt sich in den beiden oberen Stockwerken, dort allerdings noch durch schlanke Ecksäulen bereichert, die aber nicht die Höhe des umlaufenden Bandes überschreiten. In mehrere der kleinen Säulen sind parallel verlaufende oder sich überschneidende Spiralen eingemeißelt. Ihre Kapitelle sind mit sehr flachem Relief verziert, die Ecken durch Masken oder Schnecken betont; Pflanzenstiele und Palmetten verteilen sich ohne Rücksicht auf eine symmetrische Komposition. Ein Kapitell ist nur grob kubisch zugerichtet, wobei in die Vorderseite parallel verlaufende Bogenlinien eingraviert sind. Bei einem anderen täuschen die gefaßten Ecken lange gerippte Blätter vor. All diese Skulpturen stammen offensichtlich aus derselben Zeit wie die Kapitelle des Mittelschiffs.

Das moderne vierseitige Dach scheint recht gut die ursprüngliche Silhouette wiederzugeben. Man kann sich in der Tat auf diesem Turm nur eine kurze Steinpyramide vorstellen, wie in Rhuis, Retheuil und Morienval.

Der Innenraum

Von großem Interesse ist das Mittelschiff der Kirche von Oulchy-le-Château (Bild 39). Es öffnet sich durch vier Arkaden auf die Seitenschiffe und ist nicht eingewölbt. Die Bezeichnung Joch kann man hier kaum verwenden, weil im Gegensatz zu den meisten Kirchen der Ile-de-France die an der Sohlbank ausgeschrägten Obergadenfenster nicht in der Achse der Arkaden liegen. Die Arkaden selbst sind durch zwei Reihen schmuckloser Keilsteine hervorgehoben. Die viereckigen Pfeiler tragen keine abschließenden Deckplatten. An den Pfeilern liegen seitlich zwei Halbsäulen unter der inneren Rundung der Arkaden. Dieser Stützentypus, der einfacher ist als der von Morienval oder Saint-Germain-des-Prés ist häufiger im Tal der Marne als in der Ile-de-France anzutreffen.

Die Basen mit breiter Hohlkehle zwischen einem oberen, schmaleren Wulst und einem unteren, dicken Rundstab zählen nach E. Lefèvre-Pontalis zu den besterhaltenen des ausgehenden 11. Jahrhunderts. Die Kapitelle hat man oft und zu Recht mit denen von Morienval verglichen. Wie dort sind die Körbe gedrungen, breiter als hoch und wenig ausgebaucht (Bild 40–43). Hinsichtlich ihrer Gestaltung kann man zwei Typen unterscheiden. Die einen bleiben abgerundet, und lediglich in den oberen Ecken springen kleine Voluten hervor. Die anderen haben eine flache Vorderseite in Form eines umgekehrten Trapezes mit deutlichen Kanten und tragen große geriffelte Blätter oder tief ausgehöhlte Palmetten auf den Schrägflächen, während der mittlere Teil durch ein hohes Rechteck unterbrochen und mit einem Liniennetz von stilisierten Blättern in Dreieck- oder Zickzackform überzogen ist. Die Kapitellplastik der ersten Kategorie ist hingegen nicht an die dreiteilige Komposition gebunden und läßt der Phantasie freien Raum. Man begegnet hier weder den Flechtwerkmotiven noch den Schnecken von Morienval, sondern entdeckt ganz eigenartig und sehr flächenhaft angeordnete Palmetten (Bild 40), Dreiecke und ausgehöhlte, in Quadrate eingefügte Sterne. Manche Dreiecke sind von Wellenlinien durchzogen. Da und dort taucht oben in der Mitte einer Seitenfläche ein Blumenmotiv mit vielen Blütenblättern auf. Drei Kapitelle sind mit stilisierten Vögeln geschmückt, das eine mit einem Vogel, der auf einem umgekehrten Dreieck steht, das zweite mit seltsam umgekehrt zueinander angeordneten Vögeln auf der Vorderseite und einer kleinen Person mit erhobenen Armen auf der Seitenfläche (Bild 42), wobei sich zwischen beiden eine Reihe paralleler Wellen schwingt; das dritte nimmt wieder das Motiv der umgekehrt zueinander stehenden Vögel auf neben vierzackigen Sternen und Dreiecken mit gebogenen Linien (Bild 41). Das einzige szenische Kapitell zeigt zwei Teufel, die eine kleine nackte Figur, die Seele eines Menschen forttragen.

Obwohl die Skulptur mehr auf der Vertiefung von Linien als auf dem Herausmodellieren des Reliefs beruht, beobachtet man wie in Morienval – abgesehen von den gebogenen und parallelen Streifen –

eine abgerundete und nuancierte Modellierung ohne jede Starrheit. Die Erinnerung an die Antike scheint hier noch mehr verblaßt zu sein als in Morienval. Vergleiche mit der Normandie bieten sich kaum an, ebensowenig die mit anderen Gegenden. Es handelt sich hier um eine lokale Kunst, die Formen ohne großen Bezug zur romanischen Kunst tradiert.

Das Schiff endet in einem blinden Joch. E. Lefèvre-Pontalis hat bemerkt, daß es dem ursprünglichen, der Apsis vom Ende des 11. Jahrhunderts vorausgehenden Chorjoch entspricht. Die holzgedeckten Seitenschiffe enden mit einem Joch, das ursprünglich von einer Tonne überwölbt war. Im Süden ersetzte man sie unter dem Turm durch ein Kreuzrippengewölbe. An den Wänden der beiden letzten Seitenschiffjoche blieb eine rundbogige Arkatur erhalten, getragen von kleinen stark restaurierten Säulen. Die drei Apsiden mußten dem gotischen Altarraum weichen. In dem Querschiff aus dem 12. Jahrhundert sind die aus mehreren Stützgliedern zusammengesetzten Pfeiler mit bemerkenswerten Kapitellen bekrönt. Das Blattwerk der in mehreren Reihen übereinander angeordneten Akanthusblätter ist fein gearbeitet und geschickt mit Blumen, Früchten und Voluten belebt. Solche Arbeiten sind für die Zeit um 1150, 1160 charakteristisch.

Die Kirche Notre-Dame in Oulchy erweckt den Eindruck eines den im 11. Jahrhundert entstandenen Monumenten des Valois verwandten Bauwerks, was sowohl auf ihre Skulptur als auch auf ihren Kirchturm zurückzuführen ist. Der ursprüngliche Bau der Kirche von Pontpoint dürfte ihr recht nahegestanden haben. Die Lage der Kirche von Oulchy-le-Château erklärt auch die in der Struktur der Pfeiler sichtbar werdende Beziehung zur Kunst des Marnetales und der Champagne.

Berzy-le-Sec

Geschichte

Obwohl die Kirche von Berzy-le-Sec erheblich restauriert ist, verdient ihre Architektur unsere Aufmerksamkeit, denn sie zeigt charakteristische Züge der Kirchen des Soissonnais und des Laonnois aus der Mitte des 12. Jahrhunderts. Sie liegt einige Kilometer südlich von Soissons. Direkten Einfluß übte sie auf die schon deutlich gotische Kirche des benachbarten Dorfes Courmelles aus.

Wie Ressons-le-Long und andere Dörfer im Umkreis von Verberie ist Berzy-le-Sec schon in karolingischer Zeit urkundlich erwähnt. Zu Beginn des 9. Jahrhunderts übte die große Abtei Saint-Médard die Rechte über das Dorf und die benachbarte Mühle aus.

Im Jahre 1158 überläßt der Bischof von Soissons, Aucoul de Pierrefonds, die Einnahmen der Kirche dem Kapitel der Kathedrale.

1524 gründet Nicolas Louvain, Herr von Berzy, ein Kapitel mit acht Kanonikern, die gleichzeitig die Pfarrei und seine Schloßkapelle zu betreuen hatten.

Im 18. Jahrhundert befand sich das vermutlich aus der ersten Hälfte des 12. Jahrhunderts stammende Langhaus in einem schlechten Zustand. Daraufhin zog man die Außenmauern der Seitenschiffe neu hoch, vermauerte die Obergadenfenster und erhöhte die Dächer der Seitenschiffe.

Der Außenbau

Die Fassade der Kirche ist durch zwei vorspringende Strebepfeiler gegliedert, die das Mittelschiff begrenzen. Im Zuge der Erneuerung des Daches im 18. Jahrhundert erhöhte man die Mauern der Seitenschiffe. Ein kleines rundbogiges Fenster sorgt für Lichteinfall. Ein Gesimsband umläuft den Bogenrücken und setzt sich zu beiden Seiten fort. In der Mitte öffnet sich das Portal. Der gebogene Türsturz und das gemauerte Tympanon sind restauriert. Drei rundbogige Archivolten aus durch Hohlkehlen voneinander getrennten Rundstäben umgeben das Portal. Ein Band von Akanthusblättern umrahmt die äußere Archivolte. Sechs Säulen schmücken das Gewände. Ihre Basen haben ein klassisches Profil, ihre Kapitelle sind mit Palmetten und mit Eckvoluten skulptiert. Die profilierten Abaki setzen sich als Bandgesims bis zu den Strebepfeilern fort, allerdings nicht in der Höhe des Fenstergesimses an den Seitenschiffen.

Über dem Portal unterteilt ein kräftiges, sich über die Strebepfeiler erstreckendes Bandgesims die Fassade. Darauf setzt in der Mittelachse ein Fenster an, dem vier kleine beringte Säulen eingestellt sind, die zwei dem Portal ähnliche rundbogige Archivolten tragen. Auch hier umläuft ein vorspringendes Bandgesims den Bogenrücken. Die Deckplatten der Ausschrägungen laufen bis zum Kranzgesims der beiden Strebepfeiler weiter.

Die Seitenansichten sind uninteressant. Im Osten enden sie mit einer geraden Mauer aus dem 18. Jahrhundert. Das Chorjoch, das den Glockenturm trägt, steht etwas vor. Strebepfeiler stützen den Turm an den Ecken (Bild 46). Die Fenster des Untergeschosses wurden im 18. Jahrhundert vergrößert. Zwei profilierte Bandgesimse unterstreichen das obere Geschoß. Hier schmücken zwei kleine Säulen die Eckstrebepfeiler. Ihre Abaki vereinigen sich mit denen der Öffnungen und bilden ein Kranzgesims, über dem die Strebepfeiler auslaufen. Jede Seite des Turms besitzt hier zwei rundbogige Fenster. Zwei Säulen sind jeweils außen eingestellt, während die inneren Gewände schlicht bleiben. Ein Band mit floralem Schmuck umläuft den Bogenrücken der aus Rundstäben gebildeten Archivolten. Alle Kapitelle sind mit Palmetten geschmückt. Ein Kranzgesims auf mit Masken skulptierten Kragsteinen unterstreicht die vier Seiten des Pyramidendaches.

Der Chor schließt mit einer mit Steinplatten bedeckten, reich dekorierten Apsis ab. Zwei vorspringende Strebepfeiler flankieren das

Scheitelfenster. Ein profilierter Sockel umläuft die Mauern und Strebepfeiler. Ein anderes Bandgesims umgibt die ganze Apsis in Höhe der Sohlbänke. Die beiden rundbogigen Seitenfenster sind von einem Sternenfries und zwei durchlaufenden Rundstäben eingefaßt. Am Bogenrücken erkennt man auf dem Gesims Köpfe, aus deren Mündern gewundene Zweige hervorkommen, die als Palmetten enden. Dieses Bandgesims ist um die Apsis weitergeführt. Das Mittelfenster öffnet sich in einem übergiebelten Vorsprung, der sich innen als Nische erweist. Dies ist eine für das Soissonnais charakteristische Bauform, die man im Westen von Paris in Vernouillet wiederfindet. Der Vorsprung ist von zwei kleinen Säulen flankiert, deren Deckplatten dem Gesimsband, den Deckplatten der Seitenfenster und der Fensterrahmung entsprechen; das Motiv wandelt sich im Verlauf jedoch zu einer Laubranke. Das Fenster selbst – Gewände und Archivolten – umrahmen drei Rundstäbe und ein Sternband. Das Kranzgesims der Apsis besteht aus zwei Palmettenfriesen, wobei dem unteren in regelmäßigem Abstand Kragsteine mit Tierköpfen eingefügt sind. Die beiden Kapitelle des Vorsprungs im Scheitel der Apsis tragen Köpfe der gleichen Art.

Der Innenraum

Das Langhaus besteht aus drei holzgedeckten Jochen. Die gestuften Arkaden sind leicht zugespitzt und liegen auf rechteckigen Pfeilern auf, denen wie in Villers-Saint-Paul an der Oise und in Oulchy-le-Château unter den Bögen zwei Halbsäulen vorliegen. Die mit Eckklauen versehenen Basen tragen unten einen abgeflachten Rundstab. Die Kapitelle setzen sich aus der profilierten Deckplatte und dem skulptierten Kapitellkörper zusammen: Senkrecht stehende Palmetten sind einmal in einer, dann wieder in zwei Reihen angeordnet. Ihre Enden rollen sich in den oberen Ecken zu Kugeln oder Voluten ein. Die Kapitelle zeichnen sich durch die strenge Komposition, das kräftige Relief und die betonten Umrisse aus. All diese Züge sowie das flache Profil der Basen deuten auf eine der Mitte des 12. Jahrhunderts nahe Entstehungszeit. Die zugemauerten, schmucklosen Obergadenfenster heben sich deutlich in der Wand ab. Sie liegen mit ausgeschrägter Fensterbank in der Achse über den Arkaden.

Wie E. Lefèvre-Pontalis feststellte, muß der Chor (Bild 49) etwa zur selben Zeit wie das Langhaus geschaffen worden sein. Er öffnet sich in einem großen Spitzbogen, gerahmt von zwei einfach gestuften auf Säulenvorlagen endenden Rundstäben, wobei der innere Rundstab wie am Portal durch Hohlkehlen gerillt ist. Die anderen Säulenvorlagen entsprechen den Kreuzrippen und den Schildbögen des Gewölbes. Letzteres wirkt in seiner sehr gedrungenen Form und mit den dreiteiligen Kreuzrippen sehr archaisch. Zwei Säulen tragen den Spitzbogen am Eingang der Apsis, profiliert durch drei Rundstäbe. Zwei weitere Säulen sind der axialen Nische eingestellt. Sie entsprechen den beiden Rippen der spitzen Halbkuppel. Diesen um die Mitte des 12. Jahrhunderts im Soissonnais häufigen Gewölbetypus findet man auch in Marolles-sur-Ourcq. Sechs kleine Säulen und zwei Bogenläufe rahmen die Nische. Das Scheitelfenster selbst blieb schmucklos. Die beiden Seitenfenster werden von zwei kleinen Säulen flankiert. Die Kapitelle der Apsis sind unterschiedlich geschmückt. Drei veranschaulichen Szenen aus dem Neuen Testament. Rechts zeigt ein Kapitell unter Arkaden, die auf kleinen Säulen ruhen, den Traum Josephs (Bild 50), die Verkündigung und die Heimsuchung (Bild 47). Auf der linken Seite ist die Anbetung der Heiligen Drei Könige und die Verkündigung an die Hirten dargestellt. Ein weiteres Kapitell zeigt zwei Männer, von denen der eine eine Sichel, der andere einen Spaten auf der Schulter trägt (Bild 50). Auf den anderen Kapitellen sind Vögel vor einer Vase einander gegenübergestellt, geflügelte Greifen (Bild 51), ein Vogel mit Frauenkopf, Schlangen oder Fabeltiere, ein Engel mit übergroßen Flügeln, ein Mann und eine Frau beiderseits einer umgekehrten Palmette. All diese Motive sind auf die Achsen der Kapitellkörper hin ausgerichtet und treten deutlich aus dem glatten Hintergrund hervor. Das Relief ist verhältnismäßig wenig betont, doch zeichnen sich die Umrisse klar ab, die gerundete Modellierung erscheint nuanciert, der Faltenwurf geschmeidig und die Details sind mit Sorgfalt behandelt. Die Arkaden und die Zweige sind durch Perlschnüre hervorgehoben; mitunter wird das Blattwerk auch durch Ringe zusammengefaßt. Das Gefieder ist wie das Fell äußerst genau gezeichnet; dasselbe gilt für die bemerkenswerte Faltengebung der Gewänder. Diese Beobachtungen verdeutlichen die Nähe zur Skulptur der Nachbarstadt Soissons (vgl. das Kapitel über die Skulptur) und lassen erkennen, daß hier der Region fremde Einflüsse verarbeitet wurden.

Ressons-le-Long

Das Dorf Ressons-le-Long liegt nahe dem linken Ufer der Aisne, etwa 12 Kilometer westlich von Soissons und in der Nähe der antiken Straße, die von Soissons nach Senlis führte.

Die Kirche stand im Mittelalter unter der Autorität des Schatzmeisters vom Domkapitel zu Soissons. Sie muß Ende des 11., Anfang des 12. Jahrhunderts gebaut worden sein. Im 19. Jahrhundert wurde sie durchgreifend restauriert. Im Zuge dieser Maßnahme baute man vor die Fassade eine Vorhalle mit zwei flankierenden Kapellen. Auch wurden die Fenster der Seitenschiffe vergrößert, und über der Vierung errichtete man eine hölzerne Turmspitze.

Außen entdeckt man noch die mit Flechtwerk verzierten Kranzgesimse des Mittelschiffs auf skulptierten Kragsteinen, die mit Rollenfries, kleinen Köpfen, Tieren oder geometrischen Motiven geschmückt sind. Innen erhält das nicht eingewölbte Schiff seinen Rhythmus durch Wandpfeiler, auf denen das Gebälk aufliegt. Diese viereckigen Pfeiler tragen abgeschrägte Abaki, die zum Teil mit vertieften Dreiecken verziert sind. Die rundbogigen Arkaden sind einfach gestuft, die Obergadenfenster fügen sich in deren Achse. Das Querschiff wurde im 13. Jahrhundert umgestaltet und eingewölbt. Jenseits davon öffnet sich ein rechteckiger, mit einer überhöhten Spitztonne eingewölbter Chor. In den flachen Chorabschluß sind drei Fenster eingelassen, von denen nur das mittlere von zwei Säulen mit derben romanischen Blattkapitellen gerahmt ist.

Béthisy-Saint-Pierre und Saint-Martin

Zwischen Verberie und Morienval gelegen, fand Béthisy bereits in karolingischer Zeit Erwähnung. Ursprünglich war Saint-Martin die Pfarrkirche. Saint-Pierre diente zunächst als Kapelle eines Gehöftes der königlichen Domäne Verberie. Beide Kirchen entstanden in der ersten Hälfte des 12. Jahrhunderts und wurden später umgebaut.

In Béthisy-Saint-Pierre bewahrten sich im Langhaus die großen romanischen Arkaden auf quadratischen Pfeilern mit einer Pfeilervorlage zum Seitenschiff hin. An das wiederhergestellte Querschiff aus dem 12. und dem 15. Jahrhundert schließen sich ein mit einer Spitztonne überwölbtes Chorjoch und eine mit einer Halbkuppel versehene Apsis an. Zickzackmuster schmücken die Eingangsbögen des Chors und der Apsis.

Das erste Chorhaupt der Kirche Béthisy-Saint-Martin ähnelte wohl ursprünglich dem von Saint-Pierre. Heute besitzt sie jedoch einen rechteckigen gotischen Chor. Der daran anlehnende romanische Glockenturm blieb indessen erhalten und erhebt sich in drei Geschossen, untergliedert durch Bandgesimse. Ein einziges Fenster öffnet sich in den Seiten der beiden ersten Geschosse, während in die des oberen Stockwerks Doppelfensterpaare unter einem runden Entlastungsbogen eingelassen sind. Eine achteckige Spitze mit vier dreiseitigen Eckpyramiden bekrönt den Turm.

Das flachgedeckte Schiff weist wie in Saint-Pierre an den Pfeilern zu den Seitenschiffen hin Vorlagen auf. Die Obergadenfenster liegen über den Pfeilern und in der Achse der Arkaden. Dies erinnert an die Kirche von Pontpoint und läßt vermuten, daß der ursprüngliche Aufriß der Kirche Saint-Pierre dem vergleichbar war. Zwischen den Bauwerken rings um Verberie muß einst eine gewisse Verwandtschaft bestanden haben.

Das Beauvaisis und das westliche Tal der Oise

Das Beauvaisis ist heute wie die Region von Senlis, das heißt also das Departement Oise, an die Picardie angeschlossen. Der südliche Teil gehörte im Mittelalter zur Ile-de-France. Der Bischofssitz von Beauvais lag vielleicht ein wenig außerhalb, war aber dennoch eng mit dem Königreich verbunden. Die Westgrenze entspricht der des Vexin Français. In dieser Gegend im Nordwesten von Paris sind die Grenzen wie überhaupt für die gesamte Ile-de-France kaum zu definieren.

Die beiden großen künstlerischen Zentren bildeten Senlis im Süden und Beauvais im Norden. In Senlis verdrängte die gotische Kunst sehr früh schon die romanische, so daß kaum mehr erhalten blieb, als der Sockel eines Turms der nicht mehr benutzten und veränderten Kirche Saint-Aignan und ein weiterer in der ebenfalls aufgehobenen Pfarrkirche Saint-Pierre. Der Kirchturm von Saint-Aignan geht vielleicht auf die Zeit Roberts des Frommen zurück und wäre somit zur selben Zeit wie die Kirchtürme von Melun oder sogar von Saint-Germain-des-Prés errichtet worden. Der etwas besser erhaltene Turm von Saint-Pierre ist etwas jünger.

In Beauvais blieb auf dem Bauplatz der nie vollendeten großen gotischen Kathedrale das vorromanische Schiff, die sogenannte Basse-Œuvre, stehen. Die Stadt besaß vor der Revolution die beachtliche Benediktinerabtei Saint-Lucien, die zu Beginn der Revolution zerstört wurde. Alte Ansichten und Ausgrabungen erlaubten die teilweise Wiederherstellung der Abteikirche, deren Bau gegen 1090 mit dem Chorhaupt begann, in dem 1109 eine erste Weihe vorgenommen wurde. Die Kirche besaß Seitenschiffe mit Emporen und Obergadenfenstern und ein großes Querschiff, dessen Arme halbrund abschlossen, dazu ein Chorhaupt mit einem Chorumgang und Kranzkapellen. Die rechteckige Scheitelkapelle war doppelstöckig; die benachbarten Kapellen schlossen sich unmittelbar aneinanderstoßend an. In diesem Bauteil wollte man einen Prototyp des Chorhaupts von Saint-Denis sehen. Doch dürfte sich letzteres direkt vom Altarraum der Kirche Saint-Martin-des-Champs in Paris ableiten. Gerühmt wurde auch das frühe Kreuzrippengewölbe der Abteikirche. Allerdings ist das Vorhandensein von Kreuzrippengewölbe nur für das nach dem Chorhaupt gebaute Querschiff und für die Seitenschiffe erwiesen, nicht aber für das Mittelschiff. Die alten Ansichten von Saint-Lucien zeigen einen sehr romanischen Aufriß, betont kleine rundbogige Fenster und Strebepfeiler. Einige Skulpturenreste bewahrt das Musée départemental de l'Oise in Beauvais (Bild 52).

Die Kollegiats- und Pfarrkirche Saint-Étienne, ebenfalls in Beauvais, scheint durch die Architektur von Saint-Lucien angeregt worden zu sein, obgleich sie sich in mancherlei Hinsicht von ihr unterscheidet. Überall finden sich augenscheinliche Berührungspunkte mit der Region von Senlis und dem Valois. In der Skulptur zeigt sich deutlich der Einfluß der benachbarten Normandie.

Beauvais · Die Basse-Œuvre

Die Kirche der Basse-Œuvre in Beauvais stellt nichts anderes dar als das Schiff der ehemaligen Bischofskirche, das nicht zerstört wurde, weil man die gotische Kathedrale nie vollendet hat. Der Kontrast zwischen dem riesigen Bau aus dem 13. bis 16. Jahrhundert und dem kleinen, niedrigen Langhaus ist gewaltig. Der Name Basse-Œuvre ist deshalb sehr zutreffend. Der Hauptteil stammt aus vorromanischer Zeit. Die Fachleute einigten sich auf eine Datierung vor das Jahr 1000, in das Episkopat von Bischof Hervé (987–998). Die Baustruktur aber ist sehr charakteristisch für eine große Anzahl von Kirchen der Ile-de-France in der Region Aisne und nördlich der Marne. Einige Änderungen erfuhr die Fassade im 11. Jahrhundert und bei einer Restaurierung im 17. Jahrhundert. Ausgrabungen und weitere Restaurierungen wurden kürzlich durchgeführt.

Die Kirche zeigt außen die charakteristische Silhouette einer Basilika. In der Fassade öffnet sich eine schmucklose Tür. Das Fenster in der Achse darüber versah man im 11. Jahrhundert mit einer rundbogigen Archivolte, die in drei Reihen vertiefte Sterne und kleine Quadrate zieren. Ein Rollenfries umgibt den Fensterbogen und setzt sich über die ganze Breite der Fassade fort. Darüber sieht man drei recht beschädigte, stehende Figuren in Flachrelief. Die mittlere, größere Figur hebt den rechten Arm. Zwei Bandgesimse, eines davon ein Rollenfries, unterstreicht den oberen Teil der Fassade unterhalb des Giebels. In dessen Mitte sieht man ein Malteserkreuz zwischen zwei kleinen kreisförmigen Öffnungen.

Die Seitenmauern sind gemäß einer gallorömischen Tradition in Kleinquaderwerk errichtet. Zum Teil scheint es sich um wiederverwendetes Material zu handeln. Über den Obergadenfenstern liegt eine Archivolte, deren schmale Keilsteine mit Backsteinen abwechseln.

Das Schiff ist heute auf drei Joche verkürzt, die nie eingewölbt waren. Die Fenster befinden sich ohne Ausschrägung in der Achse der rundbogigen, schmucklosen Arkaden. Die wahrscheinlich aus dem 11. Jahrhundert stammenden viereckigen Pfeiler ersetzen achteckige Stützen, die man bei den Ausgrabungen entdeckte. Durch die Grabungen ist ferner erwiesen, daß die Basse-Œuvre ein Querschiff an einem einst längeren Langhaus besaß und daß der Chor gerade abschloß.

Beauvais · Saint-Étienne

Geschichte

Aller Wahrscheinlichkeit nach ist die Kirche Saint-Étienne in Beauvais der Nachfolgebau einer merowingischen Grabkapelle auf einem Friedhof, der an der Mauer der antiken Stadt lag. Die Verehrung des heiligen Stephanus fand in Gallien weite Verbreitung nach der angeblichen Wiederauffindung seiner Gebeine 415 in Jerusalem. Die erste Kapelle wurde durch die Normannen im Jahre 860 zerstört.

1072 richtete man in Saint-Étienne ein Kollegiatsstift ein. Das Gotteshaus diente aber zugleich als Pfarrkirche, und man weiß, daß die Stiftsherren 1251 das Recht erhielten, den Pfarrer zu ernennen.

Kein Text verrät etwas über die Baugeschichte der Kirche. Der Vergleich mit anderen Bauwerken läßt gleichwohl eine Datierung in das zweite Viertel des 12. Jahrhunderts naheliegend erscheinen. Umfangreiche Arbeiten wurden Ende des 12. und in den ersten Jahren des 13. Jahrhunderts durchgeführt. Sicherlich wurden sie nach dem Brand vorgenommen, der für das Jahr 1180 oder 1188 überliefert ist, wobei das Ausmaß des Schadens aber nicht bekannt ist. Im Zuge dieser Instandsetzungsmaßnahmen überwölbte man das Mittelschiff, verlängerte es um zwei Joche nach Westen und errichtete die Westfassade.

Um die Mitte des 14. Jahrhunderts erneuerte man die Gewölbe des nördlichen Seitenschiffs.

Wahrscheinlich hat die Kirche unter dem Hundertjährigen Krieg gelitten, wie auch unter der Belagerung von Beauvais im Jahre 1472 während der Kämpfe zwischen Ludwig XI. und Karl dem Kühnen. Jedenfalls begann man 1506 mit dem Bau eines neuen Chores und errichtete Ende des 16. Jahrhunderts an der nördlichen Fassade einen kräftigen Turm.

Im Jahre 1742 wurde das Kapitel aufgehoben. Vier Jahre später vermauerte man das Zwischengeschoß des Langhauses, die Empore unter dem Dachstuhl, um so die Zugluft abzustellen.

Zwischen 1892 und 1905 fanden Restaurierungen statt. Bei dem Bombenangriff im Jahre 1940 gingen die Dächer und der Dachstuhl in Flammen auf. Die Kirche wurde nach dem Krieg unter dem Chefarchitekten des Denkmalschutzes J. P. Paquet restauriert. Zwischen 1956 und 1959 führte er Ausgrabungen durch und fand dabei die Fundamente des romanischen Altarraums.

Besichtigung

Der Außenbau

Die Westfassade, der Turm, der sie im Norden flankiert, und das gesamte Chorhaupt gehören der Gotik an. Die Mauern des Langhauses und des Querschiffs aber sind romanisch. Die interessantesten Teile liegen im Norden, der Stadt zugewandt.

Unsere Besichtigung beginnt bei der Fassade des nördlichen Querschiffarms, denn man kann davon ausgehen, daß der Bau der Kirche im 12. Jahrhundert von Ost nach West fortschritt, beginnend mit dem Chor, um mit dem Langhaus abzuschließen. Die Fassade stützen Strebepfeiler, die in Kegelstümpfen enden. Zwei rundbogige Fenster öffnen sich im unteren Teil. Darüber sieht man in der Mitte eine Fensterrose von 3,50 Meter Durchmesser. Den Giebel ziert ein rautenförmiges Mauerwerk, das ein netzartiges Reliefgitter bildet. Der Fassadengiebel der zerstörten Abteikirche Saint-Lucien scheint in gleicher Weise gestaltet gewesen zu sein.

Die Rose ist wegen ihres Durchmessers und ihres Dekors ein besonders interessanter Bauteil (Bild 54). Ihre Maße sind in der Tat beträchtlicher als die der kreisförmigen Öffnungen oder Okuli, denen man sonst in romanischer Zeit begegnet. Man kann die Rose von Saint-Étienne mit dem Okuli der Fassaden von Villers-Saint-Paul oder von Gassicourt (Bild 87) vergleichen, um sich davon zu überzeugen. Der Okulus war schon der Architektur des frühen Mittelalters in Rom bekannt und fand in der karolingischen Epoche weite Verbreitung, wie beispielsweise in der großen Abteikirche Centula-Saint-Riquier. Die neuen Maße der Rose von Saint-Étienne künden schon die der Rose in der Fassade von Saint-Denis und der Gotik an. Hier ist die Rose jedoch nicht nur eine Maueröffnung, sie ist zugleich auch Symbol des Rades, des Glücksrades. Die zwölf in Hochrelief gearbeiteten Gestalten, die das aus Rundstäben und Blumenfriesen gebildete Rahmenprofil umgeben, stellen in fünf Figuren den Aufstieg dar, den Höhepunkt auf dem Scheitel durch eine sitzende Gestalt, dann die Zerbrechlichkeit des menschlichen Glücks in fünf weiteren Figuren und schließen eine durch das sich drehende Rad des Schicksals zermalmte Gestalt. Dieses Motiv war vordem schon in der Buchmalerei dargestellt, in der Skulptur ist es dagegen neu. Das Werk entstand wahrscheinlich um das Jahr 1130.

Das Langhaus – wir befinden uns weiterhin auf der Nordseite – ist wie das Querschiff durch Strebepfeiler in Form von Halbsäulen gegliedert. An den Wänden des Seitenschiffs bestehen die Strebepfeiler aus zwei in Höhe der Kämpfer der Fenster ansetzenden Säulen mit Schaftringen. Strebepfeiler dieses Typs gab es bereits an der Abteikirche Saint-Lucien. Man begegnet ihnen auch in Villers-Saint-Paul und in Vauxrezis in der Nähe von Soissons. Die in der Mittelachse der Joche liegenden Seitenschiff- und Obergadenfenster sind rundbogig. Ein Bandgesims umläuft den Bogenrücken. Die Dachgesimse sind zwar stark restauriert, bilden aber ein gutes Beispiel für die sogenannte Corniche beauvaisine, das Kranzgesims der Beauvaisis: Die kleinen rundbogigen Blendarkaden sind nochmals unterteilt durch zwei kleinere, weniger vorspringende Bögen. Diese Art des Kranzgesimses findet man im ganzen Beauvaisis verbreitet, im Vexin bis hin zur Aisne.

Ein Portal öffnet sich im nördlichen Seitenschiff. Mitte des 19. Jahrhunderts ist es stark restauriert worden. Früher war es durch ein hölzernes Wetterdach geschützt. Das Gewände und der Türsturz stammen aus dem 19. Jahrhundert. Das Portal tritt wie die in dieser Region verbreiteten übergiebelten Portale aus der Wandfläche des Seitenschiffs hervor, hat aber einen horizontalen Abschluß. Über dem Rundbogen des Portals erstreckt sich eine zweite, ebenfalls Mitte des 17. Jahrhunderts erneuerte Zone. Darin ist ein rundbogiges Fenster zwischen zwei Blendarkaden eingelassen. Der vielfarbige Effekt ist sehr wirksam im Kontrast zu den Stützen und der Umrahmung aus weißem Gestein mit der Flächenfüllung aus rautenförmig gemauerten Terrakotta-Vierecken. Diese Ornamentik kann man mit dem Giebel des Nordarms vergleichen, der ein wenig jünger sein dürfte und zeitgleich mit dem Langhaus, das heißt um 1140 geschaffen wurde.

Das Tympanon und die Archivolte des Portals stammen aus ein

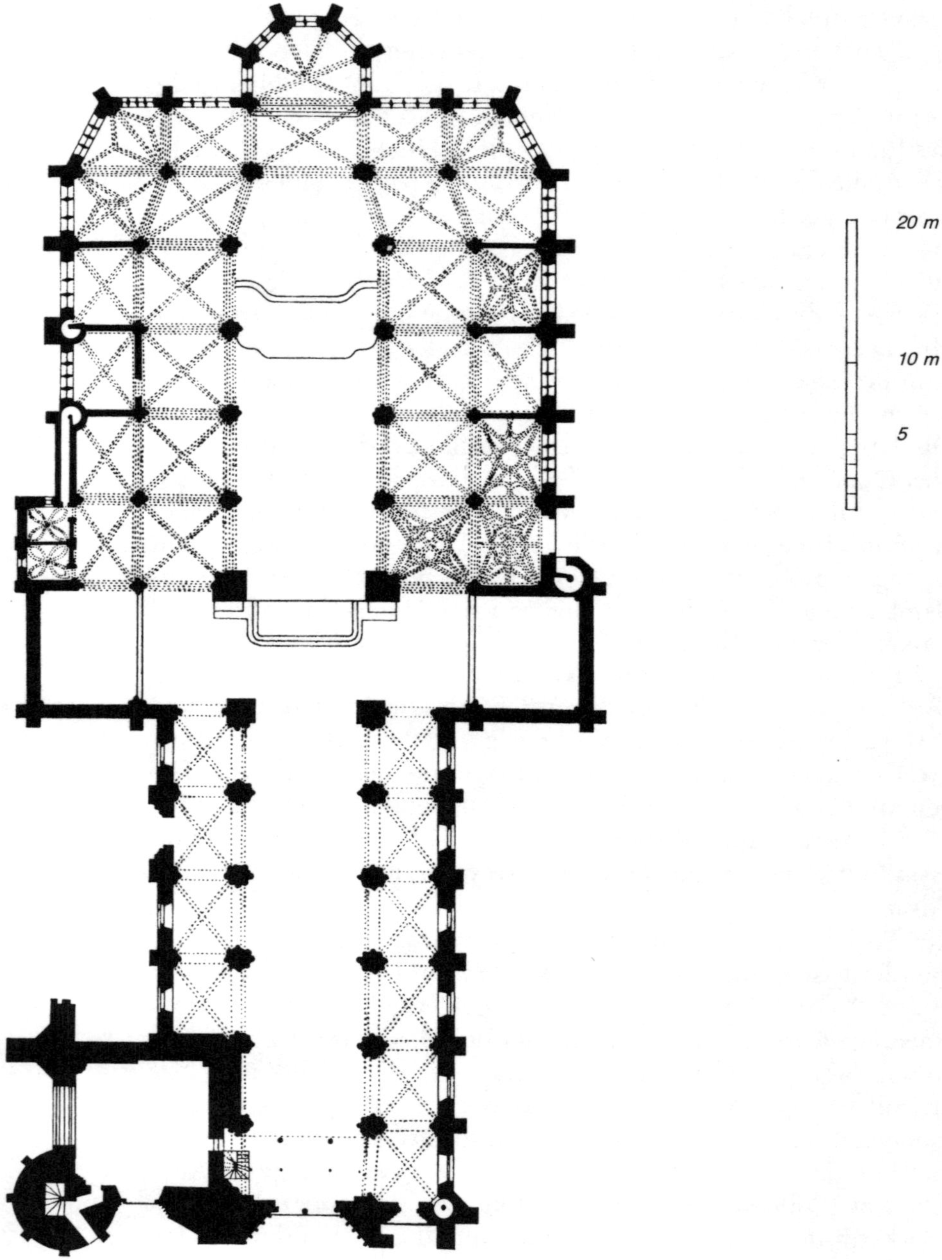

Beauvais · Saint-Étienne

und derselben Epoche. In der Mitte des Tympanons gehen aus einer Vase Palmettenzweige hervor (Bild 56), während zu beiden Seiten zwei Fabelwesen dargestellt sind, Sirenen-Vögel, wie man sie oft auf Kapitellen wiederfindet. Über der Vase erscheint eine gekrönte Gestalt. Die Deutung dieser Szene bleibt rätselhaft. Die drei Archivolten, die das Tympanon umgeben, sind nicht fortlaufend in der Rundung der Bögen skulptiert, sondern Keilstein für Keilstein. Die erste zeigt wiederum reptilähnliche Fabeltiere, die zweite sehr stilisierte Löwen (Bild 55), und auf dem letzten erkennt man menschliche Figuren. Das Relief tritt sehr deutlich hervor, die Modellierung ist nuanciert und die Formen haben eine große Geschmeidigkeit.

Auf der Südseite des Langhauses stammen die beiden ersten Joche, die dem Nordturm entsprechen, aus dem späten 12. Jahrhundert und sind bereits gotisch. Ansonsten sind die Strebepfeiler, die Fenster und die Kranzgesimse denen der Nordseite vergleichbar (Bild 53). Allerdings gibt es im südlichen Querhausarm weder ein Seitenportal noch eine Rose.

Der Innenraum

Der Bau der Kirche des 12. Jahrhunderts begann im Osten. Deshalb empfiehlt es sich, die Besichtigung mit dem Querschiff zu beginnen. Das Vierungsgewölbe und die Ostpfeiler wurden zur selben Zeit wie das große Chorhaupt des Flamboyant wiederaufgebaut. Grabungen haben ergeben, daß der Chor des 12. Jahrhunderts von einfachen Seitenschiffen flankiert war. Außerdem schloß er mit einer geraden Rückwand ab und war von einem rechteckigen Chorumgang umgeben. Die ältesten bekannten Beispiele des Chorhaupts mit rechteckigem Umgang tauchen in England gegen 1115–1120 auf, so in der alten Abteikirche von Romsey. Aus diesem Grund kann man den Beginn der Arbeiten von Saint-Étienne in Beauvais kaum vor 1125 ansetzen. Das Querschiff folgte dem kurze Zeit darauf, gegen 1130.

Der Chor war, nach den Fundamenten der an diesem Platz verbliebenen Stützen zu urteilen, mit Kreuzrippen eingewölbt. Für das Querschiff war zunächst vielleicht eine einfache Gipsdecke vorgesehen, denn die Ecksäulen der Arme sind nicht in das Mauerwerk eingebunden. Für die Einwölbung entschloß man sich sicherlich im Fortgang der Arbeiten oder kurze Zeit darauf. Über den Kapitellen am Ansatz der Rippen sieht man im Hochrelief skulptierte Gestalten (Bild 58). Dieses eigenartige Detail findet man im Querschiff der Kirche von Cambronne und in einem Joch des nördlichen Seitenschiffs von

Bury wieder. Beide Bauwerke liegen im Süden von Beauvais und können in die Jahre um 1140 datiert werden. Die Kreuzrippengewölbe des Querschiffs von Saint-Étienne liegen auf spitzenbogigen Gurten und sind sauber gefugt. Die Stirnseiten der Querschiffarme haben innen wie außen ihre Fenster aus dem 12. Jahrhundert bewahrt. Die durch die Rundbogenfenster verursachte zweiteilige Gliederung war in der Romanik in ganz Nordfrankreich geläufig.

Wenn das Querschiff auch schon früh ein Gewölbe trug, so muß man sich das Mittelschiff doch uneingewölbt vorstellen. Es wurde die Vermutung geäußert, daß das ursprüngliche Mittelschiffgewölbe nach dem Brand von 1180 oder 1188 erneuert worden ist, doch trug das Schiff zunächst wohl nur eine Holzdecke. Die Seitenschiffe waren dagegen von Anfang an eingewölbt. Ein holzgedecktes Mittelschiff und eingewölbte Seitenschiffe, dieser Innenraum war seit der Mitte des 11. Jahrhunderts in der Normandie sehr geläufig (Jumièges). Der Einfluß der Nachbarregion ist im Langhaus von Saint-Étienne besonders offenkundig, denn sein Aufriß lehnt sich unmittelbar an Vorbilder der Normandie an. Es handelt sich um einen dreizonigen Aufriß, der allerdings nicht wie einst die Abteikirche Saint-Lucien die direkt durch Fenster beleuchteten Emporen aufweist. In Saint-Étienne besteht die Mittelzone zwischen den Arkaden und dem Obergaden vielmehr aus einer Reihe von Öffnungen, die direkt auf den Dachstuhl der Seitenschiffe führen (Bild 57), so daß wir es hier mit Scheinemporen zu tun haben. Eine vergleichbare Lösung gibt es im 11. Jahrhundert schon in der Normandie im Langhaus von Mont-Saint-Michel. Man begegnet ihr in der Ile-de-France in der Entstehungszeit von Saint-Étienne auch in der Kirche von Poissy.

Die Arkaden des Langhauses bestehen – abgesehen von den beiden jüngeren westlichen Jochen – aus gestelzten, gestuften und scharfgratigen Bögen. Der letzte Bogen vor dem Querschiff ist weniger hoch als die anderen, denn dieses Joch wurde zur selben Zeit wie das Querschiff errichtet. Die Arkaden ruhen auf rechteckigen Pfeilern. An der zum Mittelschiff ausgerichteten Seite ist ein Dienst vorgelegt, flankiert von zwei schlankeren Säulen. Alle drei laufen bis zum Gewölbeansatz empor. Eine weitere, dem Pfeiler eingebundene Säule findet sich zum Seitenschiff hin und zwei weitere nehmen den Innenbogen der Arkaden auf. Die Pfeilervorlagen im Hauptschiff waren wohl für die Einwölbung vorgesehen, doch sind sie zugleich ein Ausdruck der für die Romanik der Normandie bezeichnenden Vertikalität. Diese Gliederung wurde von der Ile-de-France seit dem 11. Jahrhundert übernommen, wie in den zunächst holzgedeckten Schiffen von Saint-Germain-des-Prés (Bild 4) und Morienval (Bild 22).

Die Öffnungen der Scheinemporen sind rundbogig und durch

zwei Bögen unter einem Bogenfeld unterteilt. Dies ist eine weitere für die Normandie typische Architekturform. Die schmucklosen Bögen umgibt ein Bandgesims, das auf den Wandflächen weiterläuft. Zwei kleine eingestellte Säulen, deren Deckplatten sich in einem zweiten Bandgesims fortsetzen, fangen den Hauptbogen auf. Die inneren Doppelbögen liegen auf drei weiteren kleinen Säulen. Die rundbogigen Obergadenfenster sind ausgeschrägt und schmucklos.

Das nördliche Seitenschiff wurde Ende des 12. Jahrhunderts erneuert, als man im Mittelschiff das Gewölbe einzog. Das südliche Seitenschiff bewahrte indessen in seinen östlichen Jochen das ursprüngliche Kreuzrippengewölbe. Das älteste eingewölbte Joch ist das an das Querschiff angrenzende. Seine Rippen haben ein rechteckiges, gefastes Profil. Die Rippen der drei folgenden Joche bestehen aus einem kräftigen Rundstab. Die Gurte mit den abgeschrägten Graten sind noch überhöhte Rundbögen. Die sauber gearbeiteten Gewölbesegmente ruhen aber nicht auf den Rippen, die nach einer sehr altertümlichen Bauweise in das Gewölbe eindringen. Der Aufriß der östlichen Joche des Langhauses folgt also annähernd der Konstruktion des Querschiffes.

Die Bildseiten

Oulchy-de-Château

39 *Das Mittelschiff, vom südlichen Seitenschiff aus gesehen.*
40 bis 42 *Kapitelle aus dem Mittelschiff.*
43 *Kapitell aus dem nördlichen Seitenschiff.*
44 und 45 *Kapitelle aus der Vierung.*

Berzy-le-Sec

46 *Die Kirche von Süden.*
47 *Kapitell aus dem Chor: Verkündigung und Heimsuchung.*
48 *Kapitell aus dem Chor: Geburt Christi.*
49 *Chor.*
50 und 51 *Kapitelle aus dem Chor.*

Beauvais · Saint-Lucien

52 *Kopf eines Königs aus der Kirche Saint-Lucien in Beauvais, heute im Museum der Stadt.*

Beauvais · Saint-Étienne

53 *Das Langhaus und die Vierung von Südwesten.*
54 *Die Fensterrose vom Nordarm des Querschiffs: Glücksrad.*
55 *Ausschnitt aus den Archivolten des Nordportals.*
56 *Das Tympanon des Nordportals.*
57 *Blick in das Mittelschiff aus dem nördlichen Seitenschiff.*
58 *Konsole im Südarm des Querschiffs.*

40

41

42

43

44

BERZY-LE-SE

45

46

50

51

BEAUVAIS

52

53

54

55

56

57

58

VOISINLIEU

59

60

62

MONTMILLE

BURY

64

65

67

68

69

70

71

CAMBRONNE

72

73

74

VILLERS-SAINT-PAUL

75

76

78

SAINT-LEU D'ESSERENT

Voisinlieu

59 *Typisches Gesims des Beauvaisis am Querschiff der Maladrerie.*
60 *Die Maladrerie von Nordwesten.*
61 *Das Mittelschiff der Maladrerie, vom nördlichen Seitenschiff aus gesehen.*

Montmille

62 *Krypta.*

Bury

63 *Kapitell: Martyrium des heiligen Dionysius.*
64 und 65 *Kapitelle.*
66 und 67 *Figuren am Anfänger der Rippen im nördlichen Seitenschiff.*
68 *Nördliches Seitenschiff.*
69 und 70 *Figuren am Anfänger der Rippen im nördlichen Seitenschiff.*

Cambronne

71 *Kapitell und Figur am Anfänger einer Rippe.*
72 *Nördliches Seitenschiff.*

Villers-Saint-Paul

73 *Nördliches Seitenschiff und Mittelschiff.*
74 und 75 *Kapitelle.*
76 *Oberer Teil des südlichen Obergadens.*
77 *Westportal.*

Saint-Leu-d'Esserent

78 *Westfassade.*

Montmille

Einige Kilometer von Beauvais entfernt erinnert die kleine Kirche von Montmille an eine uralte Legende. Der heilige Lucianus, dessen Geschichte der des heiligen Dionysius gleicht, erlitt im 4. Jahrhundert an dieser Stelle mit seinen beiden Gefährten Maximianus und Julianus das Martyrium. Vor der Revolution gehörte die Kirche zum Priorat Saint-Maxien, das von der Abtei Saint-Lucien in Beauvais abhing.

Das bescheidene Bauwerk hat zu einem nicht bekannten Zeitpunkt seine Seitenschiffe verloren. Die Bauweise in Kleinquaderwerk erinnert an die Basse-Œuvre in Beauvais. Der Gesamteindruck läßt erahnen, daß die Kirche im frühen 11. Jahrhundert erbaut worden sein muß.

Außen erkennt man besonders an der Nordseite des Langhauses die Spuren der großen, nach dem Abriß der Seitenschiffe zugemauerten rundbogigen Arkaden, die auf viereckigen Pfeilern ruhten. Die schmucklosen Obergadenfenster liegen in der Achse der Arkaden.

Von der Westfassade blieben nur die Giebelmauer, die das Mittelschiff abschließt, eine Tür mit Türsturz in einem rundbogigen Entlastungsbogen und ein ebenfalls rundbogiges Fenster in der Mitte darüber. Der Giebel ist durch ein Kranzgesims auf Kragsteinen abgesetzt und von in zwei Reihen angeordneten, kleinen dreieckigen Öffnungen durchbrochen, die jeweils von drei Steinfliesen eingefaßt sind. Das Relief in der Mitte der Fassade, das Christus am Kreuz zeigt, ist aller Wahrscheinlichkeit nach später entstanden.

Das Querschiff springt nur deshalb so weit vor, weil die Seiten-

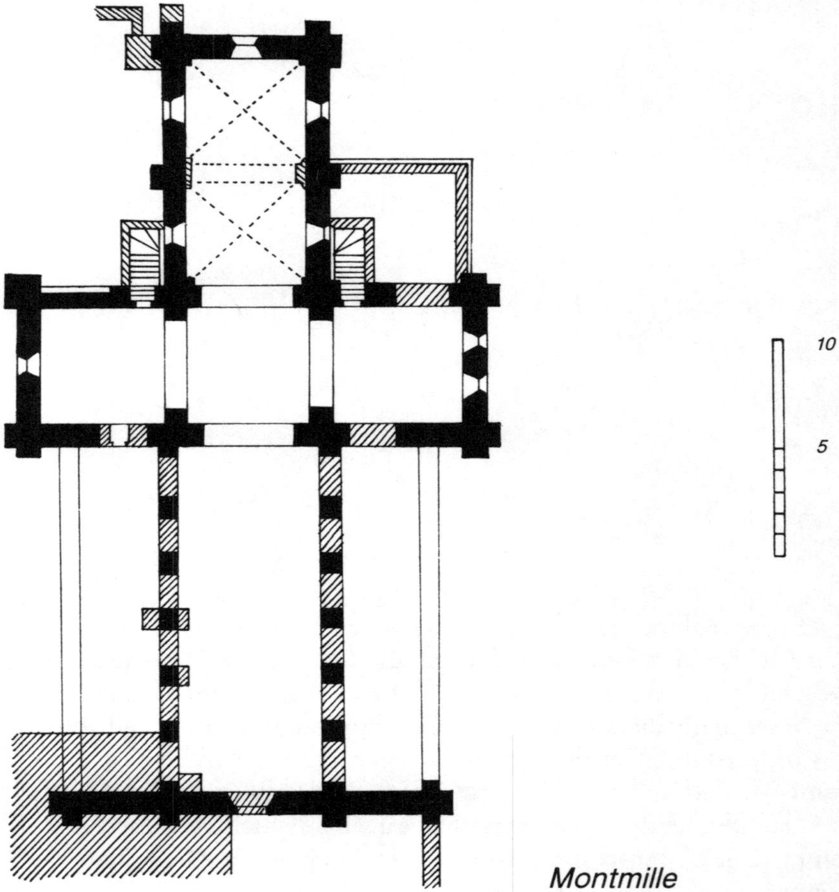

Montmille

schiffe beseitigt wurden. Spuren der einstigen Öffnungen in die Seitenschiffe zeichnen sich noch in der Westmauer des Nordarms ab, wo man eine Tür einsetzte. Jenseits des Querschiffs erstreckt sich der rechteckige, sehr schlichte Chor, im letzten Joch durch zwei übereinanderliegende Fensterreihen erhellt, von denen die untere zur Krypta gehört. In die Krypta unter dem Chor führen, ausgehend von den beiden Querschiffarmen, zwei Treppen links und rechts vom ersten Chorjoch. Auf der Südseite wurde der Zugang durch einen späteren Anbau aufgehoben. Ein moderner Glockenturm ragt über der Vierung auf.

Im Innern bietet sich nunmehr der Anblick einer durch Obergadenfenster beleuchteten Saalkirche. Weder das Lang- noch das Querhaus waren jemals überwölbt. In allen Wänden der Querschiffarme ist recht hochliegend ein Rundbogenfenster eingelassen. Die Stirnwand des Südarms besitzt zwei Fenster. Einfache Rundbögen trennen die Vierung vom Querschiff.

Auch der Chor ist nicht eingewölbt, doch muß er ursprünglich Kreuzgratgewölbe getragen haben, denn Eugène Woillez hat im 19. Jahrhundert Spuren von Gewölbeansätzen festgestellt. Der Chor besteht aus zwei Jochen. Das erste erhellen zwei Fenster, das zweite drei, davon eines in der Mittelachse. Das einzige Schmuckelement bilden die Ecksäulen, deren Kapitelle mit breiten, glatten Blättern skulptiert sind.

Vom Querschiff aus gelangt man in die Krypta, die unter den beiden Chorjochen liegt und deren rechteckiger Form angepaßt ist (Bild 62). Auch die Krypta besteht aus zwei Jochen, unterteilt durch zwei den Seitenmauern vorgelegten Pfeilern und einen rundbogigen Gurtbogen. Beide Joche sind kreuzgratgewölbt; das erste blieb blind, das zweite wird durch drei kleine Öffnungen beleuchtet.

In ihrer Nüchternheit gehören die Kirche und die Krypta von Montmille in die Nachfolge der Basse-Œuvre von Beauvais und damit in die Anfangszeit der romanischen Stilepoche.

Voisinlieu · Saint-Lazare

Etwa anderthalb Kilometer südöstlich von Beauvais, in Voisinlieu, einem heutigen Vorort, ist das ehemalige Siechenhaus erhalten geblieben. Fast alle größeren Orte verfügten einst über derartige karitative Einrichtungen, die aus Furcht vor Ansteckung abseits der Ansiedlungen für unheilbar oder ansteckend Kranke, insbesondere aber für Leprakranke gegründet wurden. Nur selten blieb ein solches Gebäude erhalten. In Voisinlieu besteht aber noch eine gewaltige Scheune aus dem 13. Jahrhundert und daneben die bescheidene romanische Hospitalkirche. Die Kirche scheint aus dem 12. Jahrhundert zu stammen, mit Ausnahme des Glockenturm, den man später auf dem ersten Joch der Kirche errichtete. Seine beiden Stockwerke mit Spitzbogenfenstern dürften nicht vor Ende des 12. Jahrhunderts gebaut worden sein.

In die sehr nüchterne Fassade ist ein Portal und darüber ein rundbogiges Fenster eingelassen (Bild 60). Das Portal rahmen zwei Säulen mit Palmettenkapitellen. Eine rundbogige Archivolte aus Rundstäben umgibt das Tympanon, das an die Bogenstellung oberhalb des Nordportals von Saint-Étienne erinnert, denn einfache geometrische Motive, in vier Lagen übereinander angeordnete Sechsecke, füllen die Fläche. Beim Umgang um die Kirche stößt man wiederum auf das für das Beauvaisis charakteristische Kranzgesims (Bild 59) und auf zwei später angefügte Kapellen. Das rechteckige Chorhaupt besitzt auf jeder Seite ein Fenster. Im Innern zeigt das Langhaus den traditionellen zweizonigen Aufriß durch die Arkaden und die rundbogigen Obergadenfenster unter einem offenen Dachstuhl (Bild 61). Weniger häufig begegnet man achteckigen Pfeilern, die Kapitelle mit breitem, flachem Blattschmuck tragen. Das erste Chorjoch wurde beim Bau des Glockenturms verändert und nachträglich mit einem Kreuzrippengewölbe gedeckt, während das zweite Joch, das einer Apsis entspricht, ein Kreuzgratgewölbe trägt.

Bury

Geschichte

Die Kirche Saint-Lucien in Bury liegt rund zwölf Kilometer nordwestlich von Creil und etwa zehn Kilometer südlich von Clermont. Schon Ende des 11. Jahrhunderts stand an diesem Platz eine Kirche, denn ein Priester namens Albert gründete hier im Jahre 1078 ein Kollegiatsstift; im Jahre 1085 schenkte der französische König Philipp I. die Kirche der Abtei Saint-Jean-d'Angély.

Die heutige Kirche ist später entstanden. Das Langhaus wurde Anfang des 12. Jahrhunderts errichtet und kurze Zeit darauf mit Kreuzrippen eingewölbt, vermutlich gegen 1140. Der Fassade fügte man gegen Ende des 12. Jahrhunderts im Süden einen Treppenturm an. Das Querschiff und der rechteckige Chor sind gotische Bauteile des 13. Jahrhunderts.

Besichtigung

Der Außenbau

Die sehr schlichte Kirchenfassade ist seitlich von Strebepfeilern eingefaßt. Den Mittelteil beleben ein rundbogiges Portal und drei ebenfalls rundbogige Fenster.

Das Portal umschließt eine Tür mit gemauertem Türsturz unter einem Entlastungsbogen in Form eines Korbbogens, der das Tympanon überschneidet und eine spätere Zutat sein dürfte. Das Gewände und die Archivolten sind dagegen Arbeiten des 12. Jahrhunderts. Das Gewände schließt bündig mit der Fassade ab. Jede Seite ist mit vier Diensten geschmückt, die auf einem Sockel stehen. Die Kapitelle und deren Deckplatten bilden oben einen Fries, der sich bis zu den Strebepfeilern fortsetzt. Die Kapitellplastik zeigt Palmetten, mehr oder weniger große Eckköpfe und Vögel. Am Bogenrücken umgibt die Archivolten ein Schrägband, das von zwei plastischen Figuren ausgeht, deren Relief über den Rand der Deckplatte hinausragt. Die innere Archivolte ist durch einen Rundstab begrenzt und auf der Vorderseite mit einem Zickzackband geschmückt. Ein einfacher, kräftiger Rundstab bildet das Profil der zweiten Archivolte, während die dritte wiederum einen großen Zickzackrundstab aufweist, der jedoch größer und offener als derjenige des inneren Bogens ist. Ein weiterer Rundstab säumt die äußere Archivolte. Der verhältnismäßig einfache Schmuck hat eine schöne, plastische Wirkung.

Der runde Eckturm wurde nachträglich an die Fassade angebaut. Er trägt eine mehrflächige, für einen Treppenturm recht hohe und mit Schuppenmotiven geschmückte Steinspitze.

Das nördliche Seitenschiff läßt noch zwei zugemauerte romanische Portale erkennen. Ein weiterer Eingang ist in der Nähe der Fassade im südlichen Seitenschiff sichtbar. Die Fenster der Seitenschiffe und der Hochschiffwand sind rundbogig. Der rahmende Bogen der Obergadenfenster, die zum Teil bei der Erhöhung des Seitenschiffdachs zugemauert wurden, ist mit Diamantspitzen geschmückt. Die Mauer schließt mit einem in der Art des Beauvaisis gestalteten Kranzgesims aus unterteilten Blendbögen ab.

Der Innenraum

Das Langhaus war vermutlich zunächst nicht eingewölbt gewesen, denn die Stützen der Arkaden scheinen in Kämpferhöhe eingekerbt worden zu sein, um den drei Säulenvorlagen Platz zu bieten, die zu den Gurtbögen und den Gewölberippen aufsteigen. Diese drei, je einem Pilaster vorgelegten Halbsäulen sind im übrigen nicht mit der Mauer verbunden.

Indessen dürften die Gewölbe nicht sehr lange nach der Fertigstellung des Schiffs eingezogen worden sein, denn der Schmuck des Langhauses deutet bereits offenkundig die weiterentwickelten Formen an. Das Langhaus besteht aus vier sehr breiten Jochen. Deswegen wirken die großen spitzbogigen Arkaden gedrungen. Sie bestehen aus zwei Reihen reich dekorierter Keilsteine. Die untere Reihe ist durch zwei rautenartig angeordnete Zickzackstäbe und am Bogenrücken durch ein vorspringendes Zickzackband hervorgehoben. Die Arkaden ruhen auf rechteckigen Pfeilern, deren Ecken durch die Säulenvorlagen abgemildert sind. Zwei kräftigere Halbsäulen tragen den inneren Arkadenlauf.

Wie am Fassadenportal setzen sich die Deckplatten in einem stark vorspringenden Gesims fort. Die Kapitelle lassen ein deutlich hervortretendes Relief von schweren Formen erkennen. Die meisten sind mit einem Flechtwerk von Zweigen mit großen, sich einrollenden Blättern, Perlschnüren und stilisierten Früchten überzogen (Bild 64). Im nördlichen Seitenschiff findet man zwei erzählende Szenen. Die eine zeigt wahrscheinlich das Martyrium des Patrons der Kirche, des heiligen Lucianus. Er steht mit dem abgeschlagenen Haupt in Händen zwischen dem heiligen Petrus und einem Henker (Bild 63). Kleine, von Giebeln überragte Arkaturen schmücken den oberen Teil des Kapitells. Auf einem weiteren Kapitell sieht man einen Mann, der die Erde umgräbt (Bild 65) und einen anderen, der Reben ausschneidet. Die Fenster der Seitenschiffe und der Obergaden besitzen keinen Dekor. Ihr Rundbogen öffnet sich in einer tiefen Ausschrägung.

Die Gewölbe des Hauptschiffs und des nördlichen Seitenschiffs wurden erst später eingezogen. So gehören die Kapitelle ihrer Stützen hier einem anderen Stil an. Den Kapitellschmuck bilden hohe, flache Blätter, die sich als Voluten in den oberen Ecken einrollen. Schildbögen finden sich nur im ersten Joch. Das rechteckige Profil der spitzbogigen Gurte ist in den ersten Jochen durch Hohlkehlen abgemildert. Den dritten Gurt ziert ein Zickzackband (Bild 68). Die Rippen bestehen aus einem Grat zwischen zwei Rundstäben. Das Profil und die Stärke der Bögen bestätigen eine Datierung kurz vor die Mitte des 12. Jahrhunderts, obgleich die Kapitelle, die den Rippen entsprechen, schräg eingefügt sind.

Das dritte Gewölbe des nördlichen Seitenschiffs ist besonders interessant, denn hier wurden am Rippenansatz gekrönte Gestalten skulptiert (Bild 66, 67, 69 und 70). Dieser Eigentümlichkeit begegnet man auch im Querschiff von Saint-Étienne in Beauvais (Bild 58). Wie in dem Bogengesims außen zeigt sich darin die Bindung dieser Kirche an das Beauvaisis.

Cambronne

Geschichte

Saint-Étienne von Cambronne-lès-Clermont liegt ungefähr vier Kilometer von der Kirche in Bury entfernt. Die beiden Kirchen haben manche Gemeinsamkeit.

Die Kirche von Cambronne muß vor 1145 gebaut worden sein, also vor dem Jahr, in dem sie in einer Urkunde des Bischofs von Beauvais, Eudes III., erwähnt wird. Wahrscheinlich wurden damals einschneidende Veränderungen durchgeführt, um das Haupt- und das Querschiff einzuwölben und um einen Vierungsturm zu errichten.

Mathilde, Comtesse de Clermont und Gemahlin des Königs Alphonso III. von Portugal, ließ das südliche Seitenschiff und den rechteckigen Chor wiederaufbauen, der dann im Jahre 1239 geweiht wurde. Beide Bauteile gehören bereits der Gotik an.

Besichtigung

Der Außenbau

Der Giebel der Westfassade wurde ebenfalls im 13. Jahrhundert erneuert, doch stammt der untere Teil noch aus dem 12. Jahrhundert.

In der Mitte öffnet sich das rundbogige Portal, dessen Tympanon mit rautenförmigen Motiven gefüllt ist. In jede Seite des Gewändes sind Säulen eingestellt, die den beiden mit Rundstäben profilierten Archivolten entsprechen. Das in der Achse darüber liegende Fenster ist mit einer Art Diamantfries geschmückt. Ein weiteres Fenster öffnet sich in dem das südliche Seitenschiff abschließenden Fassadenabschnitt. Der Rundbogen, den eine Reihe perlenförmiger Sterne ziert, ruht beidseitig auf einer Maske.

Nur die Nordseite stammt mit ihren Rundbogenfenstern und dem für das Beauvaisis typischen Kranzgesims, dem unterteilten Blendbogenfries, aus dem 12. Jahrhundert. Auch die Obergadenfenster sind rundbogig. Das obere Kranzgesims ist etwas anders gestaltet: Seine Deckplatten liegen auf einfachen, abgekanteten Arkaturen. Die Stirnwand des Nordarms ist von einem Okulus durchbrochen, der allerdings bescheidener ist als die Rose von Saint-Étienne in Beauvais. Ihn flankiert ein kleiner Treppenturm, der Zugang zum Glockenturm gibt.

Der Glockenturm seinerseits erhebt sich über der Vierung und umfaßt zwei achteckige Geschosse, bekrönt von einer Steinspitze. Das erste Geschoß erhellen acht rundbogige Öffnungen, in deren gestuftem Bogen ein Rundstab liegt. Zwei kleine Säulen sind zu beiden Seiten eingestellt. Das zweite Geschoß ähnelt dem ersten, doch sind die Öffnungen hier spitzbogig. Ein Kranzgesims nach der Art des Beauvaisis trennt dieses Stockwerk von der Spitze, die mit dreieckigen Einkerbungen versehen ist. Trotz des Kranzgesimes kommt der Glokkenturm den Türmen des Seinetals näher als denen des Beauvaisis.

Der Innenraum

Wie in Bury scheint das Schiff später eingewölbt worden zu sein. Es besteht aus vier Jochen und hat einen zweizonigen Aufriß. Die drei Säulenvorlagen an den Pfeilern und Wänden wurden im Zuge der Einwölbung hinzugefügt. Der Aufriß blieb nur im Norden gut erhalten. Im Süden wurden die Arkaden beim Wiederaufbau des südlichen Seitenschiffs im 13. Jahrhundert überhöht. Auf der Nordseite sieht man große spitzbogige Arkaden, in deren Abstufung ein Rundstab eingelegt ist. Die rechteckigen Pfeiler besitzen schlanke Dienste an den Ecken und zwei kräftigere Säulen unter der inneren Rundung der Bogenstellung. Zusätzlich zu den drei Säulenvorlagen, die das Gewölbe des Hauptschiffs stützen, wurden drei weitere im Seitenschiff hochgezogen. Die Kapitelle sind mit stilisiertem Laubwerk, großen

Blättern und Palmetten in weniger hervortretendem Relief als in Bury skulptiert. Die rundbogigen, ausgeschrägten Obergadenfenster öffnen sich schmucklos in der Achse der Arkaden. Die Gewölbe besitzen keine Schildbögen. Die Gurtbögen haben ein rechteckiges Profil mit abgeschrägten Graten, die Rippen die Form eines kräftigen Rundstabs, der mandelförmig zuläuft.

Die Außenmauer des auf gleiche Art eingewölbten nördlichen Seitenschiffs ist durch eine spitzbogige Arkatur aufgelockert (Bild 72). Die Gewölbe des Querschiffs sind bemerkenswerter, obgleich das Vierungsgewölbe mit dem Gewölbetypus des Haupt- und Seitenschiffs übereinstimmt. Dagegen laufen die Rippen der Querschiffarme weiter hinunter als die Gurtbögen und enden in Eckdiensten, deren Kapitelle mit Masken und recht derben Motiven geschmückt sind. Die Deckplatten lassen Spuren von eingravierten Zeichnungen erkennen. Um die unterschiedliche Höhe der Bögen auszugleichen, oder einfach unter dem Einfluß des Querschiffs von Saint-Étienne in Beauvais (Bild 58), schuf man Figuren von kräftigem Relief und groben Formen, die den Anfänger der dicken Rippen verdecken (Bild 71). Im Unterschied zu den übrigen Rippen der Kirche werden diese durch einen Grat zwischen zwei Rundstäben gebildet. Lefèvre-Pontalis hat vermutet, daß die Gewölbe der Querschiffarme älter sind als die übrigen. Das bestätigt sich auch durch ihr archaisches Aussehen. Die Vierung wurde wenig später beim Bau des Glockenturms eingewölbt. In dieser Bauperiode scheint auch das Gewölbe des Hauptschiffs entstanden zu sein.

Das rautenförmig gemusterte Tympanon des Portals, das Kranzgesims des nördlichen Seitenschiffs und die Gewölbe der Querschiffarme zeigen eine Kunst an, die in unmittelbarer Beziehung zu der von Beauvais steht. Der Glockenturm hingegen verrät einen südlicheren Einfluß. So erscheint die Kirche Saint-Étienne in Cambronne wie ein Markstein auf halbem Weg zwischen dem Tal der Seine und der Region von Beauvais.

Villers-Saint-Paul

Geschichte

Die Kirche von Villers-Saint-Paul liegt am rechten Ufer der Oise, nördlich der Stadt Creil. Obwohl nur rund zwanzig Kilometer westlich von Verberie, gehört diese Kirche zur einstigen Diözese von Beauvais und zum Nordwesten der Ile-de-France.

Ihre Architektur läßt zwei deutlich zu unterscheidende Bauperioden erkennen: Das Langhaus und die Fassade müssen im zweiten Viertel oder gegen Mitte des 12. Jahrhunderts errichtet worden sein; das Querschiff und der Chor stammen aus dem 13. Jahrhundert und stehen an Stelle eines ursprünglich wahrscheinlich viel bescheideneren Chorhauptes. Der am Nordarm des Querschiffs angebaute Glockenturm entstand ebenfalls nicht vor dem zweiten Viertel des 13. Jahrhunderts.

Besichtigung

Der Außenbau

Die Fassade rahmen zwei vorspringende Strebepfeiler, zwischen denen ein nur wenig hervortretender, übergiebelter Portalvorbau liegt

(Bild 77). Laut Lefèvre-Pontalis wurde dieser Vorbau später vorgelegt, und in der Tat wirkt er wie appliziert. Doch scheint die Fassade für einen solchen Vorbau geschaffen gewesen zu sein. Dafür spricht die Art der Portalöffnung wie auch die Form und Anordnung der darüberliegenden Fenster, die ohne die Giebelform nicht denkbar ist.

Über der Giebelspitze öffnet sich in der Mitte ein sehr hoch eingelassener Okulus. Sein Sägezahnband greift in das horizontale Gesims ein, das sich unterhalb des Giebels erstreckt. Zwei spitzbogige, etwas tiefer liegende Fenster rahmen den Okulus und passen sich so den beiden Giebelschrägen an. Um die Spitzbögen herum verläuft ein Sägezahnband, das sie durch zwei gebogene Elemente in Form eines Spitzbogenansatzes mit dem Okulus verbindet. Der Fries setzt sich beiderseits der Fenster bis zu den Strebepfeilern fort. Das horizontale Giebelgesims ist reich ornamentiert und durch einen kräftigen mit Ringen besetzten Rundstab betont. Eine Tür öffnete sich früher auf das Seitenschiff.

Über der rechteckigen Mitteltür liegt ein rundbogiges gemauertes und schmuckloses Tympanon, unterstrichen durch einen kräftigen Rundstab als Türsturz. Links und rechts sind den vorspringenden Pfosten zwei eingebundene Säulen vorgelegt. Ihre durch eine Hohlkehle profilierten Basen setzen sich wie auch der darunterliegende Sockel im Gewände des Portalvorbaus kontinuierlich fort. Dasselbe gilt für die Kapitelle, die einen fortlaufenden Fries bilden. Sie sind auf der rechten Seite mit aufgeblähten, voluminösen, teils gestreckten, teils sich einrollenden Palmetten skulptiert und auf der linken Seite mit Blattwerk und sich einrollenden Zweigen. In die Ausschrägung des mehrfach gestuften Gewändes sind auf jeder Seite vier schlanke Säulen eingestellt, die gleichmäßig wie das Türgewände gemauert sind. Eine kräftigere eingebundene Säule betont die vordere Kante des Portalvorbaus. In die weniger ausgeschrägten, ebenfalls gestuften Außenwände sind zwei schlankere Säulen und ein Pilaster an der Fassadenwand eingemauert. Die zurückspringenden Kanten der Stufung zeichnen schmale vertikale Grate zwischen den eingebundenen Säulen. Das Portal ist also reich gegliedert und scheint sorgfältig auf eine Gesamtwirkung abgestimmt worden zu sein.

Über den Säulen spannen sich die rundbogigen, skulptierten oder profilierten Archivolten. Die innere Archivolte ist zum einen in der Bogenlaibung, zum anderen auf der Stirnseite mit zwei Rundstäben in Zickzackform versehen. Die zweite Archivolte besteht aus einem kräftigen Rundstab. Die dritte nimmt das Zickzackmotiv der ersten Archivolte mit einem noch dickeren Rundstab wieder auf. Die vierte schließlich ist mit einem Ornament verziert, das Diamantspitzen mit abgerundeten Konturen ähnelt. Diese vier Archivolten umgibt auf dem Bogenrücken ein starker Zinnenkranz, der auf den beiden kräftigen Säulen ruht, die der Stirnseite des Vorbaus anliegen. Ganz außen wird alles von einem fein stilisierten Laubfries eingefaßt.

Der Giebel selbst liegt auf zwei Pfeilern mit Säulenvorlagen, deren Deckplatten bis zum Laubfries verlängert sind. Die beiden Giebelschrägen sind ebenfalls von einem vorspringenden Laubfries gesäumt. Ein kleines rechteckiges, recht verwittertes Relief im gemauerten Giebelfeld zeigt eine Person auf einem stilisierten Löwen.

Das Portalensemble von Villers-Saint-Paul scheint in dieser Region eins der am weitesten entwickelten und reichsten Portale mit übergiebeltem Vorbau zu sein. Es ist ohne Zweifel auch eins der jüngsten und kann kaum vor die Mitte des 12. Jahrhunderts datiert werden.

Die Seitenwände des Langhauses haben zum großen Teil ihr ursprüngliches Aussehen bewahrt. Zwei Fensterreihen erhellen das Seiten- und das Hochschiff.

Die Strebepfeiler an den Seitenschiffen bilden im oberen Teil paarweise eingebundene Säulen, sehr ähnlich wie an den Strebepfeilern von Saint-Étienne in Beauvais. Das Kranzgesims ist hier an den Seitenschiffen in der für das Beauvaisis charakteristischen Weise mit den kleinen unterteilten Blendarkaden anzutreffen. Das obere Kranzgesims des Hauptschiffs ist besonders interessant. Die mit Figuren und geometrischen Formen geschmückten Kragsteine wechseln mit langgezogenen Platten ab, die mit liegenden Figuren skulptiert sind, mit Vierfüßlern, die manchmal paarweise gegenübergestellt, manchmal vereinzelt dargestellt sind, wie das Tier, das einem Pferd ähnelt und Feuer zu spucken scheint (Bild 76). Daneben begegnet man auch Motiven aus Blatt- und Rankenwerk.

Der Innenraum

Das flachgedeckte Langhaus besteht aus sechs Jochen. Die Obergadenfenster befinden sich über den Arkaden. Zwei Säulenvorlagen zu beiden Seiten des Hauptschiffs unterteilen es in zwei Abschnitte. Einst spannte sich darüber vermutlich ein Querbogen, denn zwei Bögen, die den Stützen entsprechen, sind in den Seitenschiffen erhalten. Man kann sich also einen mit dem Langhaus von Sainte-Gertrude in Nivelles (Belgien) vergleichbaren, in seinen Proportionen allerdings viel bescheideneren Baukörper vorstellen.

Die spitzbogig gestuften Arkaden liegen auf quadratischen Pfeilern mit Hohlkehlen an den Kanten und mit zwei Halbsäulen unter dem inneren Bogen der Arkaden (Bild 73). Die Kapitelle dieser Pfeiler tragen Deckplatten, deren Schrägen mit Streifen oder Rankenwerk geschmückt sind. Die Form der Kapitellkörper ist langgestreckter als diejenige in Morienval oder Oulchy-le-Château, mit denen man sie verschiedentlich vergleicht. Ihre vertikal dreiteilige und symmetrische Komposition wirkt jedoch geschlossener, ihr Relief löst sich klarer vom Hintergrund. Diese Skulpturen gehören einer jüngeren Epoche an, wahrscheinlich dem zweiten Viertel des 12. Jahrhunderts. Aber wie im Nordosten der Ile-de France ist die Modellierung stärker gerundet und plastischer, als man es von der Skulptur der Normandie kennt. Einige Körbe werden in ihrer Struktur klar durch große, tief gerippte, an den oberen Ecken eingerollte und sich vom Hintergrund lösende Blätter betont (Bild 74). Andere bilden Voluten (Bild 75) oder tragen stilisierte Früchte, zum Beispiel Pinienzapfen. Ein Kapitell zeigt eine szenische Darstellung, ein Martyrium, in dem gleichen für die Ile-de-France charakteristischen weichen, gerundeten Relief.

Wieder ein anderes Kapitell ist mit Zweigwerk und symmetrisch angeordneten Blüten verziert und trägt an den oberen Ecken zwei riesige, monströse Dämonenköpfe, deren hervortretendes Relief mit dem pflanzlichen Ornament kontrastiert.

Die rundbogigen Obergadenfenster und die rundbogigen Fenster der Seitenschiffe sind von einem fortlaufenden Rundstab mit Sternenmotiven eingefaßt. Dieser Dekor an den Öffnungen, den man in den Schiffen des 11. Jahrhunderts nicht kannte, die Form der Arkaden und die Hohlkehlen an den Pfeilern zeigen, daß das Schiff, entgegen der Annahme von Lefèvre-Pontalis, zur selben Zeit wie die Fassade, also gegen 1140, errichtet worden sein muß.

Saint-Leu-d'Esserent

Geschichte

Das ehemalige Priorat Saint-Leu in Saint-Leu-d'Esserent liegt in beherrschender Lage auf einem Bergkamm über dem rechten Ufer des Oisetals, etwa zehn Kilometer westlich von Senlis. Im Jahre 1081 von Hugues de Dammartin gegründet, war es einstmals abhängig von der großen burgundischen Abtei Cluny.

Über die erste Kirche vom Ende des 11. Jahrhunderts wissen wir, daß sie an dem Platz des heutigen Langhauses stand und mit drei Ostapsiden in Höhe des achten Joches abschloß. Zwei Kapitelle dieses ersten Kirchengebäudes sind noch in der Rückwand der Fassade erhalten.

Im Laufe des zweiten Viertels des 12. Jahrhunderts setzte man vor die Fassade einen großen Westbau mit einer Kapelle im Obergeschoß (Bild 78). Hier verbinden sich wiederum romanische Grundzüge mit Kreuzrippengewölben, wie es für diese Epoche in der Ile-de-France so häufig zu beobachten ist.

Die übrigen Bauteile der Kirche sind gotisch. Das Chorhaupt mit Chorumgang und Kranzkapellen fügte man im dritten Viertel des 12. Jahrhunderts im Osten des romanischen Schiffs an. Interessant ist die Beobachtung, daß der Chor noch in der Tradition der Chöre des 11. Jahrhunderts (Saint-Germain-des-Prés, Morienval) von zwei Türmen flankiert wird. Diese Glockentürme scheinen sich von Türmen der Region abzuleiten, wie wir sie in Senlis und im Valois finden. Doch im

Gegensatz zu Morienval und Saint-Germain-des-Prés hat Saint-Leu-d'Esserent kein Querschiff. Das romanische Langhaus wurde in der Folgezeit zerstört und gegen Anfang des 13. Jahrhunderts durch ein neues Schiff ersetzt, das das Chorhaupt mit der Vorhalle verbindet.

Zwischen 1882 und 1885 wurde die Kirche einschließlich des Vorbaus durch Selmersheim restauriert. Nach der Zerstörung des letzten Krieges fanden unter J. P. Paquet erneut Instandsetzungsarbeiten statt. Im Norden der Kirche blieben noch einige Gebäude und Keller des Priorats erhalten.

Besichtigung

Der Westbau

Der Außenbau

Vor der Fassade bildet der tiefe Westbau ein Joch, ein mächtiges dreischiffiges Massiv. Das Erdgeschoß ist durch drei große Öffnungen durchbrochen, die sich wie drei Portale in die Fassade einfügen, und durch zwei Öffnungen in den Seitenwänden (Bild 78). Das zweite Geschoß hat sechs Öffnungen in der Schaufront und zwei zu beiden Seiten. Strebepfeiler an den Ecken und an der Fassadenwand teilen diese deutlich in drei vertikale Abschnitte. Im unteren Geschoß runden kleine Ecksäulen die Kanten der Strebepfeiler ab. Dieses Detail findet man an der Fassade der Kathedrale von Chartres wieder. Der horizontale Rhythmus wird hingegen unterhalb der Fenster durch ein auch über die Strebepfeiler fortlaufendes Gesims unterstrichen, das mit Palmetten skulptiert ist. Ein Kranzgesims aus kleinen Arkaden auf Kragsteinen, das an das Kranzgesims des Beauvaisis erinnert, bildet den Abschluß des Obergeschosses. Über dem südlichen Schiff erhebt sich ein mächtiger quadratischer Turm, bekrönt von einer achteckigen Spitze. Ein zweiter Turm war im Norden vorgesehen, wie Lefèvre-Pontalis bemerkte. Der Gesamteindruck erinnert an das Westmassiv von Saint-Denis, wenn es auch noch deutlicher romanisch und weniger tief ist. Ein kleiner Treppenturm liegt an der Südseite des Glokkenturms an. Er steht mit dem Schiff in Verbindung und bildet den Eingang zur Kapelle im Obergeschoß des Vorbaus.

Im Erdgeschoß rahmen spitzbogige Archivolten die drei Öffnungen der Fassade. Die mittlere Öffnung ist höher und trägt einen verhältnismäßig spitzen Giebel. Das Gewände und der Giebel kragen aus der Fassadenwand vor, wie es bei diesem regionalen Portaltypus üblich ist, doch kommt das hier kaum zum Tragen, denn die Außenseiten gehen in den Mauervorsprung der angrenzenden Strebepfeiler über. In das Gewände sind zu beiden Seiten sechs kleine Säulen auf einem gestuften Sockel eingestellt. Alle Basen und Kapitelle wurden im 19. Jahrhundert erneuert. Die Archivolten sind mit einem Rundstab, vier Reihen Zickzackornament und einem Palmettenband geschmückt. Der gemauerte Giebel ist leer. Auch die beiden Seiteneingänge werden in geringerer Anzahl durch kleine Säulen und Archivolten gerahmt. Zwei Zwillingsarkaden sind unter einem Bogenfeld zusammengefaßt. Die offene Bogenstellung auf der Nordseite ist vollständig erneuert. Sie diente ursprünglich als direkter Zugang zum Kreuzgang des Priorats. Die südliche, beidseitig von Säulen eingefaßte Bogenstellung, ist ebenfalls spitzbogig und besteht aus zwei Reihen geschmückter Keilsteine und kräftigen Zickzackfriesen zwischen Rundstäben und einem Band von kleinen sechsblättrigen Blüten.

Im oberen Geschoß sind die Fenster im Gegensatz zu den Öffnungen des Erdgeschosses alle rundbogig. Sie liegen paarweise zwischen den Strebepfeilern der Fassadenwand, während in die Seiten Einzelfenster eingelassen sind. Die Rahmen der Doppelöffnungen sind durch Rundstäbe profiliert, die jeweils auf vier eingebundenen Säulen ruhen.

Der zweigeschossige Südturm wird im unteren Stockwerk von Strebepfeilern flankiert, die die Vorhalle verlängern. Sie enden in einer Abdachung unter dem Bandgesims des zweiten Geschosses. Rundbogige Zwillingsfenster öffnen sich auf jeder Seite, gerahmt wie die Fenster der Kapelle, doch schmäler und höher. Die Säulen entsprechen dem Profil der Bogenstufung, in die ein Rundstab eingelegt ist. Die Deckplatten der Kapitelle setzen sich als Band rings um den Turm fort. Das zweite Geschoß ist wesentlich reicher ausgeschmückt. Zwei breite rundbogige, durch eine Mittelsäule in zwei Arkaden unterteilte Öffnungen beleben jede Seite. Die kleinen Bogenstellungen schmückt ein Rundstab, während die großen durch zwei Rundstäbe und ein Band auf dem Bogenrücken betont sind. Vier kleine Säulen zieren das Gewände. Die Kapitellkörper und die Deckplatten finden ihre Fortsetzung in einem den Turm umlaufenden Fries. Verwitterte, kleine Säulen betonen darüber die Turmecken. Weitere eingebundene Säulen verbinden die Spitze der großen Bögen und ihren Berührungspunkt mit dem oberen Kranzgesims. Das besteht aus einer weit vorspringenden Platte, skulptiert mit kleinen Blendarkaden, die in Blumenornamenten auf Kragsteinen enden. Eine achtseitige Steinspitze mit vier Eckpyramiden bekrönt den Turm. Ihre Grate sind mit einem kleinen Kamm geschmückt. Ein Schuppenornament überzieht die Pyramiden und die Steinspitze. Die Grate der acht Flächen sind in ihrem unteren Teil durch kleine achteckige, mit Schaftringen versehene Säulen kaschiert. Hierbei handelt es sich um einen einzigartigen Schmuck. Charakteristischer für die Spitzen des 12. Jahrhunderts sind in dieser Region die Wülste, die die Säulen oben verlängern.

Der kleine südliche Treppenturm gehört derselben Bauzeit an. Ihn verstärken schlanke Strebepfeiler in Form von Halbsäulen, die durch die spitzen Blendbögen unter dem Kranzgesims miteinander verbunden sind. Darin wiederholen sich die Motive des Turms. Eine kurze mehrseitige Spitze mit Schuppenornament und Rundstäben auf den Graten bildet das Dach.

Der Innenraum

Das Untergeschoß des Westbaus gliedert sich in drei nebeneinanderliegende Joche. Die Kreuzrippengewölbe sind Ende des 19. Jahrhunderts wieder eingezogen worden, doch stammen die mit Köpfen skulptierten Schlußsteine von einer ursprünglichen Einwölbung. Selmersheim respektierte auch die Anordnung der Rippen, die weniger hoch ansetzen als die spitzbogigen Gurte. Schildbögen gibt es nicht. All diese Merkmale, die nicht ohne Bezug zum Untergeschoß des Westmassivs von Saint-Denis sind, bestätigen eine frühere Datierung um die Mitte des 12. Jahrhunderts, wahrscheinlich um 1140. Rippen und Gurte liegen auf kräftigen Pfeilern mit Säulenvorlagen auf, die ebenfalls deutlich überarbeitet sind. Eine einzige Tür öffnet sich in der Mitte auf das Hauptschiff der Kirche. Die Mauern, die die Seitenschiffe abschließen, sind durch spitzbogige Blendarkaden aufgelockert.

An der Rückwand der Fassade zeigen die beiden Halbsäulen die Breite des ursprünglichen Schiffes an. Die Basen und Kapitelle stammen noch vom Ende des 11. Jahrhunderts. Die Basen sind nicht durch Hohlkehlen profiliert, wie es in der Ile-de-France im 11. Jahrhundert meist üblich war. Die Kapitelle kann man in ihrem Flachrelief, ihrer weichen Modellierung und in ihrer freien Komposition mit denen der Schiffe von Morienval und Oulchy-le-Château vergleichen. An den Ecken eines Kapitells entdeckt man Köpfe, und seine Oberfläche ist mit großen gerippten Blättern ausgefüllt; ein anderes ist mit Astwerk und Voluten geschmückt.

Der Zugang zur Empore ist leider nur selten für Besucher geöffnet. Die Stufen in dem Treppenturm führen unter einem abschüssigen Tonnengewölbe empor, wie es für die romanische Zeit typisch ist. Die

Kapelle im Obergeschoß ist weniger überarbeitet als der untere Bereich des Vorbaus. Sie ist ebenfalls in drei nebeneinanderliegende Joche unterteilt. Das mittlere Joch öffnet sich durch einen großen Spitzbogen auf das Hauptschiff. Die darüberliegende Rose wurde im ausgehenden Mittelalter herausgebrochen. Es handelt sich hier um eine Empore in der Tradition der romanischen Vorschiffe.

Zehn Rundbogenfenster sorgen für eine große Lichtfülle. Unter den Fenstern verläuft ein Fries von rundbogigen Blendarkaden auf kleinen Säulen. Im Mittel- und Nordjoch sind die Blendbögen durch Rundstäbe betont, im südlichen Joch durch Zickzackbänder. Die Kapitelle der kleinen Säulen tragen reich profilierte Deckplatten. Ihre Körbe sind in sorgsam symmetrischer Komposition mit Palmetten und Eckvoluten geschmückt. Diese Skulptur ist deutlich weiter entwickelt als die der Kapitelle in der Rückwand der Fassade. Die Kapitelle der Säulenvorlagen, die die Gewölberippen aufnehmen, zeigen den gleichen Stil, obwohl die Deckplatten im Verhältnis schmäler sind.

Die drei Joche waren von Anfang an mit Kreuzrippen eingewölbt. Doch auch hier fehlen noch die Schildbögen. Die Gurte sind spitzbogig und mit drei Rundstäben verziert. Die Rippen selbst haben ein massives archaisches Profil, bestehend aus kräftigen Rundstäben zwischen zwei Reihen Zickzackbändern, die sie noch schwerer erscheinen lassen. Die Schlußsteine sind mit Köpfen skulptiert. Doch kann man hier kaum von gotischer Eleganz sprechen. Die rundbogigen Blendarkaden und Fenster verstärken den romanischen Gesamteindruck. Trotz der Verwendung der Kreuzrippen kommt noch kein neues Formempfinden zum Durchbruch.

Das Vexin und das Tal der Seine

Im Westen von Paris bildet das Tal der Seine in seiner gesamten Länge die Hauptachse, an der bis unmittelbar vor La Roche-Guyon schon früh Dörfer und Mönchsgemeinschaften gegründet wurden. Im Norden bildet das Tal der Epte die traditionelle Grenze zwischen dem Vexin Français und der Normandie, doch gab es in romanischer Zeit einen regen Austausch zwischen beiden Landschaften. Im Süden blieb nichts von der königlichen Domäne und der Abtei Saint-Léger-en-Yvelines erhalten, und die Anzahl der überkommenen Baudenkmäler ist gering.

Die drei großen Zentren der Region waren Pontoise, Poissy und Mantes, alle drei Sitz königlicher Residenzen. Von den Bauwerken des 12. Jahrhunderts blieb in Pontoise nur ein Teil des Querschiffs und des Chorhaupts von Saint-Maclou erhalten. Dieses Bauwerk ist allerdings schon im Umkreis der frühgotischen Kunst von Saint-Denis anzusiedeln. Besser erhalten blieb die romanische Kunst in den nahegelegenen Kirchen von Cergy und Jouy-le-Moutier. Poissy bewahrte in der Kirche Notre-Dame trotz Überarbeitungen und Restaurierungen ein interessantes Bauwerk. Die ehemalige Kollegiatskirche in Mantes stammt aus gotischer Zeit, doch die kleine benachbarte Kirche in Gassicourt zeugt von der lebendigen Kraft romanischer Bauten. Freilich besitzt diese Gegend mit Ausnahme der Kirche Notre-Dame in Poissy aus romanischer Zeit nur bescheidene Bauwerke sekundärer Bedeutung.

Sie sind weniger charakteristisch als die Bauwerke des Beauvaisis, vermutlich deshalb, weil die Seine einen außergewöhnlich günstigen Weg für wechselseitige Beziehungen und den Austausch von Einflüssen darstellte. Für die Ile-de-France typische Merkmale mischen sich sowohl mit Formen der Normandie als auch mit denen des Beauvaisis. Dennoch kann man den Werken eine gewisse Originalität nicht absprechen. So ist etwa das Triforium der Kirche von Juziers eine überraschende Schöpfung, in der sich möglicherweise die Architektur eines bedeutenderen, heute verlorengegangenen Bauwerks der Nachbarschaft widerspiegelt.

In diesem Teil der Ile-de-France findet man die meisten Glockentürme mit steinernen Turmspitzen. In ihrer elegant aufstrebenden Form verleihen sie den Dörfern eine besondere Silhouette. In dem Kapitel über Glockentürme wird auf einige von ihnen näher eingegangen.

Gaillon

Geschichte

Das Dorf Gaillon liegt nördlich der Seine im Bezirk Meulan. Um 1115 wird es erstmals in alten Urkunden genannt. Seine Kirche und die Pfarrei gehörten früher zum Erzbistum Rouen.

An der Kirche lassen sich mehrere Bauabschnitte erkennen. Der heute in einen rechteckigen, von Seitenschiffen flankierten Chor des 13. Jahrhunderts einbezogene Glockenturm dürfte sich ursprünglich über einem Chorjoch erhoben haben, das einst in eine Apsis oder ein Chorhaupt mit flachem Abschluß mündete. Das zweijochige Langhaus westlich des Turms besitzt keine Seitenschiffe. Es scheint aus der Mitte des 12. Jahrhunderts zu stammen und wurde wahrscheinlich kurz nach dem Bau des Glockenturms errichtet.

Besichtigung

Die gedrungene Silhouette der Kirche Notre-Dame in Gaillon erhält durch die aufstrebenden Linien der schönen steinernen Turmspitze in ihrer Mitte einen besonderen Akzent (Farbtafel S. 225). Die Grate der achtseitigen Spitze sind mit Rundstäben versehen. An der Basis der Steinspitze befinden sich in den Ecken des quadratischen

Turmes kleine Pyramiden von ungewöhnlicher Form: Sie sind nicht dreieckig, sondern konisch, also kegelförmig. Das einzige Stockwerk des Turms ist zum Teil vom Dach des Chors und seiner Seitenschiffe verdeckt. Man erkennt aber noch die rundbogigen Doppelfenster auf jeder Seite. Ihre Archivolten ruhen auf kleinen eingebundenen Säulen. Die Nahtstelle zwischen Turm und Spitze betont ein Kranzgesims auf Kragsteinen.

Das einschiffige Langhaus ist durch flache Strebepfeiler gegliedert. Zugang hat man durch das rundbogige Portal auf der Nordseite im ersten der beiden Joche. Es ist nicht vorkragend und besitzt kein Tympanon. Seine drei Archivolten bestehen aus Rundstäben, getrennt durch Hohlkehlen. Ein Bandgesims rahmt die äußere Archivolte. An den beiden Türpfosten liegen zwei gemauerte Säulen an, im Gewände stehen vier weitere. Die Basen zeigen das klassische Profil: zwei Rundstäbe, getrennt durch eine Hohlkehle. Der Kapitellschmuck besteht aus großen, flachen, streng angeordneten Blättern. Das kleine Rundbogenfenster im nördlichen Joch blieb gänzlich schmucklos.

Die beiden Joche des Schiffs trugen von Anfang an ein Kreuzrippengewölbe. Die Säulenvorlagen an den Wänden entsprechen den Schildbögen, Gurten und Rippen. Letztere sind durch drei recht archaisch wirkende Rundstäbe profiliert, enden jedoch auf schräg gestellten Kapitellen, während die Gurtbögen noch rundbogig sind. Die Kapitelle ähneln mit ihren schön angeordneten, glatten Blättern und aufrecht stehenden Palmetten denen des Portals.

Aus dieser Beschreibung ergibt sich eine Datierung um die Mitte oder in das dritte Viertel des 12. Jahrhunderts. Der Chor ist dagegen deutlich jünger.

Gaillon, die Kirche von Nordwesten ▷

Juziers

Geschichte

Juziers liegt westlich von Gaillon am rechten Ufer der Seine auf halbem Weg zwischen Meulan und Mantes.

Im Jahre 978 schenkte die Gräfin Letgarde die Kirche Saint-Michel der Abtei Saint-Pierre in Chartres, die hier ein Priorat einrichtete. Papst Paschalis II. bestätigte 1106 die Rechte der Abtei über das Priorat.

Im Laufe des 11. Jahrhunderts entstand ein Bauwerk, von dem nur noch das Längsschiff und ein Teil des Querschiffs erhalten blieben. Das Chorhaupt wurde gegen Mitte des 12. Jahrhunderts neu aufgebaut. Damals erhielt auch der nördliche Querarm ein Kreuzrippengewölbe. Der südliche Arm wurde im 17. Jahrhundert erneuert und verändert. In der ersten Hälfte des 19. Jahrhunderts versah man das Schiff und die Vierung mit einem unechten Kreuzrippengewölbe aus verputztem Holz. Nach 1850 wurden Arbeiten an der Fassade, im Hauptschiff, an den Fenstern und in den Seitenschiffen durchgeführt.

Der Außenbau

Die Fassade wurde im 19. Jahrhundert erneuert. Die Mauern des Langhauses blieben schlicht, durchbrochen von schmucklosen Fenstern und bekrönt von einem Kranzgesims auf Kragsteinen. Den Fassadengiebel des nördlichen Querschiffarms verstärken an den Ecken flache Strebepfeiler. Im Giebel öffnen sich hoch oben zwei Rundbogenfenster. In dem Winkel zwischen dem nördlichen Querschiffarm und dem Chor erhebt sich ein kleiner quadratischer Turm. Er ermöglicht den Zugang in den auf dem südlichen Querschiffarm errichteten einstöckigen Glockenturm. Auf der einen Seite befinden sich zwei Fenster, während die anderen Seiten nur eine Rundbogenöffnung haben. Die schiefergedeckte Turmspitze stammt aus neuerer Zeit. Eine kleine steinerne Spitze bekrönt das Treppentürmchen.

Der Chor besitzt kein Seitenschiff. Er endet in einer runden Apsis. Das Chorhaupt ist ringsum von vorkragenden Strebepfeilern gestützt. Zwei Reihen von Rundbogenfenstern beleuchten jedes Joch. Ein fortlaufendes Sohlbankgesims verbindet die unteren Fenster. Ein zweites Bandgesims rahmt die Bögen der oberen Fenster und setzt sich bis zu den Strebepfeilern fort. Dies ist der einzige Dekor, der den kargen Bau schmückt.

Der Innenraum

Man muß sich das fünfjochige Mittelschiff mit einer Flachdecke vorstellen (Bild 79). Die Rundbogenarkaden sind aus schmalen, scharfkantigen Keilsteinen gemauert, die nicht aus der Wandfläche vorkragen und sehr archaisch wirken. Die Urtümlichkeit des Schiffes, das in der ersten Hälfte oder Mitte des 11. Jahrhunderts gebaut worden sein muß, bekräftigen die rechteckigen Pfeiler, die keinerlei Basis haben und unter den Arkaden nur mit abgeschrägten Bogenkämpfern abschließen. Die leicht ausgeschrägten, an der Fensterbank zweifach abgestuften Obergadenfenster befinden sich in der Mittelachse der Arkaden. Ähnliche, allerdings restaurierte Fenster sind in die kahlen Seitenschiffwände eingelassen.

Das Querschiff muß aus derselben Zeit stammen. Der nördliche Arm erhielt jedoch im 12. Jahrhundert ein Kreuzrippengewölbe, der Südarm wurde erst im 17. Jahrhundert umgestaltet. Das Gewölbe der

Vierung stammt aus dem 19. Jahrhundert. Die rundbogigen Arkaden, die die Vierung im Westen, Norden und Süden begrenzen, wurden überarbeitet. Sie scheinen aber ursprünglich wie die des Langhauses untermauert gewesen zu sein. Sie enden auf den Bogenkämpfern der Wandpfeiler. Die beiden Fenster in der Stirnwand des Nordarms gleichen – wie auch das östliche Fenster – denen des Langhauses.

Der östliche Vierungsbogen wurde gegen Mitte des 12. Jahrhunderts beim Wiederaufbau des Chores umgestaltet. Den leicht gespitzten Bogen profilieren zwei Rundstäbe, zwischen denen ein halbflaches Band verläuft. Die Pfeiler sind durch Säulenvorlagen verstärkt. Das tiefe Chorjoch und die Apsis sind von vornherein mit Kreuzrippengewölben gebaut worden. Die Stützen des Gewölbes laufen ohne Unterbrechung bis zu den Rippen empor. Gurte und Rippen des Chorjochs bestehen aus einem flachen Band zwischen zwei Rundstäben. Die Kreuzrippen der Apsis haben ein urtümlicheres, selteneres Profil aus zwei nebeneinanderliegenden Rundstäben.

Die Blendarkaden, die sich unten an den Wänden entlangziehen, sind im Chorjoch rundbogig, während sich in der Apsis Rundbögen mit Spitzbögen abwechseln. Die mit flachem Blattwerk geschmückten Kapitelle tragen schwere Deckplatten. Ein fortlaufendes Bandgesims unterstreicht die Brüstung der unteren rundbogigen Fenster. In ihre gestuften Öffnungen sind zwei schlanke Dienste eingepaßt, deren Abaki in Form eines zweiten horizontalen Bandes weiterlaufen. Die darüberliegende Wandfläche ist durch ein Triforium durchbrochen, das sicherlich zu den ältesten uns bekannten zählt. Man kann sich kaum vorstellen, daß es sich von Notre-Dame in Poissy ableitet, denn seine leicht gespitzten oder rundbogigen Arkaden sind ohne gruppierende Entlastungsbögen aneinandergereiht. Im übrigen entspricht dieses Triforium nicht der üblichen Anlage, die dazu diente, die Wand in Höhe des Dachstuhls über den Seitenschiffen zu schmücken. Denn hier in Juziers gibt es weder Seitenschiffe noch einen Chorumgang. Es handelt sich also um eine sehr eigenwillige Bauform. Die Fensteröffnungen setzten noch nicht am Querschiff an, da hier die Treppentürme stehen. Die vier Arkaden des Chorjochs sind paarweise durch einen Pfeiler unterteilt. In der Apsis ruhen die gleichmäßigen Bogenstellungen auf kurzen Monolithsäulen mit gedrungenen, oben weit ausladenden Kapitellen, die in flachem Relief mit breiten, sich in den oberen Ecken einrollenden Blättern skulptiert sind. Ein deutlich durch eine Hohlkehle herausgearbeiteter Rundstab rahmt die Bogenstellungen.

Ein Sohlbankgesims verläuft unterhalb der rundbogigen, schmucklosen Obergadenfenster und verbindet die Abaki der Gewölbestützen miteinander.

Dieses Chorhaupt ist also zu den Werken der Mitte des 12. Jahrhunderts zu rechnen, die den Übergang von der traditionellen romanischen Architektur der Ile-de-France zur beginnenden Gotik markieren. Die rundbogige Form der Fenster und die Gewichtigkeit des Mauerwerks erhalten ihm den romanischen Charakter.

Cormeilles-en-Vexin

Geschichte

Das zehn Kilometer nordwestlich von Pontoise gelegene Cormeilles-en-Vexin findet schon in Urkunden Karls des Kahlen im 9. Jahrhundert Erwähnung. Im Jahre 1071 tritt der Erzbischof von Rouen die Einkünfte des Altars an den Abt von Saint-Denis ab.

Der Bau der heutigen Kirche dürfte zu Beginn des 12. Jahrhunderts begonnen haben. Aus dieser Zeit stammen das Lang- und das Querschiff. Anfang des 13. Jahrhunderts erhielten das Mittelschiff und die Seitenschiffe ein Kreuzrippengewölbe. Wenig später wurde der Altarraum mit Seitenschiffen und einem flachen Chorabschluß neu erstellt. Chor und Querschiff haben dann noch einmal im 16. Jahrhundert Veränderungen erfahren. Die Außenmauern der Seitenschiffe mußten im 18. Jahrhundert erneuert werden.

Besichtigung

Von außen sind die romanischen Teile der Kirche kaum sichtbar. Das Chorhaupt gehört der Hochgotik an und stammt aus der Mitte des 13. Jahrhunderts. Der Unterbau des Glockenturms, der sich über der Vierung erhebt, ist teilweise durch die Querschiffarme verdeckt,

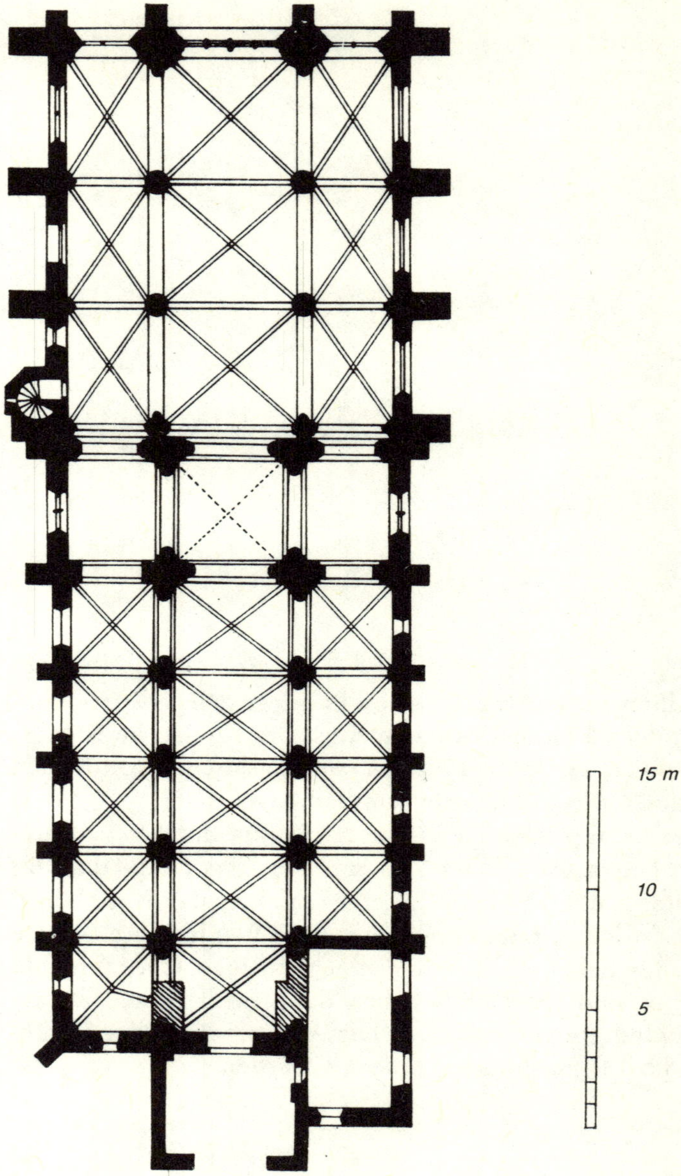

Cormeilles-en-Vexin

deren Fassaden in gotischer Zeit umgestaltet wurden. Man kann aber noch erkennen, daß dieser quadratische Sockel romanisch ist, besonders an dem Kranzgesims mit skulptierten Kragsteinen, das das obere, in der Renaissance erneuerte Geschoß abtrennt. Das Mittelschiff und die Seitenschiffe sind unter einem gemeinsamen Dach zusammengefaßt. Ihre Außenmauern wurden überarbeitet. Schließlich verdeckt eine neuzeitliche Vorhalle das Portal der Westfassade.

Das sehr schlichte Portal besteht aus einer rundbogigen Archivolte, die ein schmuckloses Tympanon umrahmt, und aus einem dachförmigen Türsturz. Die Archivolte ihrerseits ist von einem Rollen- und Schachbrettfries eingefaßt, der beidseitig in einer Maske endet. Ein weiterer Rollenfries auf Kragsteinen hebt den darüberliegenden Giebel hervor.

Die Bedeutung der Kirche von Cormeilles-en-Vexin für die romanische Kunst liegt in den skulptierten Kapitellen des Langhauses. Mit dem Einzug des Kreuzrippengewölbes zu Beginn des 13. Jahrhunderts wurde das Mittelschiff fensterlos (Bild 80). Es hatte ursprünglich den traditionellen basilikalen Aufriß mit Arkaden und Obergadenfenstern und war mit einer Flachdecke oder einem offenen Dachstuhl gedeckt. Im heutigen Dachstuhl kann man noch Spuren der ursprünglichen Fenster sehen. Die jeweils fünf rundbogigen, gestuften und scharfgratigen Arkaden blieben ebenso erhalten wie die quadratischen Pfeiler, denen unter dem inneren Arkadenrund Halbsäulen anliegen. Dieser Pfeilertypus entspricht dem von Villers-Saint-Paul (Bild 73) und Oulchy-le-Château (Bild 39). Im Zuge der Einwölbung wurden den Pfeilern auch an der den Seitenschiffen zugewandten Seite Halbsäulen vorgelegt, während sie im Mittelschiff über den Kämpferplatten der Pfeiler ansetzen.

Die Kapitelle der romanischen Pfeilervorlagen haben einen leicht ausladenden Kapitellkörper, der breiter als hoch ist. Die Basen sind rund, während die oberen Ecken und auch die Mitte durch einen Würfel, einen Kopf oder ein Pflanzenmotiv betont sind. Manchmal ist die Vertikale noch durch eine menschliche Gestalt hervorgehoben, die in der Mitte zwischen zwei spiralförmig zulaufenden Blattmotiven steht (Bild 83 und 84). Gelegentlich wird aber auch die Horizontale betont; das Kapitell ist dann mit einer Reihe von glatten Blättern oder Palmetten skulptiert oder auch mit einem Zahnfries in Form einer Halskrause; darüber folgt eine nahezu glatte Fläche, von der sich in der Mitte oder in den oberen Ecken verschiedene Motive abheben (Bild 81 und 82). Während die unterschiedlichen Flächen stark hervortreten, bleibt die Umrißzeichnung der Voluten recht unscharf und die Modellierung der Figuren recht weich. Die wuchtigen Deckplatten, die beinahe ein Drittel der Gesamthöhe des Kapitells ausmachen und weit vorkragen, erdrücken die Kompositionen durch ihre Ausschmückung mit Schuppenornamenten, Laubwerk oder vertieft herausgearbeiteten geometrischen Motiven. Die Eigenart dieser Kapitellplastik scheint sich, was die Komposition betrifft, von normannisch beeinflußten, antiken Schemata herzuleiten, während die Mehrzahl der Motive und die Formgebung in regionalen Traditionen wurzelt.

Das Querschiff stammt in seiner Bausubstanz aus derselben Zeit wie das ursprüngliche Längsschiff. Seine Arme sind noch tonnengewölbt und öffnen sich auf die Vierung durch abgestufte Bögen, die auf eingebundenen Säulen ruhen. Deren Kapitelle ähneln deutlich denen des romanischen Langhauses. Die Stirnwände der Querarme wurden umgestaltet. Die kreuzgratgewölbte Vierung hat man in gotischer Zeit zum Mittelschiff und zum Chor hin verstärkt und ausgebessert. Der Chor dürfte in romanischer Zeit einschiffig und weniger tief gewesen sein.

Épône

Geschichte

Die Kirche Saint-Béal in Épône liegt links der Seine, etwa gegenüber von Juziers, am steilen Hang des Tals der Mauldre, die in einiger Entfernung in die Seine mündet.

Schon im Jahre 982 erwähnt eine Kopie des Urkundenbuches von Notre-Dame in Paris diese Kirche. 1055 gestand der Bischof von Chartres, zu dessen Diözese die Pfarrei gehörte, dem Kapitel der Pariser Kathedrale das Recht zu, den Pfarrer zu ernennen.

Die heutige Kirche scheint um die Mitte des 12. Jahrhunderts errichtet worden zu sein. Der rechteckige Chor dürfte im 13. Jahrhundert erneuert worden sein. Im 16. Jahrhundert baute man südlich des Schiffs eine rechteckige Kapelle an.

Mitte des 19. Jahrhunderts wurden umfangreiche Arbeiten vorgenommen, bei denen man auch die Fenster des Schiffs vergrößerte. Der Chor und die Kapelle, die sich im Norden auf das Schiff öffnet, wurden wiederhergestellt. Vor dem Nordportal errichtete man eine Vorhalle und an der Südseite des Chors eine Sakristei. Schließlich erneuerte man noch die Spitze des Glockenturms.

Der Außenbau

Trotz der Anbauten bewahrt die Kirche eine sehr einfache Silhouette. Das einschiffige, zwischen Seitenkapellen liegende Langhaus mündet ohne Unterbrechung durch ein Querschiff direkt in den Chor.

Das Rundbogenportal der Westfassade ist von einem Giebel überfangen. Vier ins Gewände eingestellte Säulen tragen die beiden Archivolten. Ein weiteres Portal befindet sich an der Nordseite des Schiffs im Schutz eines neueren Vorbaus (Bild 85). Wie das Portal der Fassade scheint es aus der Mitte des 12. Jahrhunderts zu stammen. Beide Portale sind rundbogig und besitzen kein Tympanon. Um die Türöffnung ist die Kante des Gewändes und der inneren Archivolte fortlaufend abgefaßt. Die Keilsteine dieser Archivolte sind mit großen, vielblättrigen Blüten geschmückt. Zwei weitere vorspringende Archivolten, die auf den eingestellten Säulen ruhen, schließen sich an. Die erste Archivolte ist durch zwei kräftige Zickzackstäbe profiliert, von denen einer durch eine Einkerbung hervorgehoben ist. Die zweite besteht aus einer tiefen Hohlkehle und einem Rundstab. Außen verläuft ein Diamantfries. Die Gewändesäulen stehen auf hohen Basen, die durch zwei Rundstäbe gegliedert sind, zwischen denen eine Hohlkehle liegt. Die Abaki der Kapitelle bilden eine fortlaufende Platte. Die abgerundeten Kapitellkörper tragen große Blätter und kranzförmig angeordnete Palmetten.

Im Norden des Schiffes steht der zweistöckige Glockenturm. Das zweite Geschoß hat einen oktogonalen Grundriß, wobei die vier Winkel mit vier kegelförmigen Türmchen besetzt sind. In jede Ecke ist eine zierliche Säule eingestellt. Acht von kleinen Säulen flankierte, rundbogige Öffnungen sind in die Seiten eingelassen. Ein Kranzgesims auf Kragsteinen in Form von Masken trennt die Geschosse. Obwohl die Turmspitze neueren Datums ist, fügt sie sich gut in das Erscheinungsbild des ursprünglichen Bauwerks. Unverkennbar ist der Einfluß der Kirche Notre-Dame in Poissy.

Der Innenraum

Das einschiffige Langhaus war niemals eingewölbt. Im 16. Jahrhundert zog man eine schöne kielförmige Holzdecke auf sieben Spannriemen ein. Die Rundbogenfenster wurden vergrößert.

Durch die nördliche Kapelle aus dem 19. Jahrhundert gelangt man durch eine spitzbogige Arkade in das Untergeschoß des Glockenturms. Es trägt ein restauriertes Kreuzrippengewölbe. Ein kleines Rundbogenfenster läßt Licht einfallen. Ihm gegenüber führt eine Tür zur Treppe ins Obergeschoß. Dieser wahrscheinlich älteste Teil der Kirche stammt möglicherweise von einem Bauwerk des 11. Jahrhunderts. Die Türpfosten blieben schmucklos, während der Türsturz durch einen gedrehten Rundstab hervorgehoben ist, der sich um die Rundung des mit Rautenmotiven gefüllten Tympanons fortsetzt (Bild 86). Die Archivolte, die außen über den glatten Enden des Türsturzes ansetzt, besteht aus drei durch Hohlkehlen getrennten Rundstäben und ist durch ein vorspringendes Bandgesims eingefaßt. Diese Formen erinnern an das Beauvaisis, während das Nordportal eher Verbindungen zur Normandie erkennen läßt.

Gassicourt

Geschichte

Die Kirche Sainte-Anne von Gassicourt liegt in unmittelbarer Nähe von Mantes westlich von Juziers und Épône im Seinetal.

Raoul der Große, Graf des Vexin, vermachte die Kirche der Abtei Cluny, die hier bereits ein Priorat gegründet hatte. Diese Schenkung findet man durch Simon, den Grafen von Mantes, um das Jahr 1074 bestätigt.

Die bestehende Kirche wurde zu Beginn des 12. Jahrhunderts errichtet. Das Querschiff erhielt im 13. Jahrhundert ein Kreuzrippengewölbe. Zur selben Zeit erneuerte man den rechteckigen Chor. Im 16. Jahrhundert erhielt das ursprünglich mit einer Holzdecke gedeckte Schiff ein Kreuzrippengewölbe.

Im 19. Jahrhundert wurden unter der Leitung des Architekten Durand umfangreiche Erneuerungsarbeiten durchgeführt. Die Fassade und der Glockenturm wurden überarbeitet, das nördliche Seitenschiff wieder aufgebaut und das südliche eingewölbt.

Im Jahre 1944 wurde die Kirche schwer beschädigt. Nach dem Krieg begannen umfangreiche Instandsetzungen, bei denen das Flamboyantgewölbe über dem Mittelschiff durch eine Holzdecke ersetzt wurde.

Der Außenbau

Zwei Strebepfeiler rahmen den mittleren Teil der Westfassade. Ein profiliertes Bandgesims unterstreicht die Grundlinie des Giebels. Darunter sieht man zwischen zwei rundbogigen romanischen Öffnungen ein großes Rundfenster und ein reich gestaltetes Portal (Bild 87).

Das Portal ist sehr breit und wirkt etwas gedrungen. Sein plastischer Schmuck erstreckt sich von einem Strebepfeiler zum anderen. Ungestaltet blieben die beiden Türpfosten und der auf zwei profilierten Konsolen aufliegende Türsturz. Das rundbogige, später überarbeitete Tympanon ist dichtgedrängt mit Sternen ausgefüllt, reihenweise in kleine Quadrate eingeschrieben – ein Widerschein der einstigen Gestaltung, die an das Rahmenwerk des Westfensters in der Basse-Œuvre von Beauvais erinnert. Tür und Tympanon liegen etwas vertieft in der Mauerfläche. Darüber wölben sich rundbogige Archivolten. In das zweifach gestufte, scharfkantige Gewände ist jeweils eine restaurierte Säule eingestellt. Die Deckplatten der Kapitelle setzen sich als Bandgesims über der seitlichen Stufung fort, wobei links noch Reste eines Zickzackmusters erhalten sind. Die Archivolten bestehen aus Rundstäben, die durch Hohlkehlen und abgeschrägte Grate getrennt sind. Um diese Archivolten verläuft ein breites, reich geschmücktes Band, dessen plastischer Schmuck auf der Mauer aufliegt. Er besteht aus zwei Reihen kreisförmiger Löcher, deren Rund sich in rahmenden Linien wiederholt, sowie aus einer ebenfalls durch ziselierte Linien betonten Bogenreihe, deren Kragsteine mit kleinen skulptierten Köpfen geschmückt sind.

Das Rundfenster in der Mitte befindet sich unmittelbar über dieser plastischen Einfassung des Portals. Obwohl es kleiner ist als die Rose in der Nordmauer von Saint-Étienne in Beauvais (Bild 54), erreicht es doch einen Durchmesser, der erlaubt, dieses Fenster als Prototyp der Fassadenrose zu betrachten. Der kräftig profilierte Schmuckrahmen ist der Mauer vorgelegt und steht in deutlichem Gegensatz zu den beiden seitlichen Fenstern, die einzig durch die Sohlbank aus der Fläche hervortreten. Die Fensterrose umgeben zwei Rundstäbe, getrennt durch einen abgeschrägten Grat, der ein Motiv des Portals wiederaufnimmt. Den äußeren Rahmen bildet ein Band mit stilisiertem Blattwerk, dessen Relief – wenn auch mit der Zeit verwittert – deutlich hervortritt. Unten stehen in den Zwickeln zwischen der Rose und dem Scheitelpunkt des Portals zwei kleine Figuren. Zwei weitere entdeckt man beiderseits der Rose am Bogenansatz der seitlichen Fenster.

Die Seitenmauern des Langhauses sind stark restauriert. Auf der Westseite des südlichen Querschiffarms blieb ein romanisches Rundbogenfenster erhalten, eingefaßt von einer Reihe vertiefter Sterne und einem Rollenfries. Über der Vierung erhebt sich ein quadratischer Turm mit profiliertem Satteldach. Seine beiden Geschosse schließen mit einem Kranzgesims aus Bogenfriesen ab. Das untere Geschoß dient als Turmsockel. Ein zugemauertes Fenster im Westen ließ E. Lefèvre-Pontalis vermuten, daß die Vierung ursprünglich vielleicht in der Art einer Turmlaterne direkt beleuchtet gewesen sein könnte. Das zweite Geschoß ist auf jeder Seite von drei rundbogigen Fenstern durchbrochen. Die gestuften Bögen liegen auf Wandpfeilern, deren Deckplatten als Bandgesims rund um den Turm fortlaufen.

Der Innenraum

Das basilikale Langhaus umfaßt fünf Joche (Bild 88). Rundpfeiler tragen die einfach gestuften Rundbogenarkaden. Die Kapitelle sind gedrungen, breiter als hoch und unten vom Säulenschaft durch ein Astragal in Form eines Rundstabs getrennt. Oben schließen sie unterhalb der quadratischen Deckplatte mit einer Hohlkehle und einer Leiste ab.

Die strenge Gestaltung der Kapitellplastik leitet sich von den Formen des korinthischen Kapitells her: Die untere Hälfte ist durch zwei Reihen niedriger Blattkränze gegliedert, während die obere Hälfte eine Dreiteilung aufweist, bestehend aus einem rechteckigen Mittelteil, der sich deutlich zwischen den beiden vertieften Dreiecken abhebt. Der glatte Blattschmuck dieser Dreiecke endet in den Ecken unter der Deckplatte in kleinen Kugeln. Die mittleren Rechtecke zeigen Flechtwerk (Bild 89), Sterne und konzentrische Bogensegmente (Bild 90). Die Blätter der unteren Kränze bilden eine Folge von vorspringenden Halbkreisen, die in etwa die Rundung der großen Blätter wiederaufgreifen. Einige sind gerippt (Bild 90), andere mit Sternen versehen (Bild 89). Die streng geometrischen Motive und die klar strukturierte Komposition weisen auf einen starken normannischen Einfluß, der hier viel deutlicher erkennbar ist als in Cormeilles-en-Vexin.

Über den Arkaden öffnen sich in deren Achsen hohe Rundbogenfenster mit gestufter Laibung. Im Querschiff blieben neben den vier Rundbogenarkaden der Vierung und einem Fenster auf der Westseite des nördlichen Querschiffarmes kaum noch romanische Elemente erhalten. Einige Spuren im Unterbau der Chormauern lassen erkennen, daß der Chor schon in romanischer Zeit rechteckig gewesen ist.

Die Bildseiten

Juziers

79 *Langhaus und Chor.*

Cormeilles-en-Vexin

80 *Blick durch das Langhaus.*
81 bis 84 *Kapitelle.*

Épone

85 *Das einstige Portal.*
86 *Tympanon.*

Gassicourt

87 *Westfassade.*
88 *Das Langhaus, aus dem nördlichen Seitenschiff heraus gesehen.*
89 und 90 *Kapitelle.*

La Villetertre

91 und 92 *Kapitelle.*
93 *Nördliches Seitenschiff.*
94 *Das Hauptschiff, vom Chor aus gesehen.*
95 *Die Kirche von Südwesten.*

Poissy

96 und 97 *Kapitelle.*
98 *Das Längsschiff, aus dem südlichen Seitenschiff heraus gesehen.*
99 *Die Kollegiatskirche von Südwesten.*

79

81

82

{EILLES-EN-VEXIN

ÉPÔNE

86

GASSICOURT ▶

88

89

90

91

LA VILLETERTR

92

93

96

97

98

La Villetertre

Geschichte

Nordwestlich von Pontoise und östlich von Magny-en-Vexin gelegen, ist Villetertre heute dem Süden des Departements Oise zuzuordnen. Früher gehörte die Pfarrgemeinde zur Diözese Rouen.

Die Kirche Notre-Dame muß in der ersten Hälfte des 12. Jahrhunderts entstanden sein. Im Hundertjährigen Krieg scheint sie während der englichen Besetzung im Jahre 1419 beschädigt worden zu sein, denn ein Teil der Kapitelle im Langhaus ist verstümmelt. Außerdem wurde die Mehrzahl der Gewölbe erneuert.

Besichtigung

Der Außenbau

Die Westfassade schließt das Mittelschiff und die Seitenschiffe ab (Bild 95). Vier vorspringende Strebepfeiler unterteilen die Fassade in drei Abschnitte und betonen den basilikalen Aufriß. Die Mauer vor dem nördlichen Seitenschiff ist blind, während sich im Süden ein schmaler Fensterspalt öffnet. Den Mittelteil zerschneidet ein horizontales Band, das etwa in Höhe der Sohlbank des Mittelfensters verläuft.

Zwei kleine Säulen flankieren das Fenster, dessen Bogen von einem Rundstab und einem Band aus skulptierten Palmetten eingefaßt ist. Unter dem Fenster ist von einem Strebepfeiler zum anderen das breite Portal in die Tiefe der Mauer abgestuft. Seine rundbogige Öffnung besitzt kein Tympanon. Allerdings beobachtete Louis Régnier zu Beginn dieses Jahrhunderts Abbruchstellen, die von einem ursprünglichen Tympanon herrührten. Den vier Archivolten der oberen Partie entsprechen auf jeder Seite vier schlanke, doch sehr verwitterte Säulen, die in das gestufte Gewände eingestellt sind. Die Basen sind stark beschädigt. Die besser erhaltenen Kapitelle tragen Deckplatten mit Palmetten- und Rankendekor. Die Kapitelle selbst sind mit einer oder zwei Reihen Palmetten verziert. Im rechten Gewände fällt ein menschlicher Kopf auf, während man links Menschengestalten und Fabeltiere erkennt. In der Herausarbeitung des heute leider beschädigten Reliefs zeigt sich ein gewisses bildhauerisches Geschick.

Auch die vier Archivolten des Portals sind plastisch dekoriert. Die erste ist von einem Rundstab gerahmt; die zweite besteht aus zwei Zickzackfriesen, von denen der eine an der Laibung, der andere auf der Stirnseite verläuft, so daß sich eine Folge von Rhomben ergibt. Die Keilsteine der dritten Archivolte tragen einen reliefartigen Zinnenfries und die letzte ist mit einer Hohlkehle zwischen zwei Rundstäben geschmückt. Ein Palmettenband umschließt das Ganze.

Die Obergadenfenster und die Fenster der Seitenschiffe sind von zwei kleinen Säulen sowie einem Rundbogen aus einem Rundstab und einem Blumen- oder Palmettenfries gerahmt. Die mit glatten Blättern und Palmetten geschmückten Kapitelle blieben im Süden besser erhalten als im Norden. Vorspringende Strebepfeiler verstärken die Mauern zwischen den Fenstern. Kranzgesimse auf Kragsteinen erstrecken sich unter dem Dachansatz.

Das Querschiff springt nur wenig aus der Flucht der Seitenschiffe vor. Ein quadratischer Turm überragt die Vierung (Bild 95). Das durch Strebepfeiler verstärkte Untergeschoß hat auf jeder Seite eine kleine rundbogige Öffnung. Im Obergeschoß treten an die Stelle der Strebepfeiler zwei kräftige Säulenvorlagen, die einen zierlichen Dienst rahmen. Auf jeder Seite öffnen sich zwei Fenster, flankiert von zwei seitlich eingestellten Säulen und durch eine kräftige Mittelsäule unterteilt. Ihre gestuften Rundbögen umgibt ein Band mit Diamantfries. Das Satteldach hat zwei eigenartige, durch ein Kragsteingesims abgegrenzte Giebel, die von einem Schuppenornament überzogen sind. Ihre Fenster erinnern an vorspringende Lukarnen. Die schlanken Säulen tragen einen Rundbogen und ein kleines vorspringendes Dach.

Der runde Treppenturm liegt im Winkel zwischen Chor und Südarm des Querschiffs. Ihn bekrönt eine konische Steinspitze. Die Fenster in den Querschiffassaden blieben schmucklos. Im Osten des Nordarms erkennt man eine kleine Öffnung, deren Rundbogen sich mit einem ausgezackten Türsturz überschneidet. Die Fenster des rechteckigen Chors sind durch einen Rundstab profiliert, der in zwei kleinen Säulen endet. Ihre Kapitelle zeigen ein sehr flach gearbeitetes Palmettenrelief.

Der Innenraum

Das Innere der Kirche wirkt vor allem in seinem Gegensatz zur Außenansicht eher gotisch als romanisch. Sicher, die Fenster sind rundbogig, aber die gebündelten Pfeiler, die spitzbogigen, gestuften Arkaden und die Kreuzrippengewölbe weisen auf eine weiterentwikkelte Baukunst. Tatsächlich entstand das fünfjochige Langhaus zum Teil erst gegen Ende des Mittelalters. Nur das erste Joch vermittelt noch ein Bild vom ursprünglichen Zustand.

Das Langhaus hat einen zweizonigen Aufriß. Im ersten Joch ist das Mittelschiff durch eine Empore unterteilt (Bild 94). Deshalb sind die Arkaden am Eingang nicht so hoch. Ein rundbogiger Gurt stützt die Empore im Osten. Auf den Kapitellen der Pfeilervorlagen und in der Fassadenrückwand unter der Empore sind sitzende, gedrungene Figuren und Büsten in groben Zügen und weicher Modellierung dargestellt. Die Kompositionen wirken ausgewogen. Die Steinbearbeitung ist der an den Kapitellen benachbarter Kirchen wie Bellay-en-Vexin (Bild 190 und 191) und Cergy (Bild 186–189) vergleichbar. Das Relief hebt sich weniger deutlich ab als in Gassicourt (Bild 89 und 90). Diese Skulptur mutet archaisch an, kann aber gleichwohl nicht vor dem zweiten Viertel des 12. Jahrhunderts geschaffen worden sein. Das ist jedenfalls aus dem Profil der Deckplatten (eine Hohlkehle unter einem Rundstab, getrennt durch schmale Leisten) und dem Vorhandensein von Kreuzrippengewölben zu schließen. Auch die Kreuzrippen wirken im ersten Joch altertümlich. Sie bestehen aus drei aneinanderliegenden Rundstäben.

Die Langhauspfeiler haben einen quadratischen Kern. Auf der Mittelschiffseite reichen die drei Wandvorlagen bis zum Gewölbeansatz empor. Davon läuft der mittlere Schaft allerdings unter den Kapitellen flach aus. Drei Vorlagen entsprechen dem gestuften Bogen der Arkaden und drei weitere den Rippen der Seitenschiffe (Bild 93). Entlang der Außenmauern sieht man ebenfalls dreiteilige Stützen. Der mittlere Schaft ist jeweils kräftiger als der der seitlichen Halbsäulen. Die Zusammensetzung der Stützen ist also komplex und logisch. Die zugespitzten Gurtbögen mit abgeschrägten Kanten scheinen erneuert zu sein. Nur das erste, hohe Gewölbe des Schiffs gilt noch als original. Es ist gebust und besitzt keine Schildbögen. Seine Rippen enden auf Kapitellen, die schräg eingelassen sind. Die Rippen des letzten Jochs vor der Vierung bestehen aus zwei Rundstäben. Die rundbogigen Fenster blieben schmucklos. Alle diese Elemente sprechen für eine Datierung in die Mitte des 12. Jahrhundert.

Die skulptierten Kapitelle des Langhauses ähneln denen der Westempore. Sie blieben besonders in den Seitenschiffen gut erhalten. Überall beobachtet man auf die Mitte ausgerichtete, symmetrische Kompositionen und ein relativ flaches Relief mit abgerundeten Konturen. Viele Kapitelle sind mit breitem Blattwerk skulptiert, das aufrecht oder umgekehrt steht, sich einrollt und mit Rippen oder Rillen versehen ist (Bild 91, 92). Andere zeigen kräftige, glatte Blätter. Im nördlichen Seitenschiff sieht man einen Mann, der sich den Bart hält (Bild 92) und einen anderen, der zwei Zweige schwingt, die in Palmetten enden. Im Süden entdeckt man eine sitzende Frau mit gekreuzten Händen, gekröntem Haupt, eingerahmt von zwei langen Zöpfen (Bild 91), einen Abt oder einen Bischof mit dem Kreuz in der Hand sowie Vögel und Tiere in spiegelbildlicher Komposition. All diese Skulpturen stehen in der Tradition der Kunst der Ile-de-France vom Ende des 11. und vom Anfang des 12. Jahrhunderts. Lefèvre-Pontalis vergleicht sie mit den Kapitellen des Chorumgangs von Morienval und mit denen des Langhauses von Villers-Saint-Paul.

Das Innere des Querschiffs ist restauriert, besonders die Vierungspfeiler und der Nordarm. Die Vierung wird von vier Spitzbögen begrenzt, deren Profil durch Rundstäbe betont ist. Sie trägt wie die beiden Querarme ein Kreuzgratgewölbe. Ein schmuckloses rundbogiges Fenster liegt in beiden Stirnwänden. Im Osten des Südarms zeichnen sich noch Spuren eines Spitzbogens ab.

Das Fenster in der Mittelachse ist von zwei kleinen Säulen flankiert, die einen Bogen tragen, den Rundstäbe und Palmetten schmükken. In jeder Ecke des Chorraums entsprechen drei kleine Säulen den Bögen des Gewölbes. Ihre Kapitelle zeigen ebenfalls Palmettenschmuck. Das Profil der Rippen wird wie im Querschiff durch ein Grat zwischen zwei Rundstäben gebildet.

Alle Gebäudeteile entstanden im 12. Jahrhundert, das Langhaus kurz vor 1150, ein wenig später das Querschiff und der Chor. Die Kirche ist ein charakteristisches Beispiel für die ersten Versuche der regionalen Gotik an einem bescheidenen Bauwerk, das noch von romanischen Formen geprägt und dessen ornamentale Skulptur noch ganz der Tradition verhaftet ist.

Poissy · Notre-Dame

Geschichte

Die Kirche Notre-Dame ist möglicherweise der Nachfolgebau eines merowingischen Heiligtums. Sie wurde wie manch anderes Bauwerk der Ile-de-France durch Robert den Frommen wiedererrichtet. Der Bau der ersten Kirche, von der die Turmvorhalle erhalten ist, begann etwa 1016. Ende des 11. Jahrhunderts wurde sie unter der Herrschaft Philipps I. geweiht. Die Kirche war zunächst eine Stiftskirche, betreut von Kanonikern, die im Laufe des 11. Jahrhunderts jedoch durch Mönche ersetzt wurden. Im Jahre 1110 ließ Bischof Yves von Chartres, zu dessen Diözese Poissy damals gehörte, die Kanoniker zurückkommen. 1112 bestätigte Ludwig VI. deren Rechte. Sein dritter Sohn, Henry, stand dem Kollegiat sogar seit 1125 vor.

Zu dieser Zeit, vermutlich sogar etwas früher, begann man mit dem Bau der heutigen Kirche; Mitte des 12. Jahrhunderts war er fertiggestellt.

Im Laufe des 14. Jahrhunderts fügte man dem Chorumgang eine Scheitelkapelle an, oder man erneuerte eine bereits bestehende.

Nachdem die Kirche während des Hundertjährigen Krieges durch einen Brand gelitten hatte, fanden Anfang des 16. Jahrhunderts umfangreiche Bauarbeiten statt. Im Norden des Langhauses entstanden Seitenkapellen, ebenso am nördlichen Teil der Fassade in der Verlängerung der Turmvorhalle. Der Glockenturm selbst wurde an seiner Westseite erneuert. Im Süden errichtete man zwei Seitenkapellen und eine große Vorhalle. Die ersten drei Joche des Langhauses wurden neu eingewölbt und ringsum Strebebögen hochgezogen. Auch die östliche Kapelle am Ende des nördlichen Seitenschiffs wurde wiederhergestellt. Es handelt sich um eine von Viollet-le-Duc im Stil des 12. Jahrhunderts nachgebaute Kapelle.

Die Kanoniker blieben bis zur Revolution. Im 19. Jahrhundert, ab 1844 und besonders zwischen 1861 und 1869, erfuhr das Bauwerk die schwerwiegendsten Veränderungen unter der Leitung von Viollet-le-Duc. So enttäuscht die Kirche Notre-Dame in Poissy den heutigen Besucher, weil sie zu großen Teilen aus dem 19. Jahrhundert stammt. Die Pfeiler auf der Nordseite des Langhauses sind unten erneuert, während sie in den oberen Abschnitten aus dem 15. Jahrhundert stammen. Im Süden veränderte man die Obergadenfenster und brach einen Okulus in die Wand des Triforiums. Das Chorhaupt wurde zweimal nahezu vollständig neu errichtet. Man weiß, daß die Apsis einst von einem kreuzgratgewölbten Chorumgang umgeben war. Daran schloß sich möglicherweise eine Scheitelkapelle an. Auf beiden Seiten des Chorumgangs öffneten sich zwei kleine, nach Osten ausgerichtete Kapellen. Die südliche Kapelle birgt noch Mauerwerk des 12. Jahrhunderts, während ihre Halbkugel neuzeitlich ist. Schließlich stammt die Turmspitze auf dem Chorjoch vor der Apsis aus dem Jahre 1884. Die Steinspitze auf dem Vorhallenturm wurde 1896 wiederaufgebaut.

Man darf in Poissy weder ein gut erhaltenes noch homogenes romanisches Bauwerk erwarten. Die heutige Kirche verdient dennoch ein gewisses historisches Interesse durch ihren Grundriß ohne Querschiff aber mit Chorumgang und durch ihren dreizonigen Aufriß. Sie bewahrt auch einige beachtliche künstlerische Elemente: ihre beiden Türme und eine schöne Folge von Kapitellen.

Besichtigung

Der Außenbau

Der Vorhallenturm im Westen der Kirche ragte ursprünglich wie der Turm von Saint-Germain-des-Prés auf drei Seiten aus dem Baukörper heraus. Er ist quadratisch, bis auf das letzte, achteckige Geschoß (Bild 99). Im Erdgeschoß waren auf jeder Seite rundbogige Arkaden eingelassen. Die Keilsteine der Arkaden sind schmal und länglich und liegen in einer dicken Mörtelschicht, ein Indiz für ein Bauwerk des 11. Jahrhunderts, vergleichbar dem Bogen des Vorhallenturms von Saint-Germain-des-Prés. Das Erdgeschoß ist von einer Rundtonne überwölbt, wie auch der darüberliegende Emporenraum. Sein Licht erhält er durch kleine rechteckige Öffnungen und ist durch ein horizontales Band abgesetzt. Das dritte Geschoß besitzt rundbogige und zugespitzte, sicherlich überarbeitete Doppelfenster, während sie im letzten Geschoß in Höhe des Glockenstuhls rundbogig sind. In alle Öffnungen der beiden oberen Stockwerke sind kleine Säulen eingestellt. F. Salet hat festgestellt, daß auf der Ostseite des Turms die ursprünglichen Kapitelle erhalten blieben. Sie zeigen geripptes halbflaches Blattwerk oder große, glatte Blätter, die sich in den oberen Ekken zu Kugeln einrollen.

Das achteckige Geschoß unter der Spitze ähnelt einem Tambour. In jeder Seite liegt eine rundbogige Öffnung mit eingestellten Säulen. Ein Kranzgesims auf Kragsteinen bildet den oberen Abschluß. Die moderne Spitze entspricht wahrscheinlich der ursprünglichen Silhouette des Turms. Er wird von zwei kleinen Türmen flankiert, einem nördlichen aus dem 16. und einem südlichen aus dem 12. Jahrhundert, der etwa zeitgleich mit der Fassade und dem Schiff entstand. Der Turm über dem Chorjoch ist jünger als der Vorhallenturm. Er gehört den Bauvorgängen des 12. Jahrhunderts an. Der Übergang vom querrechteckigen Chorjoch zum Oktogon ist durch abgestufte Trompen geschaffen, verdeckt durch vier kleine Rundtürme. Die vier Seiten, die den vier Seiten des Joches entsprechen, sind breiter als die vier Felder, die die Ecken abschneiden. Trotz der Erneuerung der Spitze handelt es sich um einen gut erhaltenen Kirchturm, der einer ganzen Reihe von Türmen der Gegend als Vorbild gedient haben muß. Das Untergeschoß in Höhe der Ecktürmchen wird durch kleine Öffnungen im Norden und Süden beleuchtet. Das erste Geschoß beginnt über einer mit Palmetten skulptierten Leiste auf Kragsteinen. Schlanke Säulen runden die Kanten der acht Teilfelder ab. Jede breite Fläche ist von einer doppelten, jede schmale von einer einfachen Öffnung durchbrochen. Die Öffnungen sind alle rundbogig und mit schlanken Säulen versehen. Die Kapitelle zeigen einen recht fortgeschrittenen Stil mit ausgeschnittenen und gerippten Blättern, die sich von Akanthusformen herleiten.

Der Innenraum

Auf der Rückseite der Fassade blieb vom Langhaus im Süden eine Säulenvorlage mit einem Akanthuskapitell erhalten. Zwei rundbogige

Öffnungen verbinden die Empore des Vorhallenturms mit dem Mittelschiff.

Im Langhaus selbst stammen nur die letzten Joche aus dem 12. Jahrhundert. Das vierte und fünfte Joch des nördlichen Seitenschiffs sind am besten erhalten. Der Aufriß ist dreizonig (Bild 98) wie in Saint-Étienne in Beauvais (Bild 57). Die gestuften Rundbogenarkaden wurden im 19. Jahrhundert überarbeitet. Den viereckigen Pfeilern sind auf jeder Seite drei Dienste vorgelegt. Auf der Seite des Hauptschiffs liegen die mittleren Säulen einem Wandpfeiler an. Die Kapitelle der flankierenden Säulen sind für die Aufnahme der Rippen etwas schräggestellt. Sorgfältig gerippe Akanthusblätter bilden den Kapitellschmuck (Bild 96). Dieser Art von Blattdekor begegnet man besonders an den Westtürmen der Kathedrale von Chartres und in Saint-Denis. So läßt sich das Langhaus von Notre-Dame in Poissy in die Zeit um 1140 datieren. Im letzten Joch vor dem des Turms sieht man Greifenvögel und einander gegenübergestellte Monster (Bild 97), wie auch Flechtwerk von deutlich romanischem Gepräge.

Über den Arkaden liegen die Öffnungen des Triforiums: rundbogige Doppelfenster unter einem Entlastungsbogen. Sie entsprechen ganz und gar dem Triforium unter dem Dachstuhl in Saint-Étienne, Beauvais. Doch bestand hier vielleicht schon im 12. Jahrhundert eine Rückwand, so daß sich eine Art Emporenumgang ergab. Die Obergadenfenster sind modern, haben aber die ursprüngliche rundbogige Form übernommen. Das Schiff ist von Anfang an mit Kreuzrippen überwölbt gewesen. Sie haben das kräftige Profil der Frühzeit, die Gurte sind rundbogig. Die Seitenschiffe sind indessen noch kreuzgratgewölbt und wurden so auch von Viollet-le-Duc erneuert.

Das Chorjoch unter dem Glockenturm scheint zur selben Zeit wie das Schiff entstanden zu sein. Auf den vier Säulen der Apsis wurden die alten Kapitelle mit Palmetten, geschmeidigem Zweigwerk und doppeltem Blätterkranz wiederverwendet. Das ursprüngliche Chorhaupt ist möglicherweise schon vor dem Langhaus vollendet gewesen.

Villennes-sur-Seine

Geschichte

Einige Kilometer westlich von Poissy duckt sich an den Hängen des linken Flußufers die Kirche Saint-Nicolas von Villennes-sur-Seine. Hier gab es bereits im Jahre 1007 eine Pfarrgemeinde und folglich auch eine Kirche.

Der Bau der heutigen Kirche kann aber angesichts der entwickelten Form der zusammengesetzten Pfeiler des Langhauses nicht vor das beginnende 12. Jahrhundert datiert werden.

Die östlichen Bauteile der Kirche wurden zu einem unbekannten Zeitpunkt im Hundertjährigen Krieg zerstört. Das Bauwerk muß entweder ein Querschiff mit Chorhaupt oder ein Chorjoch mit Seitenkapellen und drei Apsiden besessen haben. Ein einjochiger rechteckiger Altarraum wurde im ausgehenden Mittelalter oder in der Renaissance angebaut, wobei man die östlichen Enden der Seitenschiffe vermauerte. Auch das obere Geschoß des Glockenturms scheint in dieser Zeit erneuert worden zu sein.

Die Pfeiler des Langhauses sind beschädigt und zum Teil ihrer Säulenvorlagen beraubt worden. 1926 wurde die Kirche unter Denkmalschutz gestellt und seit 1978 – dank einer Aktion der örtlichen Gesellschaft zur Rettung des Bauwerks – bedachtsam restauriert. Den Boden des Langhauses hat man abgesenkt und dadurch die Proportionen wiederhergestellt. Die Pfeiler erhielten nach und nach ihre ursprüngliche Form zurück.

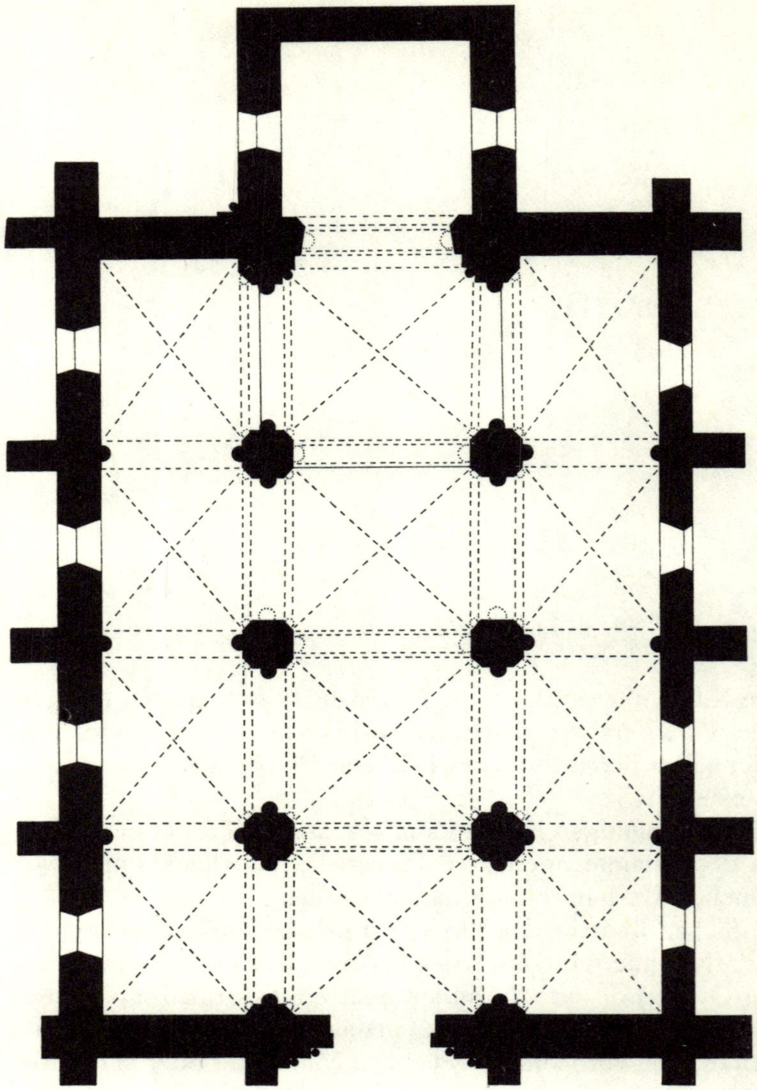

Villennes-sur-Seine

Der Außenbau

Von außen sieht Saint-Nicolas recht bescheiden aus. Im Laufe der Zeit ist die Kirche in den Boden eingesunken und hat zudem ihren Ostteil verloren. Die unregelmäßige Fassade wird im Süden vom Glockenturm beherrscht. Der Giebel besitzt nur eine Schräge, die von dem nördlichen Seitenschiff ausgeht und bis zum oberen Geschoß des Turms hinaufreicht. Die ursprüngliche Dreiteilung erkennt man nur noch an den rechteckigen, schräg abschließenden Strebepfeilern am Erdgeschoß.

In der Mitte öffnet sich ein rundbogiges Portal ohne Tympanon, an dem zwei Archivolten auf vier Säulen aufliegen. Die Archivolten und Säulen sind offensichtlich neueren Ursprungs, während die Kapitelle authentischer sein dürften. Eulen und Phantasieköpfe finden sich an den Ecken zwischen aufrecht stehenden Palmetten. Ein Rundbogenfenster liegt über dem Portal, getrennt durch ein Band auf Kragsteinen, die offenbar kürzlich erneuert wurden. Die Ausschrägungen des Fensters sind modern, seine beiden Archivolten aber teilweise alt. Die erste ist mit einem durch eine Hohlkehle verdoppelten Zickzackband verziert; die zweite ist durch zwei Rundstäbe begrenzt und von einem mit vielblättrigen Blüten geschmückten Band eingefaßt. Die fensterlose Westseite des nördlichen Seitenschiffs wird von einem horizontalen Band durchschnitten, ohne Verbindung mit dem Mittelteil. Im Süden zeigt das Untergeschoß des Glockenturms Veränderungen an den Strebepfeilern. Der eine ist nahe beim Mittelfenster unterbrochen, um einer Sonnenuhr Platz zu machen. Das wiederaufgebaute obere Geschoß ist durch ein Bandgesims betont. Auf jeder Seite öffnet sich ein hohes, schmuckloses Rundbogenfenster. Das Satteldach beeinträchtigt keineswegs das romanische Gesamtbild.

Rechteckige Strebepfeiler unterteilen das nördliche Seitenschiff in vier Joche. Die Fenster in der Achse jedes Joches wurden mit Sicherheit nachträglich vergrößert. Das Hauptschiff und die Seitenschiffe sind unter einem einzigen Dach zusammengefaßt. Das nördliche Seitenschiff endet in einer geraden Mauer, in der sich Spuren einer Bogenstellung abzeichnen. Eine etwas verwitterte Säulenvorlage läuft im Winkel zwischen Seitenschiff und Chor empor und beweist, daß das Gebäude auf dieser Seite ursprünglich länger gewesen sein muß. Der rechteckige Chor springt im Osten etwas vor.

Der Innenraum

Zur schmucklosen und gedrungenen Masse des Außenbaus steht der Innenraum mit seinem vollständig überwölbten Langhaus in einem wirkungsvollen Kontrast. Die Seitenschiffe sind beinahe ebenso hoch wie das fensterlose Mittelschiff. Ihnen verdankt das Bauwerk seine geglückten Proportionen.

Die vier Joche tragen Kreuzgratgewölbe. Rundbogige Gurte gliedern den Raum. Im Mittelschiff sind sie durch einen kräftigen Rundstab hervorgehoben, in den Seitenschiffen haben sie ein rechteckiges Profil (Bild100). Die Abstufung der rundbogigen Arkaden bilden zwei Reihen glatter Keilsteine. Die viereckigen Pfeiler sind oder waren an den Graten mit Säulen versehen. Eine kräftigere Säulenvorlage ist an den Innenseiten hochgezogen. Auf der Mittelschiffseite läuft eine weitere bis zum Ansatz der Gurtbögen hinauf. Längs der Außenmauern entspricht eine weitere Säulenvorlage jedem Gurtbogen. Der gesamte Innenraum wirkt sehr plastisch. Der sehr schlichte Kapitellschmuck beschränkt sich auf breite, flache Blätter, die in den oberen Ecken in Kugeln enden. Ein Dreieck, ein Viereck oder ein flacher Kopf markieren die Mitte der Hauptseite. Der Gurtbogen am Eingang zum Chor ist durch die Abstufung und durch drei Rundstäbe besonders hervorgehoben. Er ruht auf Pfeilern, die wie bei den letzten Arkaden des Langhauses zum Mittelschiff hin durch drei Vorlagen betont sind.

Weitere Halbsäulen an der Ostseite des Pfeilers, die teilweise in den Seitenmauern des Chores eingelassen sind, zeigen, daß die Pfeiler ursprünglich frei standen und sich die Seitenschiffe auf ein Querschiff oder auf die Seitenschiffe des Chors öffneten. Die Kapitelle dieser östlichen Pfeiler unterscheiden sich von den anderen, sie sind reicher skulptiert. An den Kapitellen im Süden hat eine kürzlich erfolgte Reinigung ein in seiner Ausführung etwas trockenes und ungeordnetes, aber authentisches Flachrelief freigelegt. Monstermasken schmükken die oberen Ecken. Eine von ihnen scheint eine menschliche Figur zu beißen.

In der Mitte des beschädigten Nordpfeilers ist eine figürliche Szene eingelassen. Eine unter einer Arkade liegende Person haucht ihren letzten Atem aus – symbolisch dargestellt durch die Gestalt einer kleinen nackten Figur (Bild 101). Ein großer bewaffneter Teufel bemächtigt sich ihrer. Vielleicht handelt es sich um das Gleichnis vom reichen Prasser? Die seitlichen Szenen sind zu sehr zerstört; eine Deutung ist schwierig. Auf einem anderen Kapitell erkennt man einen Mann zwischen zwei Löwen (Bild 102). Die phantasievolle Aufteilung und die abrundende Modellierung dieser Kapitellplastik ist typisch für die regionale Tradition Ende des 11. Jahrhunderts.

Der Südwesten

Etwa fünfzig Kilometer südlich von Paris liegt Étampes, die königliche Stadt der Kapetinger, die im 11. und 12. Jahrhundert große Bedeutung erlangte. Die Herrscher kamen oft, um hier zu residieren. So hängt der Reichtum an Sakralbauten in dieser Stadt sicherlich mit dem Interesse zusammen, das man ihr als zweite Hauptstadt des Königreiches entgegenbrachte. Ihren wirtschaftlichen Aufschwung verdankt sie zum großen Teil den königlichen Privilegien, insbesondere der durch Ludwig VI. im Jahre 1123 und durch Ludwig VII. im Jahre 1137 gewährten Befreiung von der Steuerlast. In den Jahren 1048, 1092, 1112 und 1130 wurden in Étampes Konzilien abgehalten, wahrscheinlich mehrmals in der Kirche Notre-Dame. In seine Residenz in Étampes berief Ludwig VII. die Versammlung zur Vorbereitung des zweiten Kreuzzugs von 1147 ein.

Mehrere Bauwerke der Stadt sind noch teilweise romanisch: Notre-Dame, Saint-Gilles, Saint-Basile und Saint-Martin. Wie in Paris fand auch hier das Kreuzrippengewölbe schon sehr früh noch vor der Mitte des 12. Jahrhunderts Anwendung, so daß keine Kirche ihr ursprüngliches Erscheinungsbild bewahrt hat.

Étampes gehörte im Mittelalter zur Diözese Chartres. Dieses andere große Zentrum im Südwesten von Paris hing in romanischer Zeit nicht direkt vom König ab, sondern gehörte zur Grafschaft Blois. Die Kathedrale von Chartres stand indessen immer in der besonderen Gunst der Herrscher. Nach der Überlieferung schenkte Karl der Kahle im 9. Jahrhundert der Basilika eine bedeutende Reliquie, die Tunika Mariens. Nach dem Brand des Bauwerks im Jahre 1020 wandte sich Bischof Fulbert persönlich an den König von Frankreich wie auch an den Herzog von Aquitanien und bat um finanzielle Unterstützung. Die zu seiner Zeit einsetzende Blütezeit der berühmten Schule von Chartres, einer Keimzelle des Denkens und der Theologie im 11. und besonders im 12. Jahrhundert, trug dazu bei, die intellektuellen und spirituellen Bande zwischen Chartres und der Hauptstadt zu vervielfachen. Die Wallfahrt zur Gottesmutter von Chartres übte darüber hinaus eine starke Anziehungskraft aus, die die Grenzen der Region weit überschritt.

Die romanische Kunst fand in der Kathedrale selbst meisterhaften Ausdruck. Unbestritten sind die engen Beziehungen zu den großen Bauwerken der Krondomäne in Saint-Denis und Étampes. In Chartres selbst zeugen die ehemalige Abtei Saint-Pierre, Saint-André und Saint-Martin-au-Val von der Ausstrahlung der Kathedrale. Ihr Einfluß macht sich auch im Süden der Diözese in Châteaudun und Dangeau bemerkbar.

Étampes · Notre-Dame

Geschichte

Notre-Dame, gelegentlich Notre-Dame-du-Fort genannt, war die dem königlichen Schloß benachbarte Kirche. Die Herrscher und ihre Familien hatten ihre reservierten Plätze im Chor und traten vielleicht durch das am reichsten ausgeschmückte Südportal des Langhauses in das Gotteshaus ein (Bild 105).

Helgaud de Fleury, ein Mönch aus Saint-Benoît-sur-Loire, schrieb im 11. Jahrhundert, König Robert der Fromme habe die Kirche selber gegründet. Man weiß, daß sie im Jahre 1047 noch nicht vollendet war; wohl aber scheint die Krypta in diese Zeit zurückzugehen (Bild 114).

Die übrige Kirche entstand in mehreren Bauabschnitten. Immer wieder wurde etwas angefügt, so daß sich schließlich der komplexe Gesamteindruck ergab. Unregelmäßigkeiten verursachte auch die Lage: Im Süden war der Bauplatz durch eine Zufahrt zum königlichen Schloß begrenzt, und auf der anderen Seite war er ringsum von den Häusern der dichtbevölkerten und lebendigen Stadt umgeben.

Urkunden, die über die Datierung der verschiedenen Teile der Kirche Aufschluß geben könnten, sind nicht erhalten. Im Laufe der ersten Hälfte des 12. Jahrhunderts müssen das zweijochige Hauptschiff mit den flankierenden Seitenschiffen und der im Westen aufragende Vorhallenturm gebaut worden sein. Dann folgte das Querschiff sowie der Chor mit einem flachen Abschluß. Die beiden Seitenschiffe des

Chors und ihre kleinen Ostapsiden wurden in der zweiten Hälfte des 12. Jahrhunderts errichtet. Zwischen die beiden Südapsiden schob man einen kleinen rechteckigen Raum, das Archiv, in dem die Urkunden verwahrt wurden. Anfang des 13. Jahrhunderts errichtete man vor dem Vorhallenturm eine dazu schräg stehende Fassade und verband sie mit den Seitenschiffen, so daß zwei Kapellen mit eigenartigem Grundriß entstanden. Auch das Querschiff wurde im 13. Jahrhundert überarbeitet und die Fassade und das Chorhaupt mit Zinnen bekrönt.

Die Heiliggrabkapelle wurde zwischen 1513 und 1515 am Nordturm über einem romanischen Beinhaus errichtet.

Während der Revolution hat man die Säulenfiguren des Südportals geköpft und die Kirche geplündert. Im 19. Jahrhundert wurde Notre-Dame dann wieder Pfarrkirche. Die bald darauf durchgeführten bedeutenden Restaurierungen des unter Denkmalschutz gestellten Bauwerks betrafen vorwiegend die Architektur und die Dächer.

Besichtigung

Der Außenbau

Die äußere Gestalt der Kirche wirkt sehr unregelmäßig und verrät in ihrer Heterogenität die Folge von verschiedenen Bauetappen. Sie erscheint wie eine Art Vieleck, das im Westen schmaler ist als im Osten. Der Fassade und den westlichen Kapellen ist eine Mauer vorgeblendet, deren Flächen im Verhältnis zueinander aus der Achse verschoben sind. Das Querschiff springt aus den nahezu parallelen Wänden des Langhauses etwas vor. Die Stirnwand des Südarms verläuft schräg und setzt sich in den Seitenschiffen des Chors fort, die nach Osten zu breiter werden. Selbst die Abschlußwand des Chorhaupts ist nicht geradlinig. Der Chor liegt zwar in der Achse des Langhauses, doch sind die Seitenkapellen im Norden tiefer als im Süden. Die Außenmauern des nördlichen Chorseitenschiffs weiten sich dem Querschiff zu und stoßen auf den Nordarm, der deutlicher vorkragt als der Südarm. Zudem wird er durch die Heiliggrabkapelle erweitert.

In der flachen Stirnwand des Chors kann man erkennen, daß hier einst eine Altarnische vorsprang. Diese Bauform kommt im Süden von Paris seltener vor als nördlich der Seine. Beiderseits des Chors liegen die kleinen Seitenapsiden in einer Mauer, die im 13. Jahrhundert für den Rundgang errichtet wurde. Ein halbsäulenförmiger Strebepfeiler aus dem 12. Jahrhundert hebt sich dagegen noch zwischen den beiden

Nordapsiden ab. Außerdem blieb eine rundbogige Tür mit schmucklosem Tympanon, umgeben von zwei glatten Bögen auf zwei kleinen Säulenpaaren, unter einem der Nordfenster erhalten. Alle Fenster des Hauptschiffs und der Seitenschiffe sind im nachhinein vergrößert worden. Im zweiten Joch befindet sich an der Südseite des Langhauses das Portal aus dem 12. Jahrhundert (Bild 105), auf dessen Skulpturenschmuck wir im folgenden gesondert eingehen werden. Es ist in einen rechteckigen, blockhaften Vorsprung eingelassen, den ein Kranzgesims auf Kragsteinen bekrönt. Die Ostseite ist durch den späteren Bau des südlichen Querschiffarms beschnitten, doch sparte man eine Nische für den Zwickel oberhalb des Portals aus. Im Südarm liegt eine weitere, allerdings zugemauerte Tür. Sie war rundbogig, und ihre Stufung wurde durch Rundstäbe betont. Hier haben sich Reste von Wandmalerei erhalten, die vielleicht aus dem 14. Jahrhundert stammen.

Die Westfassade ist mit ihren drei Portalen rein gotisch. Dahinter erhebt sich der Vorhallenturm (Bild 103). Es besteht oberhalb der Dächer aus drei Geschossen. Die beiden unteren, quadratischen Stockwerke tragen übereinandergestellte zierliche Ecksäulen. Das erste, ein wenig breitere besitzt auf jeder Seite zwei rundbogige Öffnungen. Jede Öffnung umrahmen zwei Bögen mit Rundstäben und zwei Paare schlanker Säulen. Die Zwillingsfenster des zweiten Stockwerks sind von einem fortlaufenden Rundstab gerahmt. Ein zweites Gesims umläuft die Bögen und setzt sich horizontal um die Ecken des Turmes fort. Ein Kranzgesims auf Kragsteinen unterstreicht das dritte, achteckige Geschoß. Die vier runden Ecktürmchen bestehen aus drei Rängen rundbogiger, auf dünnen Säulen aufliegenden Arkaden und aus sehr eleganten Turmspitzen. In jeder Teilfläche des Oktogons ist ein übergiebeltes Dachfenster eingelassen, das unten auf der Basis der Turmspitze aufliegt. Die Turmspitze selbst ist an den Graten mit Rundstäben und auf den acht Seitenflächen mit Schuppenornament geschmückt. Der Glockenturm von Notre-Dame in Étampes ist unbestreitbar einer der schönsten in der Ile-de-France.

Das Südportal

Neben dem Turm ist das Südportal der zweite Glanzpunkt dieser Kirche (Bild 105). Die Zwickel des rechteckigen Rahmens sind mit Engelgestalten geschmückt, die in einem recht flachen Relief gearbeitet sind (Bild 104). Ihre Köpfe sind verlorengegangen. Im Portalgewände stehen insgesamt sechs Säulenstatuen. Ursprünglich waren ganz außen zwei weitere angebracht. Sie sind heute im südlichen Seitenschiff des Chors zu finden (Bild 107 und 108).

Die kopflosen Gewändestatuen lassen zwischen ihren Füßen ein Stück vom Säulenschaft und die Basis erkennen, während sie oben über ihren Häuptern ein Baldachin von den Kapitellen trennt. Der Portalsockel ist wie am Königsportal von Chartres oder in Saint-Germain-des-Prés mit Tafeln geschmückt. Auf den Kapitellen sind figürliche Szenen dargestellt, die sich wie in Chartres in einem fortlaufenden Fries aneinanderreihen. Stilisiertes Blattwerk schmückt die Deckplatten. Der stark beschädigte Türsturz und das Tympanon sind von drei figürlich skulptierten Archivolten umgeben. Wie in Chartres und Saint-Denis folgen die Figuren in ihrer Ausrichtung der Bogenrundung. Das Tympanon und die Archivolten sind deutlich spitzbogig.

Das Thema des Türsturzes und des Tympanons ist zugleich das der Himmelfahrt wie auch das der Wiederkunft Christi am Ende der Zeiten. In romanischer Zeit waren beide Themen gewöhnlich eng miteinander verbunden, denn der Evangelientext von der Himmelfahrt kündigt klar die Rückkehr Christi auf Erden an. Damit ist das ikonographische Programm dieses Portales also keineswegs neu. Auf dem Türsturz steht Maria inmitten der Apostel. Auf dem Tympanon sieht man Christus zwischen zwei Engeln gen Himmel auffahren. An das Ende der Welt erinnern die Archivoltenfiguren, denn sie zeigen die 24 Ältesten aus der Apokalypse. Die Kapitelle sind der Menschwerdung und der Erlösung gewidmet. Sie fassen in Kürze das Erdenleben des Erlösers zusammen. Links außen beginnend, sieht man Szenen der Kindheit: die Verkündigung, die Heimsuchung Mariens, den Traum Josephs, das Bad des Kindes, die Geburt, den bethlehemitischen Kindermord, Herodes und einen Priester im Tempel. Die zeitliche Reihenfolge des Geschehens ist also nicht strikt eingehalten. Rechts folgt der Passionszyklus: Einzug in Jerusalem, das Abendmahl, die Frauen am Grab, Christus erscheint Magdalena. Die Türpfosten blieben schmucklos mit Ausnahme der Kapitellzone. Dort ist die Versuchung Adam und Evas dargestellt sowie die Vertreibung aus dem Paradies, Themen, die bereits auf die Erlösung abzielen. Die Säulenstatuen sind schwerer zu deuten. Die beiden Beispiele in der Kirche (mit modernen Köpfen) stellen Petrus (Bild 107) und Paulus (Bild 108) dar, wie man sie auch am Portal in Saint-Loup-de-Naud findet. Außerdem erkennt man in der Mitte der linken Ausschrägung Mose an den Gesetzestafeln, die er in der Hand hält (Bild 106). Über die anderen Gestalten, zwei Frauen und vier Männer, gab es manche Spekulation, doch nichts rechtfertigt eine letztlich gültige und glaubwürdige Identifikation. Das Portal von Étampes unterscheidet sich in seinen Statuen von denen in Saint-Denis und Chartres, denn die beiden Apostelgestalten, die von vornherein dazugehörten, lassen in ihnen nicht wie dort die Vorläufer des Alten Testaments erkennen. Insgesamt ist das Programm in sich weniger geschlossen.

Seit langem sieht man eine Verwandtschaft zwischen dem Stil der Statuen von Notre-Dame in Étampes und den Gewändefiguren links außen am Königsportal von Chartres. Dieselbe Werkstatt, das heißt dieselbe Gruppe von Steinmetzen und Bildhauern, war an beiden Werken beteiligt. Die Statuen haben nicht die strenge Axialität des Hauptmeisters von Chartres, die Falten der Gewänder nicht die gleiche Vertikalität, konzentrische oder spiralförmige Linien sind in einer sehr ornamentalen und romanischen Art modelliert (Bild 106 und 109), und die Gesten wirken sehr eckig. Diese Figuren erinnern an die Kunst von Vézelay, Autun und auch an Saint-Denis.

Dem Tympanon liegt ein streng symmetrischer Aufbau zugrunde: Christus ist in der Mitte stehend frontal dargestellt. Das Relief ist hier wesentlich flacher als in Chartres und löst sich weniger vom Hintergrund. All diese Züge verleihen dem Portal in Étampes im Vergleich zu Chartres einen archaischeren oder traditionelleren Charakter. Die frühere oder spätere Fertigstellung des einen oder des anderen Portals bleibt sehr umstritten. Sie wurden wohl annähernd zur selben Zeit geschaffen, doch muß die Skulptur von Étampes der von Chartres vorangegangen sein, denn sie steht der romanischen Kunst Burgunds näher. Außerdem dürfte Étampes wegen seiner politischen und wirtschaftlichen Bedeutung im 12. Jahrhundert keineswegs ein rückständiges Kunstzentrum gewesen sein.

Der Innenraum

Der Anteil an romanischen Bauelementen ist im Innern der Notre-Dame weitaus größer als man es von außen vermutet. Nachdem man durch das Portal der gotischen Fassade eingetreten ist, gelangt man in das nach Westen und Osten offene Untergeschoß des Vorhallenturms. Die beiden Seitenwände sind durch zwei große Rundbögen verstärkt. Im 12. Jahrhundert trug der Raum wahrscheinlich einen hölzernen Dachstuhl. Er wurde beim Bau der Westfassade durch zwei Kreuzrippengewölbe ersetzt. Von der Vorhalle aus kommt man in das zweijochige Hauptschiff. Die Kreuzgratgewölbe sind neueren Datums, ebenso die Obergadenfenster. Ein Kreuzgratgewölbe gab es aber vermutlich schon seit dem 12. Jahrhundert, denn die kräftigen Pfeiler werden durch Dienste verlängert, die anscheinend die Gewölbebögen aufnehmen sollten. Die Dienste verschmelzen mit dem Pfeiler. Dieses Stilelement findet man weniger ausgeprägt in Paris wieder: in Saint-Martin-des-Champs und in Saint-Pierre-de-Montmartre. Schlichte Spitzbogenarkaden verbinden die Pfeiler. Deren Basen sind durch eine Hohlkehle zwischen zwei Rundstäben gegliedert und besitzen plastisch gearbeitete Eckklauen mit Köpfen (Bild 111) und Tieren (Bild 112). Die Kapitelle sind durch die eingebundenen Dienste unterbrochen, haben also keine vollständigen Körbe. Ihre in Flachrelief skulptierten Motive waren in der Ile-de-France Ende des 11. und Anfang des 12. Jahrhunderts weit verbreitet. Die Ecken und der obere Teil der Körbe sind symmetrisch hervorgehoben. Die Kapitelle entlang der Mauern der Seitenschiffe zeigen den gleichen Stil. Mitunter sind Figuren oder Masken in die Palmetten eingebunden (Bild 113).

Die beiden Seitenschiffe tragen Kreuzgratgewölbe, die ursprünglicher sind als die des Mittelschiffs. Die breiten spitzbogigen Gurte haben ein rechteckiges Profil, während die Schildbögen mit einem Rundstab versehen sind. Die Bögen ruhen auf Wandsäulen, die die Jocheinteilung anzeigen. Im südlichen Seitenschiff sind am Anfänger der Grate Masken eingefügt wie unter einigen Gewölben in Saint-Martin-des-Champs. Die Fenster sind leider erneuert.

Auch im Querschiff haben sich Spuren aus romanischer Zeit bewahrt. Die kreuzgratgewölbte Vierung ruhte auf vier freistehenden Säulen, von denen in den jüngeren Pfeilern im Osten der Vierung noch Teile sichtbar sind. Erhalten sind auch die alten Pfeilervorlagen. Der Nordarm wurde offensichtlich in der zweiten Hälfte des 12. Jahrhunderts mit einem Kreuzrippengewölbe versehen. Im Zuge dieser Einwölbung wurde ein Mittelpfeiler errichtet, der die vier Gewölbefelder trägt. Zwei rundbogige Fenster in der Westwand des Querarms erhellen den Raum.

Als man die Wände für die Einwölbung erhöhte, wurden über den ursprünglichen Fenstern weitere Öffnungen eingelassen. Aus romanischer Zeit stammen schließlich noch zwei Türen; die eine liegt im Westen, die andere zugemauert in der Stirnwand des Querarms.

An der ursprünglichen Stirnwand des nördlichen Arms errichtete man im 16. Jahrhundert die Heiliggrabkapelle. Allem Anschein nach stand hier schon zuvor ein älterer Bau, denn unter der Kapelle liegt ein in der Art einer Krypta gebautes Beinhaus. Vier Kreuzgratgewölbe überspannen die Kapelle. Ihre rundbogigen Gurte mit rechtekkigem Profil ruhen auf einer Mittelsäule ohne Basis. Ihr Kapitell besteht aus einem quadratischen Stein und einem abgeschrägten Abakus. In der Mitte der Seitenmauern fangen Konsolen die Bögen auf. Wandpfeiler ohne Bogenkämpfer stehen in den Ecken.

Der Chor muß ursprünglich drei Joch tief gewesen sein. Das erste ist heute durch einen östlichen Anbau dem Querschiff einverleibt. Das

Mittelschiff des Chors wurde im Anschluß an den Bau des Langhauses und der Vierung errichtet, wahrscheinlich vor der Mitte des 12. Jahrhunderts. Zwei vermauerte Fenster erkennt man noch in der Seitenmauer des vorletzten Jochs. Sie waren rundbogig und von einem fortlaufenden Rundstab umgeben wie noch heute das untere Scheitelfenster. Die drei oberen Öffnungen im Chorscheitel sind spitzbogig und vermutlich erneuert. Die Kreuzrippengewölbe wirken urtümlich und scheinen original zu sein. Die Gewölbesegmente bestehen aus Füllwerk und nicht aus Hausteinen. Die kräftigen Gurte gliedern sich in mehrere Rundstäbe und Hohlkehlen. Eine vorkragende Leiste ist durch zwei Schrägflächen mit den beiden seitlichen Rundstäben verbunden.

Die beiden Seitenschiffe im Norden des Chors sind schon deutlich gotischer. An den Zwischenstützen laufen schlanke Dienste in weiter entwickelter Form empor. An den Rippenansätzen oder in den Schlußsteinen schmücken Reliefs mit Engeln und gekrönten Gestalten die Kreuzrippengewölbe. Die kleinen Apsiden sind von drei unterschiedlichen Gewölbesegmenten überfangen. Sie werden von zwei Rippenarmen getragen, die im Schlußstein des Eingangsgurtes zusammenlaufen. Diese Form geht von der Halbkuppel auf Rippen aus, vergleichbar der Einwölbung der kleeblattförmigen Kapelle in Saint-Martin-des-Champs. Die beiden südlichen Seitenschiffe des Chors und der Südarm sind noch weiter entwickelt und stammen aus späterer Zeit (Bild 110).

Die Krypta

Über eine moderne Seitentreppe im Querschiff gelangt man in die Krypta. Sie ist der älteste Teil der Kirche und gehört zu dem Bau, den Robert der Fromme im 11. Jahrhundert errichten ließ.

Sie erstreckt sich genau unter dem Chor, schließt aber nicht mit einer geraden Wand, sondern mit einer Apsis ab (Bild 114). Darin entspricht sie sicherlich den Maßen des ersten romanischen Chorhaupts. Die Kirche des 11. Jahrhunderts muß etwa die Länge der heutigen Kirche bis zum Vorhallenturm gehabt haben. Die Krypta ist sehr schlicht in der Art einer Hallenkrypta gebaut, das heißt, sie besteht aus drei Schiffen gleicher Höhe, unterteilt durch zwei Reihen von je drei Säulen. Die drei kreuzgratgewölbten Schiffe sind durch rundbogige Gurte gegliedert. Aus derselben Zeit wie die Krypta stammt möglicherweise das Beinhaus am nördlichen Querschiffarm.

Geschichte

Die Geschichte der Pfarrkirche Saint-Gilles beginnt im zweiten Viertel des 12. Jahrhunderts, als sich die Stadt ausdehnte und ein neues Viertel seelsorgerisch zu betreuen war. Man darf annehmen, daß der Bau durch die Steuerbefreiung ermöglicht wurde, die Ludwig VI. im Jahre 1129 den Bewohnern dieses Viertels gewährt hatte.

Von der romanischen Kirche steht noch die Fassade, ein Teil des Langhauses und das Querschiff.

Im 13. Jahrhundert errichtete man einen Glockenturm über der Vierung. Im 15. und zu Beginn des 16. Jahrhunderts veränderten umfangreiche Arbeiten das ursprüngliche Aussehen der Kirche. An die Stelle der früheren, wahrscheinlich einfachen Seitenschiffe trat im Süden ein Seitenschiff mit Seitenkapellen und im Norden ein doppeltes Seitenschiff. Zugleich wurde der Sockel aller Mittelschiffpfeiler erneuert sowie die Querschiffarme in Verlängerung der neuen Seitenschiffe. Es entstand ein neuer Chor mit Seitenschiffen.

Bei einem Bombenangriff im Jahre 1940 wurde die Kirche beschädigt, inzwischen ist sie wiederhergestellt.

Besichtigung

Von außen ist nur die Fassade romanisch. Ihr Portal, das weder einen Türsturz noch ein Tympanon besitzt, ist von einem fortlaufenden Wulst und vier Säulen gerahmt, die zwei mit Rundstäben und Diamantspitzen geschmückte Archivolten tragen. Im Innern stammen die achteckigen Pfeiler des Langhauses aus der Zeit des Flamboyant, doch kann man an der Nordseite der Fassade noch zwei Säulen auf Basen mit Eckklauen und volutengeschmückte Kapitelle erkennen. Anscheinend wurden die Arkaden ursprünglich von Pfeilern mit zwei Säulenvorlagen getragen. Die gestuften, rundbogigen Arkaden sind noch alt. Die darüberliegende Wand mit den schlichten rundbogigen Obergadenfenstern ist ebenfalls ursprünglich (Bild 115). Das Schiff war niemals überwölbt.

Das Gewölbe der Vierung wurde gegen Ende des Mittelalters eingezogen, doch ruht es auf den vier originalen, kreuzförmigen Eckpfeilern.

Die Kirche Saint-Basile hing im 11. Jahrhundert von Notre-Dame ab. Sie wurde im Jahre 1226 im Zuge der Stadtentwicklung als Pfarrkirche errichtet.

Die Fassade, das Querschiff und der Vierungsturm stammen teilweise aus dem 12. Jahrhundert. Das übrige Gebäude wurde im 15. Jahrhundert erneuert und 1497 vom Erzbischof von Sens geweiht. Die Kapellen im Süden sind spätere Anbauten. Zahlreiche Restaurierungen wurden im 19. Jahrhundert durchgeführt.

Ein stark überarbeitetes Portal öffnet sich in der Westfassade (Bild 117). Es liegt in einem rechteckigen, vorspringenden Massiv, das von zwei Strebepfeilern eingefaßt ist und oben mit einer Schrägkante abschließt. Dieser Aufbau kommt dem des Südportals von Notre-Dame nahe, doch ist das Portal von Saint-Basile breiter und rundbogig. Die sechs Gewändesäulen und deren Kapitelle stammen aus dem 19. Jahrhundert. Der Zickzackfries an den Türpfosten setzt sich ohne Unterbrechung an der inneren Archivolte fort. Über dem Zickzackbogen sieht man im Bogenscheitel sehr flach skulptiert die Darstellung einer Seelenwägung zwischen den Erlösten und den Verdammten (Bild 116). Von den rundbogigen Archivolten ist der äußere, mit Engeln geschmückte Bogen neuzeitlich, doch blieben auch zwei alte Archivolten erhalten: ein kräftiger, mit Rankwerk skulptierter Rundstab und eine mit vierblättrigen Blumen geschmückte Archivolte. Das Fenster über dem Portal ist von zwei kleinen Säulen und einem Rundstab eingefaßt. Ein rechteckiger Turm erhebt sich über der Vierung. Sein Dach ist neu, doch muß sein Fenstergeschoß mit Kranzgesims und skulptierten Kragsteinen aus der Mitte des 12. Jahrhunderts stammen. Kleine übereinanderstehende Säulen zieren die Ecken. In jeder Seitenfläche liegen zwei Paare spitzbogiger Doppelfenster mit eingestellten Säulen, vereint unter einem ebenfalls spitzbogigen Entlastungsbogen.

Im Innern der Kirche erinnert nur wenig an die romanischen Ursprünge. Die Vierungspfeiler stammen indessen aus derselben Zeit wie der Glockenturm. Ein Okulus öffnet sich in der Westmauer des südlichen Querarms. Die Stirnwände und die Ostseite des Querschiffs wurden im 15. Jahrhundert erneuert.

Die Bildseiten

Villennes-sur-Seine

100 *Das Längsschiff, aus dem nördlichen Seitenschiff heraus gesehen.*
101 und 102 *Kapitelle.*

Étampes · Notre-Dame-du-Fort

103 *Westfassade und Glockenturm.*
104 *Teilansicht des Südportals.*
105 *Gesamtansicht des Südportals.*
106 *Säulenfiguren am Südportal.*
107 und 108 *Säulenfiguren vom Südportal, heute in der nördlichen Seitenapsis: Petrus und Paulus.*
109 *Teilansicht der Statue des heiligen Petrus.*
110 *Die südlichen Apsiden.*
111 und 112 *Als Köpfe dekorierte Ecksporne an den Pfeilerbasen des Langhauses.*
113 *Kapitell im Langhaus.*
114 *Krypta.*

Étampes · Saint-Gilles

115 *Das Langhaus, vom südlichen Seitenschiff aus gesehen.*

Étampes · Saint-Basile

116 *Ausschnitt aus den Archivolten des Westportals.*
117 *Gesamtansicht des Westportals.*

Étampes · Saint-Martin

118 *Chorhaupt.*

100

101

102

ÉTAMPES

107

108

109

110

111

112

Obwohl die Kirche nur noch im Chorhaupt romanische Bauteile besitzt (Bild 118), sei sie hier genannt, denn sie ist eng mit der Geschichte von Étampes verbunden. König Philipp I. schenkte sie 1106 der benachbarten Benediktinerabtei Morigny. Dann wurde sie Stiftskirche für zwölf Kanoniker, einen Kantor und einen Dekan. Die Kanoniker gerieten sofort in Konflikt mit dem Abt von Morigny und schon im Jahre 1140 ermächtigte der Papst die Benediktinermönche, die Kanoniker hinauszuwerfen. Vermutlich wurde mit dem Bau der heutigen Kirche in dieser Zeit begonnen, als der Friede wieder eingekehrt war. Man weiß durch ein Dokument, daß die beiden westlichen Joche des Langhauses nach 1213 entstanden. Die Fassade wurde im 19. Jahrhundert erneuert.

Sowohl das Längs- als auch das Querschiff sind gotisch. Der älteste Bauteil, das Chorhaupt, ist besonders interessant, weil es an die romanische Krypta der Kathedrale von Chartres und an die sich davon herleitenden Bauwerke erinnert. Wie dort liegen dem Chorumgang weit auseinander drei Kranzkapellen an, wobei die Scheitelkapelle tiefer ist (Bild 118). Rundbogige Fenster öffnen sich in den Kapellen. Zwischen den Kapellen sorgen jeweils zwei Fenster für die direkte Beleuchtung des Chorumgangs. Im Norden sind sie rundbogig, im Süden spitzbogig.

Den Sockel des Chorumgangs und der Kapellen umzieht ein fortlaufendes Sohlbankgesims. Die Strebepfeiler sind in der Sockelzone rechteckig und werden zwischen den Fenstern zu Halbsäulen. Ein zweites horizontales Bandgesims verläuft unterhalb der Dächer. Die Fenster des Chorumgangs sind gänzlich schmucklos, die der Kapellen gestuft. Ein Bandgesims umfängt die äußere Rundung und läuft horizontal bis zu den Strebepfeilern weiter.

Im Innern besitzen die Fenster keinerlei Schmuck; nur ein Gesims unterstreicht die Fensterbrüstungen. Das Gewölbe der Scheitelkapelle scheint etwas älter zu sein als das der Seitenkapellen. Ihre Apsis ist von einer gerippten Halbkuppel überwölbt, die Seitenkapellen jedoch von drei Gewölbesegmenten wie in den Nordkapellen von Notre-Dame in Étampes. Die Rippen liegen auf deutlich von der Wand abgesetzten Säulen. Jeder der drei Apsiden geht ein Joch mit Kreuzrippengewölben aus kräftigen Rundstäben voraus. Wie in Notre-Dame sind die Gewölbe noch aus Füllsteinen gemauert.

Den Chorumgang überwölben in der Achse der Kapellen Kreuzrippen und über den Fenstern des Chorumgangs dreieckige Gewölbefelder. Die dreizonige Chorapsis ist deutlich gotischer. Man beobachtet einen Stützenwechsel von doppelten und einfachen Säulen. Ein Säulenpaar steht im Scheitel der Apsis. Diese betonte Ausrichtung auf die Mittelachse findet man auch in der viel älteren Apsis von Morienval.

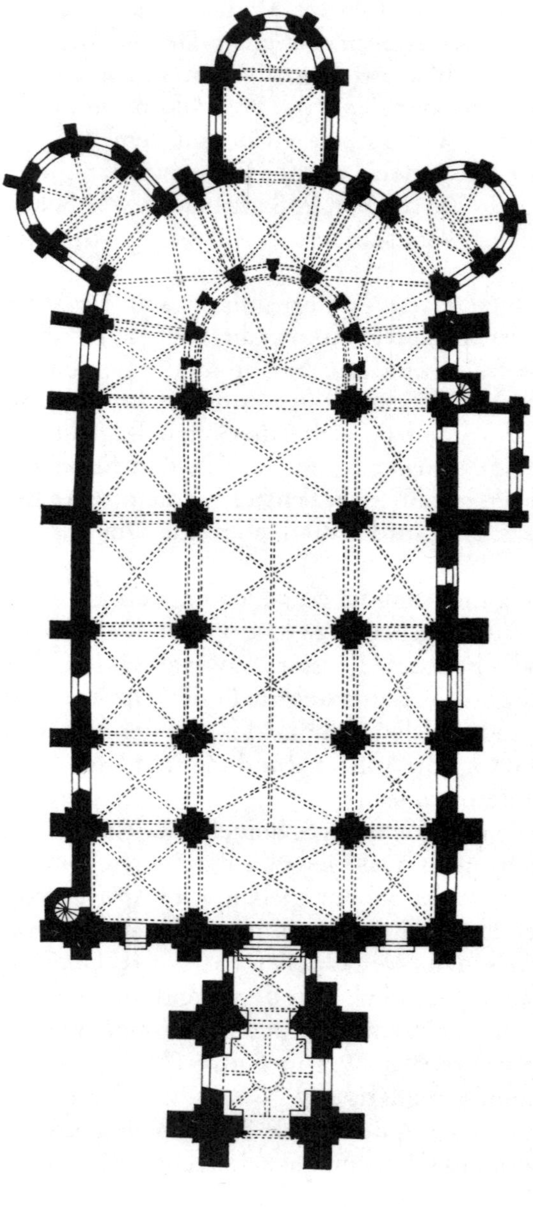

Etampes · Saint-Martin

Chartres · Notre-Dame

Geschichte

Notre-Dame in Chartres gilt zu Recht als die gotische Kathedrale schlechthin. Gleichwohl bewahrt sie bedeutende Reste mehrerer Vorgängerbauten. Die Krypta ist ein romanisches Bauwerk des 11. Jahrhunderts. Die Westfassade gehört mit ihren beiden Türmen, ihren drei Portalen und den drei darüberliegenden Fenstern einer Epoche an, in der sich in der Ile-de-France der Übergang von der romanischen zur gotischen Kunst vollzog.

Die Ursprünge von Chartres liegen weit zurück und verlieren sich im Dunkel der Legende. Vor der Ankunft der Römer soll sich an diesem Ort eine Kult- und Versammlungsstätte der Druiden befunden haben. Diese Mutmaßung kam im 14. Jahrhundert auf, hat sich dann weiterentwickelt und gefestigt. Selbst die Gelehrten des 17. und 18. Jahrhunderts bestätigen noch ohne jede Grundlage die Legende vom Altar der Druiden, welcher der *»Virgini pariturae«*, der Jungfrau, die gebären soll, geweiht war. Diese Hypothese stützte sich auf den Kult der *Notre-Dame-Sous-Terre,* das heißt auf das in der Krypta aufgestellte Kultbild der Muttergottes, ein Werk des 11. oder 12. Jahrhunderts, das 1793 zerstört wurde. Hinter der ihr geweihten Kapelle blieb ein Brunnen aus der Antike erhalten, der *Puits des Saints-Forts.* Er steht im Zusammenhang mit der Legende der heiligen Modeste, der Tochter des römischen Statthalters, die hier zusammen mit anderen Christen den Märtyrertod fand.

In der Nähe des Brunnens blieben Reste der spätromanischen Stadtmauer erhalten. Die erste Bischofskirche muß sich direkt daran angelehnt haben. Im Jahre 743 wurde sie vom Herzog von Aquitanien gebrandschatzt. Den Nachfolgebau steckten 858 die Normannen in Brand.

Bischof Gilbert ließ die Kathedrale beim Wiederaufbau vergrößern. Das bezeugen die erhaltenen Reste der karolingischen Apsis, insbesondere die sogenannte Lubinusgruft, die über die Umfassungsmauern hinausgehen. Die Verehrung der Gottesmutter erhielt einen entscheidenden Impuls durch die Schenkung der Tunika Mariens durch Karl dem Kahlen. Diese Reliquie soll die Stadt 911 und 1119 vor dem Überfall der Normannen gerettet haben. Wunderbarerweise überlebte die Tunika den verheerenden Brand, dem die romanische Kathedrale 1194 zum Opfer fiel. Die Reliquie zog allezeit große Pilgerscharen an und ließ Notre-Dame von Chartres zum bedeutendsten Marienheiligtum der Gottesmutter in Frankreich werden.

Die romanische Kathedrale war von Bischof Fulbert nach einem früheren Brand im Jahre 1020 begonnen worden. Die Krypta wurde 1024 fertiggestellt. Fulbert, ein brillanter Theologe, bekannt als Gründer der Schule von Chartres, starb 1029 ohne die Vollendung seiner Kirche erleben zu dürfen. Sie wurde erst im Jahre 1037 geweiht. Im Laufe des 11. Jahrhunderts fügte man dem Langhaus im Westen ein sogenanntes *Vestibül,* ein Vorschiff an, das jedoch bei einem erneuten Brand im Jahre 1134 zerstört wurde.

Zu diesem Zeitpunkt nun beginnt die Baugeschichte der heutigen Fassade mit ihren drei Portalen, die seit dem 13. Jahrhundert *Portail Royal,* Königsportal, genannt werden. Über den Portalen lag eine durch drei Fenster erhellte Kapellenempore. Zehn Jahre nach dem Brand strömten die Pilger wie zuvor in großen Scharen herbei. Robert de Torigni, Abt von Mont Saint-Michel und Verfasser einer Chronik, besuchte damals die Baustelle und erwähnt die beiden Westtürme.

Die Kirche Fulberts wurde durch den verheerenden Großbrand am 10. Juni 1194 in Schutt und Asche gelegt. Nur die Fassade und die Türme blieben erhalten.

Ein Jahr später setzte der Bau der heutigen Kathedrale ein. Die Westempore wurde abgebrochen; die Fassade blieb jedoch erhalten und wurde aufgestockt. Seit 1221 konnten die Chorherrn den Chor wieder benutzen; 1260 fand eine Neuweihe statt.

In der Folgezeit entstanden die Kapellen Saint-Piat (1323) und Vendôme (1417). 1507 begann Jean de Beauce mit dem Bau der Spitze auf dem nördlichen Fassadenturm. Ein Gitter schloß den Chor ab und die Apsis erhielt einen Marmorplattenbelag. Während der Revolution hat die Kathedrale kaum Schaden genommen, doch ist an ihr fortwährend restauriert und gebaut worden. Heute erfolgen diese Arbeiten unter der Leitung des Denkmalamtes.

Besichtigung

Die Krypta

Jeder Besuch der Kathedrale von Chartres sollte seinen Rundgang in der Krypta beginnen, die mit ihren außergewöhnlichen Abmessungen den Unterbau der Kirche bildet. Die Krypta ist insgesamt gesehen ein Werk des Bischofs Fulbert aus den Jahren 1020 bis 1024.

Sie besteht aus zwei langen überwölbten Stollen, die parallelverlaufend halb in der Erde unter den Seitenschiffen liegen und im Osten in einen Umgang mit drei Kranzkapellen münden. Der Umgang der Krypta liegt unter dem heutigen Chorumgang. Früher führten zwei Treppen aus den Westtürmen hinunter; heute gelangt man durch eine Tür südlich des Chors in die Krypta. Ihre Mauern dienten der gotischen Kathedrale als Sockel. Das Hauptschiff entspricht dem Zwischenraum zwischen den beiden Stollen und die Apsis läßt sich dem Innern des Umgangs einschreiben. Die zusätzlichen Chorumgangkapellen wurden zwischen die drei ursprünglichen Kapellen eingeschoben. Das kann man deutlich in der Krypta erkennen, wo die drei romanischen Kapellen mit einer Tonne und einer Halbkuppel überwölbt sind, die beiden gotischen hingegen mit Kreuzrippengewölben. Abgesehen von diesen beiden Kapellen sind einzig die Fundamente der Querschiffarme extra für die Kathedrale des 13. Jahrhunderts aufgeführt worden, ansonsten deckt sich der Grundriß weitgehend. Die Kirche Fulberts besaß nur zwei Seitenkapellen links und rechts vom Seitenschiff des Chors. Sie blieben in der Unterkirche erhalten und sind wie der Chorumgang kreuzgratgewölbt. Im Süden haben sich Wandmalereien aus etwas späterer Zeit bewahrt. Sie zeigen stehende, in Arkaden eingefügte Heiligengestalten (Bild 120).

Der Umgang umschließt den ältesten Teil, die unter der Apsis liegende Lubinusgruft, die auf karolingische Zeit zurückgeht (Bild 121). Im Norden des Chorumgangs befindet sich der Brunnen *Puits des Saints-Forts,* dem sich die Kapelle Notre-Dame-Sous-Terre anschließt. Die Mariengestalt ist modern, erinnert aber an die früheren Wallfahrten. Die Krypta war so angelegt, daß der Zug der Pilger durch einen Stollen des Langhauses eintrat und durch den anderen wieder hinausgelangen konnte. Damit ist die Krypta der Prototyp der sogenannten Pilgerkirche mit Chorumgang und Kranzkapellen.

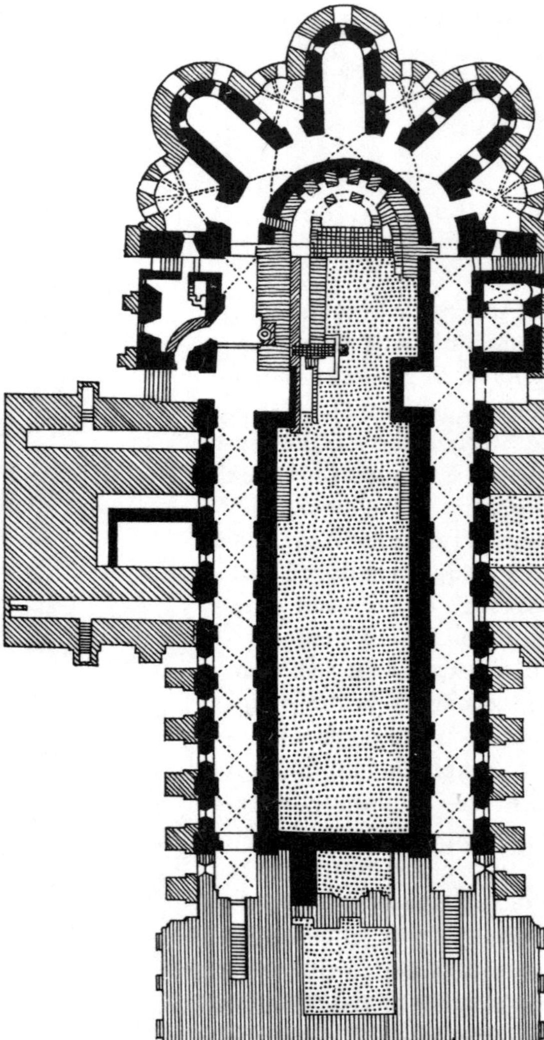

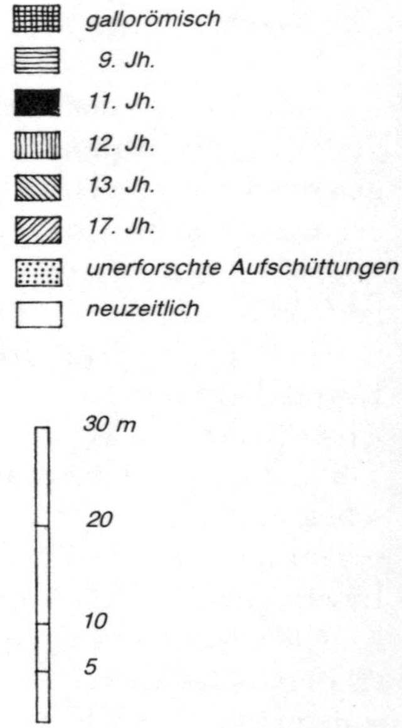

Chartres · Notre-Dame
Die Krypta

Die frühe Entstehungszeit der Krypta zeigt sich in ihrer strengen Struktur ohne Stützen und Gurtbögen. Kleine, schmucklose Fenster spenden Licht. Erstaunlich ist die einzigartige Ausdehnung der Krypta. Die darüber in den gleichen Abmessungen wie die heutige Kathedrale errichtete Basilika muß den großen frühchristlichen Kirchen Roms ebenbürtig gewesen sein. Ganz sicher übten jene Kirchen einen nicht unerheblichen Einfluß auf die romanische Architektur Nordfrankreichs aus.

Der Westbau

Die heutige Fassade der Kathedrale von Chartres entstand nach dem Brand von 1134. Es handelte sich um einen richtigen Vorbau. Tritt man durch das Königsportal in das Langhaus, so bemerkt man sofort, daß die beiden auf das Mittelschiff ausgerichteten Wandflächen der Türme durch mehrere Arkadenzonen unterteilt und die Stützglieder nunmehr ohne baulichen Nutzen sind. Die untere Vorhalle und die Emporenkapelle sind Anfang des 13. Jahrhunderts abgerissen worden. Die dadurch bewirkte Verlängerung des Mittelschiffs wurde eingewölbt und über den drei Fenstern der Fassade eine Rose eingelassen.

Der nach dem Brand von 1134 erfolgte Bau der beiden Türme hob auch den direkten Zugang zu den Stollen der Krypta auf. Die Treppen führen in die Türme, und diese sind nur durch die Arkaden des Hauptschiffs zugänglich. Deshalb gibt es auch kein Portal auf der Westseite der Türme, denn die Pilger sollten nicht sogleich die Treppen in die Krypta hinabstürzen. Im Gegensatz zu Saint-Denis sind die drei Portale nicht auf die drei Teilflächen der Fassade verteilt, sondern liegen zwischen den Türmen unmittelbar nebeneinander (Bild 119). Diese Anlage des Königsportals war durch die Kirche des 11. Jahrhunderts vorgegeben.

Das mit Kreuzrippen überwölbte Erdgeschoß der beiden Türme wirkt in seiner Gestaltung sehr massiv. Rundbogige gestufte Zwillingsarkaden führen auf das Mittelschiff. Der scharfkantige untere Bogenlauf ruht zu beiden Seiten auf einer kräftigen Halbsäule. Die mit einem Rundstab versehene obere Rundung liegt auf schlankeren Säulen. Zwischen den beiden Arkaden sind die beiden Säulen zum Turminnern hin durch einen Pilaster getrennt. Eine fortlaufende, stark vorkragende Deckplatte vereinigt die Stützglieder, die unterschiedliche Basen und Kapitelle besitzen. Pflanzen, sich gegenüberstehende Tiere und Eckfiguren bilden streng symmetrisch den Kapitellschmuck. Es ist ein romanisches Formenrepertoire mit Palmettenmotiven, Vögeln, die aus einer Vase trinken, stilisierten Löwen und Bogenschützen. Zum Mittelschiff hin rahmt ein dritter Rundstab die Arkaden; die große anliegende Mittelsäule trug einst das Gewölbe der ursprünglichen Vorhalle.

Die schmucklosen Fenster der unteren Turmgeschosse liegen sehr hoch. Die Kreuzrippengewölbe sind in den beiden Türmen unterschiedlich gestaltet. Im Norden liegen die Kreuzrippen und die zugespitzten Schildbögen auf getrennten Diensten in den Ecken. Im Süden muß das Gewölbe etwas jünger sein: Das im anderen Turm an den Rippen und Bögen verlaufende Zickzackband ist verschwunden und in jeder Ecke steht eine einzige Säule. Das Blattwerk der Kapitelle hat sich zu spitzen Akanthusblättern entwickelt. Jeder Turm besitzt einen hohen Saal im Obergeschoß.

Auch von außen erscheint der Nordturm in seinen unteren Stockwerken älter als der Südturm. Im ersten Geschoß verstärken drei Strebepfeiler die beiden Türme, zwei an den Ecken und einer in der Mitte, verbunden durch rundbogige Entlastungsbögen auf zierlichen Säulen. Darüber krönt im Norden ein rundumlaufendes horizontales Bandgesims die spitzbogigen Fenster. Die Strebepfeiler laufen mit einer hohen Abschrägung aus, während im Süden die kleinen Säulen bis zu den rahmenden Bögen der Fenster emporreichen und in je zwei Blendbögen zwischen den Strebepfeilern enden. Die Strebepfeiler sind am Südturm breiter.

Der Nordturm wurde bald nach dem Brand von 1134 begonnen. Zehn Jahre später sah Robert de Torigni den zweiten Turm im Entstehen. Dann wurde das Königsportal errichtet. Damit es zwischen den Türmen Platz fand, mußte es beschnitten werden. Es stößt an einen an der Ecke des Südturms weit vorspringenden Strebepfeiler, der die Einfügung der Portale behinderte.

Das dritte Geschoß der beiden Türme wirkt ausgeglichen durch die vergleichbaren Dimensionen und durch die beiden abschließenden Gesimse; allerdings sind die Öffnungen des Südturms reicher ausgeschmückt. Die darüberliegende Bekrönung des Nordturms wurde erst im 16. Jahrhundert fertiggestellt, während die Südspitze vom Ende des 12. Jahrhunderts stammt, was zu der Bezeichnung *Clocher Vieux*, alter Turm, für den Südturm geführt hat. Die Spitze ruht auf einem achteckigen Sockel mit übergiebelten Öffnungen. Die Öffnungen sind kleiner und ragen weiter heraus auf den Seiten, die den Ecken der unteren Geschosse entsprechen. Zierliche Säulen an den Graten und eine feinskulptierte Arkatur an der Rückwand gliedern die Flächen unter der achtseitigen Spitze. Die Proportionen und der Schmuck sind so harmonisch aufeinander abgestimmt, daß der Clocher Vieux mit vollem Recht als der Höhepunkt der im 12. Jahrhundert in der Ile-de-France errichteten Kirchtürme betrachtet wird.

Zwischen den beiden Türmen liegt der Mittelteil der Fassade. Die drei Portale bilden ein ausgesprochen einheitliches Ensemble, obwohl das Mittelportal etwas höher und breiter ist und die von Säulen eingefaßten Strebepfeiler die oberen Partien unterteilen (Bild 119). Ein horizontales Kranzgesims auf Kragsteinen bildet den Rahmen. Die An-

Chartres, Ausschnitt aus dem mittleren Glasfenster in der Westwand des Mittelschiffs: Verkündigung und Heimsuchung. ▷

ordnung der Sockel, der Basen und der Kapitelle in durchgehend gleicher Höhe betont die Einheit der drei Öffnungen. Weitaus schlichter wirkt die Zone mit den drei Rundbogenfenstern, die nur durch die Profilierung der Fensterlaibungen und durch die Strebepfeiler belebt wird. Auch hier ist die Mittelpartie durch das größere Fenster betont. Seitlich davon sieht man die Ansätze eines großen Entlastungsbogens, der im Zuge der Erneuerungen und Hinzufügungen Ende des 12. Jahrhunderts seiner Spitze beraubt wurde.

Das Königsportal

Das Königsportal, das sogenannte »Portail Royal« von Chartres, ist einzigartig. Es gibt zwar Vorläufer in der romanischen Kunst und Nachahmungen in der Frühgotik, aber kein anderes Skulpturenensemble des 12. Jahrhunderts gleicht ihm wirklich oder erreicht auch nur annähernd seine außergewöhnliche Vollendung. In Chartres kamen um die Mitte des 12. Jahrhunderts Theologen zusammen, die am Eingang der Kirche Lehre und Inhalt ihres Glaubens in der ganzen Klarheit eines ausgereiften Gedankengebäudes proklamieren wollten. Ein genialer Bildhauer hat die Vielschichtigkeit ihres Denkens und die ihm innewohnende Kraft in Bilder umzusetzen vermocht. So ist das Portal eine einmalige Verbindung von Intellekt und Bildhauerkunst.

Die Portalanlage war geplant und in ihren Einzelteilen skulptiert, bevor sie an Ort und Stelle errichtet wurde. Deshalb mußten die Türstürze des rechten Seitenportals beschnitten werden. Das sieht man besonders außen rechts an den Türstürzen, wo die Figuren – unvereinbar mit den Kompositionen des 12. Jahrhunderts – verstümmelt sind. Da man weiß, daß die beiden Türme 1144 in Bau waren, nimmt man allgemein den Beginn der Bildhauerarbeiten etwas später gegen 1145 an. Im Jahre 1158 wurde das Königsportal bereits an der Kathedrale von Le Mans nachgeahmt. Demnach kann man die Skulpturen von Chartres in die Jahre 1145 bis 1155 datieren. Zu diesem Zeitpunkt waren die Portale von Saint-Denis, die die Chartreser Anlage beeinflußt haben, bereits vollendet.

Im Unterschied zu Saint-Denis springt sofort die Geschlossenheit der drei Portale ins Auge, die verbindenden Strukturen, die Kohärenz des ikonographischen Programms. Ein neuer Stil manifestiert sich, der Stil des Hauptmeisters von Chartres. Die Anpassung der Skulptur an die Architektur ist hier viel weiter getrieben als in Saint-Denis. Hinzu kommt die Tatsache, daß die drei Tympana schon von Anfang an skulptiert waren, und zwar in vollkommenem Gleichgewicht um die Mittelachse. Das breitere Mittelportal wird in strenger Symmetrie von den beiden Seitenportalen flankiert, beide mit jeweils zwei Türstürzen unter den kleineren Tympana. Die Gewändefiguren und die Kapitellfriese bilden den fortlaufenden Sockel der drei großen darüberliegenden Kompositionen. Jedes Element dieser Bauplastik ist klar in seinen Architekturteil eingebunden: Statuen stehen für Säulen, Reliefs verlaufen als horizontale Friese an Kapitellen und Türstürzen, auf die Mitte zentrierte Kompositionen finden sich in den Tympana und ebenfalls zur Mitte hin sind die sich dem Bogenlauf anpassenden Archivoltenfiguren ausgerichtet. Dieser strengen Anordnung der Skulptur entspricht das wohlüberlegte Bildprogramm. Die Gewändestatuen stellen – daher auch der Name des Portals – gekrönte Könige und Königinnen dar (Bild 122 und 123), aber auch barhäuptige oder mit einer Kappe versehene Gestalten befinden sich darunter. Es sind die königlichen Vorfahren von Maria und Christus, zu denen sich Patriarchen, Propheten und Personen des Alten Testaments gesellen, die als Vorboten Christi und seiner Kirche gelten. Die Vorläufer des Alten Testaments bilden hier ganz konkret den Unterbau des Neuen Testaments, denn direkt darüber sind auf den Kapitellen Szenen des öffentlichen Wirkens Christi und seiner Leidensgeschichte dargestellt. Da die Kathedrale von Chartres ein besonderes Heiligtum der Gottesmutter ist, finden sich darunter auch einige Szenen aus dem Marienleben.

Die obere Zone der Portalanlage thematisiert die Menschwerdung und die Erlösung. In der Mitte triumphiert Christus in der Hoheit der Majestas Domini, umgeben von der Gloriole einer Mandorla und den vier Evangelistensymbolen; es sind zugleich die vier Tiere der Vision des Ezechiel und der Apokalypse, die die Wiederkunft Christi am Ende der Zeiten ankündigen. Um diese Vision zu bekräftigen, erscheinen Engel und die 24 Ältesten der Apokalypse in den Archivolten rund um das Tympanon. An dieser Wiederkehr nehmen schließlich die Apostel auf dem Türsturz und an den beiden Außenenden zwei weitere Zeugen teil, vielleicht Elias und Henoch, die das Ende der Welt verkünden.

Die Darstellung des Triumphes Christi am Ende der Zeiten ist von zwei Tympana umgeben, die seinem ersten Erscheinen auf der Erde, der Menschwerdung, und seiner Rückkehr in den Himmel nach der Auferstehung gewidmet sind. Die Inkarnation, die Menschwerdung, ist auf dem rechten Portal dargestellt. Auf dem Tympanon hält die thronende Muttergottes das Kind. Der Darstellungstypus entspricht dem des Throns der göttlichen Weisheit, Maria symbolisiert die Kirche. Darunter sieht man auf dem unteren Türsturz die Verkündigung, die Heimsuchung, die Geburt und die Verkündigung an die Hirten.

Der obere Türsturz zeigt die Darstellung im Tempel. Jedesmal bildet Christus die Mitte der Komposition, auf dem Krippen-Altar bei der Geburt, wie auf dem Altar bei der Darstellung im Tempel. Er ist zugleich der Mensch gewordene Christus und der Erlöser, der sich selbst zum Opfer gibt. Das ist ein sehr deutlicher Hinweis auf die Eucharistie und die Gegenwart Christi auf dem Altar. Adolf Katzenellenbogen, der dieses Portal sehr genau analysiert hat, äußert die Vermutung, daß der Theologe Thierry von Chartres, Kanzler des Domkapitels und Leiter der Schule von Chartres, die Themata für dieses Portal angeregt haben könnte, um so mehr, als in den Archivolten die menschliche Erkenntnis symbolisiert ist. Die Meister von Chartres haben einem Frühhumanismus gehuldigt, indem sie zeigten, daß die profanen Wissenschaften zu einer tieferen geistlichen Erkenntnis führen. Die profanen Wissenschaften bleiben allerdings der Offenbarung untergeordnet, und ihre Plazierung an der Peripherie, das heißt an den Archivolten, verdeutlicht ihre untergeordnete Rolle angesichts der göttlichen Weisheit. Trotzdem erscheinen hier zum ersten Mal die *artes liberales,* die Freien Künste, in einer religiösen Darstellung, und es ist bezeichnend, daß dies gerade in Chartres geschah. Thierry von Chartres hat seinen Eptatheucon, eine Abhandlung über die sieben Freien Künste, gerade vor Beginn der Arbeiten am Königsportal abgeschlossen. Über die Freien Künste schrieb schon Martianus Capella Anfang des 5. Jahrhunderts. Die Schule von Chartres klassifizierte sie, um die Rangfolge der Studien festzulegen. Zunächst geht es um das Erlangen von Ausdrucksmitteln im Zyklus des Trividiums: der Grammatik, Rhetorik und Dialektik, dann um das Studium der Wissenschaften, die die Natur berühren, in dem Zyklus des Quadriviums: Arithmetik, Geometrie, Musik und Astronomie. Jede dieser Wissenschaften findet man auf der Archivolte personifiziert, und zwar mit Attributen, die bereits von karolingischen Manuskripten bekannt waren. Zu Füßen jeder weiblichen Personifikation der freien Künste sieht man einen hervorragenden Vertreter dieser Disziplin: Aristoteles für die Dialektik, Pythagoras für die Musik, Cicero für die Rhetorik... Die heidnischen Meister der Antike sind so in die Entwicklung der Geisteswissenschaften und in die Verherrlichung der göttlichen Weisheit einbezogen. In diesen Darstellungen offenbart sich am deutlichsten der Protohumanismus der Schule von Chartres und die einzigartige intellektuelle Resonanz in dem Königsportal.

Das linke Portal bildet mit der Himmelfahrt das Gegenstück zum Portal der Kindheit Jesu. Christus ist auf dem Tympanon, über den Wolken schwebend, bereits in den Himmel aufgehoben. Die Engel auf dem oberen Türsturz wenden sich zur Apostelschar auf dem unteren Türsturz, um ihnen Christi Wiederkunft am Ende der Zeiten zu verkünden. So gibt es eine unmittelbare Verbindung zwischen der Menschwerdung, dem Erlösungsauftrag Christi auf Erden und dem endgültigen Triumph. Als Pendant zu dem intellektuellen Wissen auf dem rechten Portal ist auf den Archivolten der linken Seite ein Kalender dargestellt. Die Tierkreiszeichen und die Monatsbilder symbolisieren die Zeit, verbildlicht durch manuelle Arbeiten im Ablauf des Jahres. Da der Platz nicht ausreichte, um alle Zeichen in den Archivolten unterzubringen, kamen die Sternzeichen Zwillinge und Fische auf das rechte Portal. Das ist eine Folge der Schwierigkeiten, die sich bei der Einpassung der schon skulptierten Portale in einen engeren Raum als vorgesehen ergaben. Zugleich läßt sich darin aber auch ein bewußtes Band zwischen den manuellen und intellektuellen Tätigkeiten erkennen.

Die gedankliche Konzeption, die diesem Programm, dieser Glaubensverkündigung am Eingang der Kirche, zugrundeliegt, ist, wie bereits betont, einzigartig. Gleichwohl sind alle Themen des Königsportals schon in der romanischen Epoche skulptiert oder gemalt worden. Neu ist hier allein die Anordnung der Themen, die Art, wie die Darstellungen zueinander in Beziehung gesetzt sind. Die Szenen der Kindheit Jesu auf dem Türsturz des rechten Portals zum Beispiel, stehen stilistisch wie ikonographisch den Türstürzen des großen cluniazensischen Priorats La Charité-sur-Loire sehr nahe. Allerdings gruppieren sich die Szenen dort nicht in der Achse um die zentrale Gestalt Christi. Nirgendwo an den romanischen Portalen Burgunds oder des Languedoc erreichte die Plastik eine so klar erkennbare Aufteilung und eine solche hierarchisch abgestufte Gliederung der verschiedenen Themen.

Um zu einem derartigen Ergebnis zu gelangen, bedurfte es eines außergewöhnlich begabten Meisters, der die gesamte Werkstatt leitete. Sein Name blieb unbekannt; die Fachwissenschaft hat ihn in Ermangelung einer genaueren Bezeichnung den »Hauptmeister des Königsportals« genannt. Er schuf mit Hilfe mehrerer Mitarbeiter das Mittelportal, die Säulenfiguren in der jeweils angrenzenden Gewändeseite der Seitenportale und die Türstürze des rechten Portals. Die äußeren Gewände sind von Künstlern geschaffen worden, die für die rechte Seite aus Saint-Denis und für die linke Seite aus Étampes kamen. Ein weiterer Meister, mitunter nach den Engeln des Himmelfahrtportals als »Meister der Engel« genannt, war maßgeblich für die Ausarbeitung der Tympana und der Archivolten der Seitenportale zuständig. Die Zusammenarbeit mehrerer Künstler ermöglichte eine verhältnismäßig rasche Fertigstellung des Skulpturenensembles. Trotz der stilistischen Unterschiede gilt wie bei der Ikonographie, daß die Betonung auf dem Mittelteil liegt, denn dieser beherrschende Platz blieb dem Hauptmeister vorbehalten, während die stilistisch weniger einheitlichen Skulpturen außen zu finden sind.

Der Einfluß der Kunst von Saint-Denis macht sich besonders an den zierlichen, ornamentierten Säulen zwischen den Gewändestatuen bemerkbar. Zeichnungen und Stichen des 18. Jahrhunderts zufolge zeigen die äußeren Gewändefiguren des rechten Portals das gleiche Bemühen um ornamentale Details wie die Skulpturen von Saint-Denis, die ihrerseits durch die romanische Kunst des Raumes Toulouse beeinflußt waren. Anders sind die Figuren im äußeren Gewände der linken Tür (Himmelfahrt). Bei einer kürzlich durchgeführten Restaurierung beobachtete man, daß ihre Köpfe angesetzt und nicht ursprünglich sind. Die erste Statue neben der Türlaibung wirkt sehr burgundisch und verrät den Einfluß der sehr späten romanischen Werkstätten von Vézelay und Autun. Die beiden anderen Statuen wirken eckiger. Die geschwungene, teilweise konzentrische Faltengebung ihrer Gewänder (Bild 122) ist sehr charakteristisch für die Skulpturen des Südportals der Notre-Dame in Étampes (Bild 106). Baldachine sind über den Köpfen der auf kleineren Figuren stehenden Säulenfiguren angebracht. Vermutlich wurden die Figuren im äußeren Gewände der Seitenportale vor der Ankunft des Hauptmeisters begonnen. Der Hauptmeister hätte demnach die Gesamtkomposition des Königsportals erneuert und dabei die Baldachine der äußeren Gewändefiguren des rechten Portals hinzufügen lassen, um die beiden äußeren Pendants einander anzugleichen.

Die Nähe des Stils von Étampes zur Skulptur von Vézelay, besonders im Obergeschoß des Vorschiffs, ist hinlänglich aufgezeigt worden. Am Königsportal in Chartres begegnen wir diesem Stil in dem Kapitellfries wieder, dessen Szenen durch die architektonische Bekrönung der Kapitelle verbunden sind. Von anderer Provenienz war der »Meister der Engel«. Ihn prägte offensichtlich die Berührung mit Werkstätten des Languedoc, insbesondere die mit Moissac. Seine Figuren sind massiv und kräftig, ihre Proportionen gedrungen, die Köpfe schwer und mächtig. Man spürt das Bemühen des Bildhauers, seinen Gestalten persönlichen Charakter zu verleihen, die Haltungen zu individualisieren, selbst wenn der Ausdruck der Gesichter nicht variiert. Dieser Meister war sicherlich eine ausgeprägte Persönlichkeit.

Weitaus origineller noch ist der Hauptmeister. Vielleicht war er in Burgund ausgebildet worden, doch seine Kunst ging weit über alles hinaus, was ihn die romanische Kunst hatte lehren können. Seine Skulptur markiert in der Tat die Geburtsstunde der gotischen Kunst, denn sie entwickelt eine ganz neue Kraft, Strenge und Unabhängigkeit. H. Focillon und E. Panofsky haben überzeugend dargelegt, daß die romanische Skulptur immer an ihren Hintergrund gebunden ist, selbst die noch so bewegten Figuren in Vézelay. Die Figuren bleiben Relief, dessen Hintergrundfläche die Funktion einer Wand hat, vor der sie sich abheben. Die Gewändefiguren des Mittelportals von Chartres hingegen sind unabhängig vom Grund des Gewändes. Sie werden zu Strukturelementen, sind Säulen, gestalten sich um eine vertikale Achse. Sie wirken, in sich ruhend, ruhiger als die romanischen Figuren, drängen zugleich jedoch hervor und lösen sich von innen heraus, wie durch eine Kraft beseelt, die keine Bewegung braucht, um sich zu behaupten. Diese kraftvolle Energie, vereint mit einer zeitlosen Ruhe, ist das charakteristische Merkmal des Hauptmeisters. Die späteren Königsportale der Frühgotik haben die Komposition, die Haltungen, die Modellierung der Chartreser Skulptur nachgeahmt, die erstaunliche Verschmelzung von Ruhe und Kraft aber haben sie nicht erreichen können.

Das Tympanon läßt in seiner Klarheit der Komposition und in der Kraft und Unabhängigkeit der Volumen die gleichen Qualitäten erkennen. Der sogenannte »Bedeutungsmaßstab«, die für die romanische Kunst typische Hierarchie im Größenverhältnis der Personen, bleibt gewahrt, Christus ist größer als seine Jünger. Die Unterschiede schwächen sich hingegen zugunsten eines größeren inneren Zusammenhalts ab. Zu all diesen Merkmalen kommt eine souveräne Leichtigkeit in den Haltungen, die von der einen zur anderen Figur variieren, ohne jemals die Harmonie oder das Gleichgewicht der Komposition zu stören, deren zentrale Mitte die Gestalt Christi bildet. Der vornehme und ruhige Ausdruck der Gesichter, die einfachen und gradlinigen Gewänder, die engen, gleichmäßigen Faltenlinien, die ruhige Haltung, das kraftvolle Relief, all dies verbindet sich zu einem feierlichen und majestätischen Ausdruck. Mit seinem ganzen bildhauerischen Können und mit einfühlsamen Verstehen scheint der Meister das übersetzt zu haben, was die Absicht der Theologen von Chartres war: die Lehre klar und deutlich zu formulieren. Dieser Geist der Synthese und Klarheit, in strenger Ordnung um die göttliche Person zentriert, charakterisiert die Kunst des Königsportals und verleiht ihr einen unvergleichbaren Akzent. Das Portail Royal ist die Erfüllung allen Suchens romanischer Skulptur, es überwindet sie und kündigt Erkenntnisse an, die in die Zukunft weisen.

Die Glasfenster

Über den drei Portalen liegen in der Westfassade drei Fenster. Sie bilden das vollständigste und bedeutendste Ensemble von Glasmalerei im 12. Jahrhundert, das trotz mancher Restaurierung immer an dem für ihn bestimmten Platz blieb. Das Mittelfenster ist das größte Glasfenster des 12. Jahrhunderts: Es ist 11 Meter hoch und 3,80 Meter breit. Die Seitenfenster besitzen nicht dieselben Ausmaße: 8,50 auf 2,75 Meter mißt das Fenster der Wurzel Jesse über dem Portal der Himmelfahrt, 8,40 auf 2,25 Meter das Passionsfenster über dem Portal der Menschwerdung. Allem Anschein nach resultieren diese Unregelmäßigkeiten aus der Schwierigkeit, den Mittelteil der Fassade nachträglich zwischen die beiden Türme einzupassen.

Das mittlere Glasfenster zeigt die Kindheit Jesu, beherrscht durch eine in der Spitze dargestellte thronende Muttergottes mit Kind. Das ikonographische Programm unterscheidet sich deutlich von dem des Königsportals. Nicht die christologischen, sondern die marianischen Glaubensvorstellungen stehen im Vordergrund. Dabei besteht kein Bezug zu den Portalen, denn die Leidensgeschichte steht über der Menschwerdung, während man darüber die Himmelfahrt oder die Wurzel Jesse erwarten könnte, das heißt die Genealogie Christi über der Menschwerdung. Hier rahmen die Vorläufer des Alten Testaments und die Erlösung die Menschwerdung und die Verherrlichung Mariens – Kirche und Gottesmutter – ein. Die Wurzel Jesse leitet sich unmittelbar vom Glasfenster in Saint-Denis mit demselben Thema her. Wie in Saint-Denis ruht Jesse am Fuße des Fensters (Farbtafel S. 317). Der darüber aufsteigende Stammbaum der königlichen Ahnen Mariens füllt die mittlere Bahn, endend in der Gottesmutter und schließlich in der Gestalt Christi. Die Propheten, die Ankündiger des Messias, sind zu beiden Seiten in schmalen rechteckigen Feldern dargestellt.

Das Fenster der Kindheit Jesu ist ebenso durch Saint-Denis inspiriert, doch bietet es verschiedene Eigenheiten (Farbtafel S. 307). Es ist wesentlich breiter als das entsprechende Fenster in Saint-Denis, und die Szenen sind, unten links beginnend, dreierweise in Register unterteilt. Auch ist es erzählfreudiger, so daß sich einige Darstellungen auf mehreren Feldern ausbreiten. Die Drei Könige nehmen nicht weniger als sechs Felder ein, die Flucht nach Ägypten fünf weitere. Der Zyklus überschreitet den traditionellen Rahmen der Kindheitserzählungen, denn oben unter der Gottesmutter sieht man die Taufe Jesu, die üblicherweise den Anfang seines öffentlichen Lebens darstellt, und den Einzug in Jerusalem am Palmsonntag, mit dem gewöhnlich der Passionszyklus beginnt. Diese Szenen wurden sicherlich nicht ausgewählt, weil noch die letzten freien Flächen des Fensters auszufüllen waren, sondern weil man bestrebt war, in einem kurzen Abriß die Ge-

weiter Seite 352

Die Bildseiten

DANGEAU

CHÂTEAUDUN ▶

132

CHÂTEAU-LANDO[N]

133

134

137

139

140

SAINT-MAMMÈS

.UN

SAI
LOU
DE-
NAU

147

148

149

MAROLLES-EN-B

150

152

Château-Landon · Notre-Dame

134 *Das Chorhaupt von Nordosten.*
135 *Südportal und Chorhaupt.*
136 *Hauptschiff und Chor.*
137 *Nördliches Seitenschiff.*

Château-Landon · Saint-Séverin

138 *Ruinen der Krypta.*
139 *Fresko: Heilungsszene.*

Château-Landon · Saint-André

140 *Kapitell am Westportal.*
141 *Ruine der einstigen Westfassade.*

Saint-Mammès

142 *Chorhaupt.*
143 *Mittelschiff und Chor.*

Melun · Notre-Dame

144 *Blick aus dem südlichen Seitenschiff ins Mittelschiff.*

Saint-Loup-de-Naud

145 *Mittelpfeiler des Westportals: der heilige Loup.*
146 *Die Kirche von Nordwesten.*
147 *Nördliches Seitenschiff.*
148 *Langhaus und Chor.*

Marolles-en-Brie

149 und 150 *Kapitelle.*
151 *Chor.*
152 *Das Chorhaupt und der Glockenturm von Osten.*

schehnisse des Erdenlebens Christi zu schildern, die in den drei Fenstern nicht Platz finden konnten. Außerdem wollte man der inhaltlichen Verbindung, die zwischen den Programmen der drei Fenster besteht, Nachdruck verleihen. Die Jungfrau Maria und Christus, in denen der Baum Jesse seine Bestimmung findet, kündigen die im Mittelfenster veranschaulichte Menschwerdung an. Der dort dargestellte Einzug in Jerusalem verbindet dieses Fenster mit dem der Passion. Dieses letzte Fenster birgt gleichfalls interessante ikonographische Details. Die Szenen sind in Register aufgeteilt, jeweils zwei und zwei, und ausgesprochen erzählfreudig, während in Saint-Denis durchgehend die Parallele zwischen der Leidensgeschichte und den im Alten Testament vorangekündigten Ereignissen aufgezeigt ist. Unten beginnt die Folge mit der Darstellung der Verklärung, also einer unmittelbaren Bestätigung der Göttlichkeit Christi. Sie endet oben mit der Erscheinung Christi bei den Emmausjüngern als den Zeugen seiner Auferstehung und damit auch seines göttlichen Wesens. So liegt dem Bildprogramm der Fenster wie dem der Portale ein theologischer Gedanke zugrunde. Die Passion ist nicht von der Erlösung, das menschliche Wesen Christi nicht von seinem göttlichen Wesen zu trennen. Selbst wenn die Glasfenster von Chartres auf den ersten Blick die Ereignisse nur zu erzählen scheinen und nicht den gleichen intellektuellen Anspruch wie die Fenster von Saint-Denis zu stellen scheinen, so reflektieren sie doch ein tiefes theologisches Denken.

Wie in Saint-Denis sind die Glasfenster von breiten Schmuckrahmen eingefaßt und in übereinanderliegenden Registern in quadratische oder rechteckige Felder unterteilt, wie es für die Glasfenster des 12. Jahrhunderts charakteristisch ist. Neu hingegen ist die Komposition. Im Mittelfenster wechselt regelmäßig ein Register mit einer Szene in einem runden Medaillon zwischen zwei Szenen in einem Quadrat mit einem Register aus zwei Szenen in Medaillons zu seiten eines quadratischen Feldes ab (Farbtafel S. 307). In gleicher Weise wechseln sich die Hintergründe – bald rot, bald blau – kreuzweise übereinander ab. Es ist das erste Mal, daß eine Gliederung in einer solchen Konsequenz ausformuliert wurde. Man kann darin einen Widerschein der streng konzipierten Anlage des Königsportals sehen, einen Ausdruck des logischen Bestrebens der Chartreser Philosophie. Das Fenster der Passion ist anders aufgeteilt als das der Wurzel Jesse. Hier umfassen die Register wie in Saint-Denis in der Mitte ein quadratisches Feld zwischen zwei rechteckigen, in denen in Halbmedaillons die Propheten dargestellt sind. Im Passionsfenster kommen auf jedes Register nur zwei quadratische Felder. Alle Szenen sind von kreisförmigen Motiven eingefaßt, die sich mitunter in origineller Weise mit dem Rahmen überschneiden. L. Grodecki hat nachgewiesen, daß diese Aufteilung original ist und nicht aus späteren Erneuerungen hervorging.

Die drei Fenster bestechen durch die Klarheit und Leuchtkraft ihrer Farben, die als das »Markenzeichen« einer einzigen, sehr homogenen Werkstatt angesehen werden können. Das Blau, die beherrschende Farbe des Gesamtwerks, erscheint besonders leicht und strahlend. Die abwechslungsreiche Vielfarbigkeit kommt der in Saint-Denis sehr nahe und erinnert an die Schriften Sugers über die Kostbarkeit der Vielfarbigkeit von Glasfenstern und über das Bestreben, dem Innern des Sanktuariums eine Durchsichtigkeit zu verleihen, die in ihrem Glanz und Reichtum die spirituelle Erleuchtung widerspiegelt, die das Ziel aller Gläubigen sein soll. Die verschiedenen Blautöne sind in ihrer Leuchtkraft durch die äußerst geschickte Verteilung der Farb- und Weißflächen intensiviert, die die Farbtöne in einer leuchtenden Skala von Gelb-, Grün- und lichten Rotwerten spielen lassen, ausgeglichen durch die gedämpften Nuancen der tieferen Blautöne, des Purpurs und des Violetts. Die Bleifassungen dienen nicht nur als Einfassung des Glases und zur Zeichnung der Konturen, sondern rythmisieren zugleich die Farbgebung. Die Farb- oder Grisaillemalerei wurde in mehreren aufeinander folgenden Arbeitsgängen aufgetragen, zunächst um die Flächen zu modellieren, dann um die Linien einzutragen. Die Glasmalerei ist hier besser erhalten als in Saint-Denis.

Man kann beobachten, daß für alle drei Fenster die gleiche Technik angewandt wurde. Die Ausarbeitung des ornamentalen Details und die Genauigkeit der Zeichnung sind Charakteristika einer Kunst, die der Buchmalerei näher steht als dem Fresko. Dafür spricht auch die Farbigkeit. Wie in Saint-Denis ist den Fenstern der Charakter einer kostbaren Kunst eigen, und alles bleibt sehr *romanisch,* wie L. Grodecki feststellte. Noch zeigt sich nicht das Bemühen um monumentale Maßstäbe oder streng um eine Mittelachse zentrierte Strukturen. Die Gestalten stehen mit ihren untersetzten Proportionen der Kunst des Meisters der Engel näher als der des Hauptmeisters. Die Zeichnung wirkt energisch, die Linien aber sind eckig und steif. Jede Szene besitzt ihre eigene Gliederung und bildet ein in sich geschlossenes, vollständiges Bild. Selbst wenn die Aufteilung ein Wechselspiel von farbigem Grund und Rahmenwerk bietet wie im mittleren Fenster, liest man die Szenen doch wie eine Folge aneinandergereihter Illustrationen. Es ist ein Bilderbuch, das sich dem Licht und den Augen der Gläubigen öffnet. So gesehen bleibt die Glasmalerei in Chartres traditioneller als die Skulptur des Königsportals. Dennoch läßt sie eine Entwicklung im Vergleich zu den Glasfenstern in Saint-Denis erkennen, allein schon in dem größeren Format der Fenster. Die Zeichnung ist weniger minuziös im Detail und die Kompositionen sind stärker schematisiert. Die konventionellen Formen der romanischen Kunst wirken in den stereotypen und ausdruckslosen Gesichtern nach, in den ausgeprägten Konturen, der graphischen Exaktheit der Gewandfalten und den nur angedeuteten Gesten. Wesentlich deutlicher als am Königsportal ist in den Glasfenstern von Chartres der direkte Einfluß der Werkstatt von Saint-Denis nachzuweisen. Offensichtlich haben die Glasmaler aus Denis die Zeit gehabt, sich auch in Chartres niederzulassen, möglicherweise nach Fertigstellung des Königsportals gegen 1150. Neben den drei Fenstern der Westfassade gibt es noch weitere Glasfenster, die aus Zeiten vor dem Bau der Kathedrale des 13. Jahrhunderts stammen. Sie wurden in die Mitte einer jüngeren Komposition im ersten Fenster des südlichen Chorseitenschiffs eingefügt. Es handelt sich um eine thronende Gottesmutter mit Kind, die *Notre-Dame de la Belle Verrière.* Das Gewand Mariens zeigt noch die sehr hellen Blautöne, wie sie für die Mitte des 12. Jahrhunderts typisch waren, doch entstand das Werk später. Die großen Abmessungen, die souveräne Haltung und die sehr einfache Zeichnung sind bereits Merkmale einer monumentaleren Kunst. In einer kürzlich erschienenen Studie hat Madame Ch. Bouchon den liturgischen Aspekt dieser Gottesmutter herausgestellt. Sie hält ein aufgeschlagenes Buch, in dem ein Vers aus Isaias zu lesen ist, wie er auch im Lukasevangelium steht: *omnis vallis implebitur,* das ganze Tal wird erfüllt sein. In der zweiten Hälfte des 12. Jahrhunderts befand sich dieses Marienbild wahrscheinlich hinter einem verehrten Altar der romanischen Kathedrale von Chartres. Aus den Flammen des Brandes von 1194 gerettet, wurde es als Kultbild der Himmelskönigin in dem ihr geweihten Heiligtum verehrt, dem berühmtesten Heiligtum Frankreichs im Mittelalter.

Chartres · Saint-Pierre

Geschichte

Saint-Pierre oder Saint-Père in Chartres war ursprünglich eine Benediktinerabtei. Am Ufer der Eure in einiger Entfernung zur Kathedrale errichtet, lag sie während des Mittelalters außerhalb der Stadtmauern. Gegründet wurde sie in der ersten Hälfte des 7. Jahrhunderts unter der Herrschaft Clodwigs II. auf einem Friedhof, auf dem vorher eine dem heiligen Stephanus geweihte Grabbasilika stand.

Nach der Zerstörung durch die Normannen wurde die Kirche im 10. Jahrhundert wiederaufgebaut und mit Mauern umgeben. 1077 richtete ein Brand Schaden an. Noch verheerender wirkte sich der Brand des Jahres 1134 aus, dem der größte Teil der Stadt zum Opfer fiel.

Aus einem Bericht über die Überführung der Reliquien des heiligen Gédouin im Jahre 1165 geht hervor, daß der Bau des neuen Chores, den der Mönch Hilduard 1151 unter Abt Foucher begonnen hatte, schon weit gediehen war. Schriftlich dokumentiert ist danach erst wieder die Schenkung der ersten Glasfenster des Langhauses. Sie fiel in die Abtszeit von Jean de Mantes († 1310).

Im Jahre 1650 erfolgte die Erneuerung der Abtei durch die Mauriner. Anfang des 17. Jahrhunderts ließen sie die Klosteranlage wieder aufbauen. Nach der Revolution wurde ihre Kirche Pfarrkirche; seit 1841 steht sie unter Denkmalschutz. In den Gebäuden der ehemaligen Abtei befindet sich heute eine technische Fachschule.

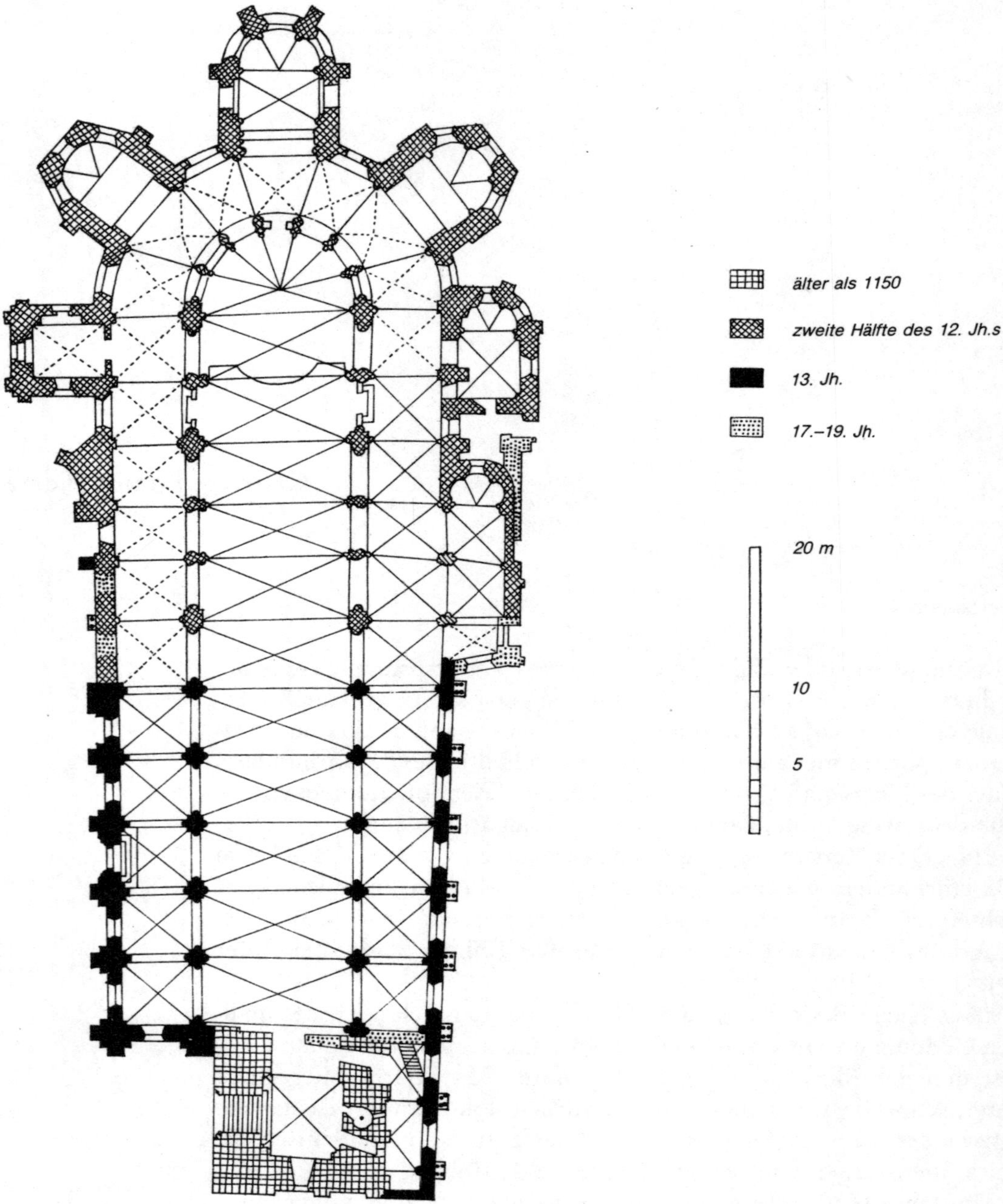

Chartres · Saint-Pierre

Die ältesten Teile der Kirche sind der Turm und die Fassade aus dem 11. Jahrhundert und die unteren Partien des Chorhaupts aus der Mitte des 12. Jahrhunderts. Der übrige Bau wurde vom Ende des 12. bis in die erste Hälfte des 14. Jahrhunderts erneuert.

Besichtigung

Der Außenbau

Der massive quadratische Fassadenturm von über 20 Meter Höhe gleicht einem Donjon (Bild 124). Breite, flache Strebepfeiler verstärken ihn an den Ecken und paarweise an den Seitenflächen. Sie laufen überall unter einem mit Kragsteinen geschmückten Kranzgesims aus. Ein hölzerner Glockenstuhl bekrönt den Turm. Die auf drei Stockwerke verteilten Öffnungen sind teilweise erneuert oder zugemauert. Ein spitzbogiges Portal öffnet sich im Norden zur einstigen Abtei hin, eingefaßt von einem Rundstab auf zwei Säulen. Darüber verläuft ein waagrechtes Gesims. Während das Portal aus dem 12. Jahrhundert zu stammen scheint, dürfte der Turm zur selben Zeit wie der Westbau von Saint-Germain-des-Prés und die großen rechteckigen Donjons des 11. Jahrhunderts entstanden sein.

Das Schiff ist bereits gotisch. Das gilt auch für das Chorhaupt mit Ausnahme der unteren Partien, die ihr romanisches Aussehen in drei tiefen halbrunden Chorkranzkapellen mit Rundbogenfenstern bewahrt haben. Das Chorhaupt wiederholt in seiner Anlage die Krypta der Kathedrale. Allerdings wurde es durch den Anbau einer gotischen Kapelle im Süden und durch die Umwandlung der Strebepfeiler für die Strebebögen verändert.

Der Innenraum

Der Westturm öffnet sich zum Hauptschiff hin durch eine rundbogige, nachträglich verengte Arkade. Der gestufte Bogen ruht auf Kämpfern, deren Schrägflächen mit Zickzackfriesen verziert sind. Die Südmauer wurde später mehrfach durchbrochen. Auch zog man eine Kreuzrippengewölbe ein. Das erste, nicht eingewölbte Turmgeschoß bildete früher eine offene Empore, die durch drei rundbogige

Fenster mit dem Schiff in Verbindung stand. Zwei dieser Fenster führen heute auf eine kleine, später eingefügte Holzempore.

An der Verbindung von Chor und Langhaus blieben zwei rechteckige Pfeiler erhalten, denen unter den Arkaden zwei Halbsäulen anliegen. Dies ist vermutlich auch das Stützsystem in dem romanischen Schiff gewesen. Das Apsisrund umstanden einfache Säulen, von denen trotz der durch die Erneuerung der oberen Zone bedingten Umbauten noch mehrere erhalten sind. Die spitzbogigen Arkaden der Apsis haben abgeschrägte Grate. Im Norden bewahrt der Chorumgang sein ursprüngliches Kreuzgratgewölbe, gegliedert durch abgeschrägte Gurtbögen, die wie im Langhaus von Notre-Dame in Étampes auf Halbkapitellen mitten in Säulenschäften aufliegen. Die meisten Kapitelle haben die Form von Faltenkapitellen.

Jede der drei Chorkranzkapellen besteht aus einem geraden Joch und einer runden Apsis. Die beiden Seitenkapellen tragen eine Spitztonne und eine gerippte Halbkuppel; dazwischen liegt ein Gurtbogen. Im Norden der Scheitelkapelle bestehen die Bögen aus einem Grat zwischen zwei Rundstäben, während im Süden der Grat fehlt. Die Gurtbögen der Südkapelle enden auf Zwillingssäulen, deren Kapitelle zweireihig mit deutlich herausgearbeiteten Akanthusblättern geschmückt sind. Die Scheitelkapelle besteht zunächst aus einem Chorjoch mit Kreuzrippengewölbe und Doppelwürfelkapitellen am Eingang; die Gurtbögen sind allerdings im 13. Jahrhundert erneuert worden. Die Apsis ist mit mandelförmigen, von Hohlkehlen eingefaßten Rundstäben gerippt. Faltenkapitelle bekrönen die Stützen der Rippen und die kleinen, die Fenster einrahmenden Säulen.

So wie sie heute erhalten sind, können die unteren Partien des Chorhaupts auf das zweite Viertel des 12. Jahrhunderts zurückgeführt werden. Wahrscheinlich entstanden sie nach dem Brand von 1134. Die ausgereifte Form der südlichen Chorkranzkapelle entspricht der Bauzeit, in der der Chor erneuert wurde, also den Jahren 1151 bis 1165. Die Südseite des Chorhaupts wurde dann in der Folgezeit überarbeitet. Einige Bauteile der Kapelle Sainte-Soline, der dreijochigen geosteten Kapelle im Süden des Langhauses, scheinen darauf hinzuweisen, daß das romanische Schiff von Saint-Pierre von nach Osten ausgerichteten Seitenkapellen flankiert war.

Chartres · Saint-André

In der Unterstadt von Chartres blieb nicht nur Saint-Pierre, sondern auch die Kirche Saint-André erhalten, die früher über dem Ufer der Eure aufragte. Allerdings ist der Chor dieser einstigen Kollegiatskirche verlorengegangen. Überdauert hat das Untergeschoß der Fassade. Das rundbogige Portal ohne Tympanon liegt zwischen zwei Blendarkaden. Ein Kranzgesims auf Kragsteinen verläuft über den drei Bögen, die wie eine vereinfachte Version des Königsportals an der Kathedrale aussehen. Die drei Archivolten sind durch einen Rundstab, eine Hohlkehle und ein Bandgesims profiliert. Das Portal besitzt eine zusätzliche Archivolte, verziert mit zwei Zickzackfriesen. Den Türrahmen umgibt ein fortlaufender Rundstab mit einem Blumenband. Ins Gewände eingestellte Säulen tragen die Bögen. Ihre Kapitelle sind mit Doppelreihen fleischiger Palmetten geschmückt, wobei in die obere Reihe Köpfe und Büsten eingefügt sind. Die Portalanlage ist mit Sicherheit nicht vor dem Königsportal entstanden.

Das heute stark verwitterte Langhaus aus dem 11. Jahrhundert scheint in seinem Aufriß ein Abbild der romanischen Kathedrale des Bischofs Fulbert zu sein. Es handelt sich um eine Basilika mit einfachen Seitenschiffen (Bild 125). Die großen, breiten Arkaden bestehen aus kleinteiligen, regelmäßigen Keilsteinen ohne Dekor. Sie ruhen auf gemauerten zylindrischen Pfeilern. Die Kapitelle und die Basen sind stark beschädigt, aber man erkennt noch das Profil an den Deckplatten und den breiten abgeschrägten Sockeln. Die schmucklosen rundbogigen Obergadenfenster öffnen sich in der Achse der Arkaden, von ihnen durch ein horizontales Band getrennt. In den Seitenschiffen wurden die meisten Fenster überarbeitet.

Das Hauptschiff und die Seitenschiffe waren niemals eingewölbt. Kein einziges vertikales Element betont die Folge der Öffnungen. Im Aufriß ähnelt Saint-André der Kirche von Dangeau, obwohl das Gesamtbild durch die Rundpfeiler hier noch archaischer wirkt. Eine gewisse Leichtigkeit ergibt sich durch die breiten Arkaden, die schlanken Stützen und die glatten Mauerflächen.

Chartres · Saint-Martin-au-Val

Die letzte romanische Kirche von Chartres, Saint-Martin-au-Val, existierte schon im 6. Jahrhundert. Sie lag außerhalb der Stadt und diente als Grablege der Bischöfe. Im Jahre 955 schenkte sie der damalige Bischof von Chartres, Ardouin, dem Grafen Thibaud le Tricheur. Im Jahre 1128 überließ Thibaud IV. seinerseits die Kirche der Abtei Marmoutier. 1660 kaufte der Kanzler Séguier das Priorat zurück und überließ es den Kapuzinern. Das Kapuzinerkloster wurde während der Revolution aufgehoben und in das Hospital Saint-Brice umgewandelt. Von nun an diente die Kirche Saint-Martin als Krankenhauskapelle.

Mit der wechselvollen Bestimmung der Kirche änderte sich auch ihre architektonische Gestalt. Die Fassade wurde Ende des 19. Jahrhunderts erneuert und auch das Langhaus ist heute kaum noch von Interesse. Allerdings blieb der typische Chartreser Plan des Chorhauptes erhalten (Bild127): Die Apsis ist von einem kreuzgratgewölbten Chorumgang umgeben, auf den sich drei mit Halbkuppeln überwölbte Kapellen öffnen. Einige Kapitelle haben ihr archaisches Aussehen bewahrt. Sie sind friesartig skulptiert mit mehr geritzten als in den Stein eingemeißelten Motiven. Deutlicher treten die menschlichen Figuren hervor; ihre stilisierten Köpfe wirken übergroß auf den schmächtigen Körpern.

Unter dem Altarraum befindet sich eine kreuzgratgewölbte Krypta, die durch vier Säulen in drei kurze Schiffe unterteilt ist (Bild 129). Sarkophage und merowingische Marmorkapitelle sind hier aufgestellt. Die Krypta und der Altarraum entstanden in der Zeit zwischen dem Bau der Krypta der Kathedrale und dem Bau des Chorhaupts der Kirche Saint-Pierre.

Dangeau

Geschichte

Südwestlich von Chartres, wenige Kilometer von Bonneval entfernt, überrascht die im Herzen einer bescheidenen Ansiedlung gelegene Kirche von Dangeau durch ihre weiträumigen Proportionen. Im Jahre 1064 wurde sie vom örtlichen Lehnsherrn Herlevault dem Kloster Marmoutier in der Touraine vermacht, das hier ein Priorat einrichtete. Im ausgehenden 11. und im 12. Jahrhundert folgte eine Blütezeit, doch scheint das Priorat dann bereits im 14. Jahrhundert aufgehoben worden zu sein.

Im 16. Jahrhundert erneuerte man die beiden Arkaden vor der Apsis und fügte zwei Seitenkapellen zwischen den Seitenschiffen und dem Chorumgang ein. Die Dächer der Seitenschiffe wurden erhöht und die Obergadenfenster teilweise zugemauert. Vor dem Mittelportal entstand als Wetterschutz eine kleine Vorhalle. Der über dem ersten Joch des Mittelschiffs auf vier hohen Stämmen errichtete hölzerne Glockenturm stammt aus dem Jahre 1871.

Der Außenbau

Das Mauerwerk der Kirche von Dangeau besteht aus Kieseln und kleinen Bruchsteinen. Für die Strebepfeiler und das Rahmenwerk verwendete man ein rötliches Vulkangestein. Aus der Ärmlichkeit des Baumaterials erklären sich die zahlreichen Verputzstellen.

Die Westfassade wirkt sehr nüchtern. Die flachen Strebepfeiler betonen die Außenkanten und das Mittelschiff; zwei weitere rahmen das Portal und das Mittelfenster, die jeweils von scharfkantigen Rundbögen überfangen sind. Rechts und links öffnet sich ein schmuckloses Fenster auf die Seitenschiffe.

Die Seitenmauern des Langhauses sind ebenfalls durch flache Strebepfeiler und rundbogige Fenster gegliedert. Zwei Flamboyantfenster wurden nachträglich im südlichen Seitenschiff eingelassen. Im Osten gehen die Dächer der Seitenschiffe unmittelbar in das Dach des Chorumgangs über. Die drei Chorkranzkapellen sind jeweils durch zwei Strebepfeiler verstärkt. Die halbrunden, nicht sehr tiefen Apsidiolen der Chorkranzkapellen werden durch schmale Rundbogenfenster beleuchtet. Neben der nördlichen, aus der Achse verschobenen Chorkranzkapelle befindet sich eine jüngere Sakristei.

Vor dem dritten Joch des südlichen Seitenschiffs öffnet sich eine kleine Vorhalle unter einem Satteldach. Es schützt ein skulptiertes romanisches Portal, das leider schon sehr verwittert ist, weil es aus einem weichen Kalkstein gearbeitet ist. Das schlichte Gewände trägt einen mit Palmetten geschmückten Bogen. Dem folgen zwei etwas vorkragende Archivolten, die links auf dem wiederhergestellten Mauerwerk aufliegen. Rechts ruht die Archivolte innen auf einer monolithen Säule, deren Basis durch eine Hohlkehle zwischen zwei hohen Rundstäben profiliert ist. Ein Kapitell zeigt den Kampf des heiligen Georg. Zwei in die rückwärtige Mauer eingebundene Säulen entsprechen der äußeren, mit schönem Flechtwerk aus fleischigen Blättern geschmückten Archivolte. Ihre Kapitelle sind mit drei Blattkränzen verziert. In der Mitte der inneren Archivolte sieht man ein Kreuz, auf dem sich, etwas beschädigt, die segnende Hand Gottes abhebt. Über den Kreuzarmen erkennt man, symbolisiert durch zwei Köpfe in einem Kreis, Sonne und Mond. Darunter sind zwei Blumen mit vier Blütenblättern, vielleicht Sterne, eingemeißelt. Links vom Kreuz hält eine Figur mit einem monströs großen Kopf einen Geldbeutel und zertritt einen lang ausgestreckten Menschen, der wahrscheinlich den Geiz verkörpert. Dem gegenüber ist in der Frau mit langem, wallendem Haar vielleicht die Wollust dargestellt. Weiter links sieht man einen Löwen und rechts einen Vogel, beide über mehrere Keilsteine hinweg skulptiert. Recht beschädigt heben sie sich gleichwohl in einem sehr kräftigen Relief von dem Rankenwerk des Hintergrundes ab. Als Entstehungszeit des Portalensembles kann man die Mitte des 12. Jahrhunderts annehmen.

Der Innenraum

Im ersten Moment ist man überrascht von der Schmucklosigkeit und Weite des Kircheninnern. Nichts unterbricht den weiten, von Seitenschiffen und einem sehr breiten Chorumgang umgebenen Raum aus Mittelschiff und Apsis (Bild 130). Die kahlen, weißgetünchten Mauern stehen im Kontrast zur dunklen Holzdecke, die die ganze Kirche überspannt.

Vier rundbogige, einfach gestufte Arkaden öffnen sich zu beiden Seiten des Mittelschiffs unter den einfach ausgeschrägten Fenstern. Bogenkämpfer markieren auf den Innenseiten der Pfeiler den Ansatz der Arkaden, während zum Mittelschiff hin nichts die Flächigkeit der Pfeiler und der darüberliegenden Wand stört, selbst dort nicht, wo sich den breiteren Arkaden des Langhauses im Osten die Apsis in wunderbarem Gleichmaß anschließt. Die fünf schlichten, engen Arkaden sind spitzbogig, aber die Struktur der Pfeiler und die Obergadenfenster bleibt annähernd gleich.

Die auf die Bogenkämpfer reduzierte Schmucklosigkeit, das Fehlen von vertikaler Wandgliederung durch Stützelemente und die gleichmäßig umlaufende Wiederholung der Wandöffnungen verstärken den Eindruck eines weiten Raumes, der zwar massiv aber nicht gedrungen wirkt, offen und zugleich auf den Altar ausgerichtet. Alles ist Architektur, nichts als Architektur, in einer sehr harmonischen Schlichtheit.

Auch die Wände der Seitenschiffe sind durch keine Vorlagen gegliedert. Nur im letzten Langhausjoch verbinden runde Querbögen die Pfeiler mit der Außenmauer des Chorumgangs. Die drei sehr niedrigen Chorkranzkapellen tragen Halbkuppeln. Ihr einziger Schmuck besteht aus zwei kleinen rundbogigen Nischen am Eingang. Die Nordkapelle liegt nicht in der Achse, sondern ist nahezu nach Osten ausgerichtet; auf dieser Seite verengt sich die Mauer des Chorumgangs, verursacht durch eine dicke Mauer aus vorromanischer Zeit, die in den romanischen Bau einbezogen wurde.

Auch für die Kirche von Dangeau scheint die romanische Kathedrale von Chartres, der Bau aus dem Jahre 1020, als unmittelbares Vorbild gedient zu haben. Die Benediktiner von Marmoutier ließen sich in Chartres selbst, durch Saint-Martin-au-Val und durch diese Kirche – einer Station auf dem Weg in die Touraine – inspirieren. Saint-Georges in Dangeau muß vor dem Ende des 11. Jahrhunderts oder um 1100 gebaut worden sein. Die Kirche gilt als eines der reinsten romanischen Bauwerke der Region.

Châteaudun · La Madeleine

Geschichte

La Madeleine in Châteaudun ist der Nachfolgebau einer der Gottesmutter geweihten Kirche aus dem 6. Jahrhundert. Der Patronatswechsel vollzog sich Ende des 11. Jahrhunderts. La Madeleine wird im Jahre 1110 zum ersten Mal in einer Urkunde des Bischofs Yves von Chartres erwähnt.

Der Graf von Blois, Thibaud IV., gründete hier eine Gemeinschaft von regulierten Chorherren, die von Papst Innozenz II. im Jahre 1131 bestätigt wurde. Das Langhaus scheint aus dem beginnenden 12. Jahrhundert zu stammen. Vor 1200 wurde ein Kreuzrippengewölbe eingezogen.

Im Jahre 1522 stürzten die Gewölbe des Chorhauptes ein. Erst im 18. Jahrhundert erfolgte der Wiederaufbau. In der Zwischenzeit wurde 1680, nach dem Einsturz eines Pfeilers, die zum Teil zugeschüttete Krypta entdeckt.

Im Laufe der Revolution wurde das Nordportal des Langhauses stark beschädigt, während das erst 1885 entdeckte Südportal hinter einem massiven Mauerwerk geschützt lag.

Im 19. Jahrhundert wurden erneut Arbeiten am Chorhaupt durchgeführt. Eine umfassende Restaurierung unter der Leitung des Amtes für Denkmalpflege fand in den Jahren 1929 bis 1930 statt. Damals legte man auch das Rahmenwerk der ursprünglichen Langhausfenster frei.

Der Außenbau

Die Kirche wirkt in sich recht uneinheitlich. Sie wurde am Rand eines Felsvorsprungs gebaut, so daß es keinen Zugang von den Seiten der Fassade gibt. Die beiden Portale liegen im Langhaus in Höhe des dritten Jochs einander gegenüber.

Im Norden besitzt die Kirche ein doppeltes Seitenschiff, gewölbt von einer Folge von Giebeldächern, die die Stützen des 12. und 13. Jahrhunderts verbergen. Auf dieser Seite befindet sich das leider seiner Skulptur beraubte Hauptportal. Noch heute zeugen die Nischen davon, daß es einst mit Gewändestatuen geschmückt war. Urkunden aus der Zeit vor der Revolution zufolge sind es in jeder Wandung sechs Statuen gewesen. Das Portal selbst ist von einer einzigen, mit Akanthusblättern skulptierten Archivolte eingefaßt. Das Portal muß Mitte des 12. Jahrhunderts oder etwas später geschaffen worden sein.

Am Ende des äußeren nördlichen Seitenschiffs erhebt sich der Glockenturm. Das Obergeschoß wurde im 18. Jahrhundert erneuert, das 15 Meter hohe Sockelgeschoß scheint hingegen noch vom Ende des 11. oder vom Anfang des 12. Jahrhunderts zu stammen. Die mächtige quadratische Form verleiht ihm das strenge Aussehen eines Donjons, verstärkt durch flache Strebepfeiler an den Ecken und in der Mitte jeder Seite und durch das Fehlen von Öffnungen. Im Chorhaupt blieb nichts Mittelalterliches erhalten. Ursprünglich verband ein Umgang das innere nördliche Seitenschiff mit dem einfachen südlichen Seitenschiff. Die teilweise freigelegte romanische Krypta besaß einen Chorumgang, wahrscheinlich beeinflußt durch die Krypta der Kathedrale von Chartres.

Das möglicherweise schon seit dem 13. Jahrhundert zugemauerte und deshalb weitaus besser erhaltene Südportal wurde erst 1885 freigelegt. Es besitzt kein Tympanon. Sein scharfgratiger Einfassungsbogen geht von zwei profilierten Bogenkämpfern aus. Die skulptierte Archivolte ruht auf zwei Säulen mit Kapitellen. Diese Kapitelle setzen sich als Fries außen an der Mauer fort, unter einem vorspringenden Bogen, der eine Art zweite Archivolte bildet. Die Kapitelle schmückt kräftiges Blattwerk, das sich in den oberen Ecken zu Kugeln einrollt. Die Archivoltenfiguren sind wie am Königsportal in Chartres dem Bogenlauf angepaßt (Bild 132 und 133). Unter den verschiedenen Motiven erkennt man eine Frau auf einem Lehnstuhl mit Arkaturen, einen Ritter im Panzerhemd, Fabeltiere, einen Greif und einen geflügelten Vierfüßler mit menschlichem Kopf. Den äußeren Bogen schmücken schmalere Relieffiguren: lautenspielende Frauen, Monster, Sirenen, Löwen, Reptilien. Manche von ihnen erinnern in ihrer schweren und untersetzten Form an die Archivoltenfiguren in den Seitenportalen der Fassade der Kathedrale von Chartres, auch wenn sie nicht deren handgreifliche Lebendigkeit besitzen. Die dem Bogenrund angepaßte Anordnung der Figuren muß sich gleichwohl aus der Chartreser Kunst ableiten.

Der Innenraum

Das zwölf Meter breite Hauptschiff ist nicht eingewölbt (Bild 131). Die Säulenvorlagen an den Pfeilern und die Obergadenfenster sind gotische Hinzufügungen. Bei den Restaurierungen von 1929 legte man über den Arkaden die einstigen rundbogigen Obergadenfenster frei. Jedes Fenster ist von einem fortlaufenden Rundstab eingefaßt. Während sie sich im Norden dicht aneinanderreihen, fällt im Süden auf jedes Joch nur eine Öffnung. Die großen spitzbogigen Arkaden sind durch ein flaches Band zwischen zwei Rundstäben profiliert.

Das einfache südliche Seitenschiff trägt wie das doppelte nördliche Seitenschiff ein Kreuzrippengewölbe. Die rundbogigen Fenster des nördlichen Seitenschiffs sind jeweils von zwei kleinen Säulen gerahmt. Dazu ist die Wandfläche durch eine rundbogige Arkatur auf kleinen, zum Teil dekorierten Säulen aufgelockert. Über dem Erdgeschoß des Glockenturms spannt sich ein Tonnengewölbe.

Die ursprüngliche Kirche von Châteaudun hat man sich niedriger vorzustellen. Ihre Proportionen waren denen der Kirche von Dangeau vergleichbar. Wie jene Kirche hatte La Madeleine einen Chorumgang und ließ in der Gesamtanlage den Einfluß der romanischen Kathedrale von Chartres erkennen.

Der Südosten

Das Departement Seine-et-Marne entspricht in etwa der Region südöstlich von Paris, auch wenn es bei Provins auf die zur Champagne gehörige Brie Champenoise übergreift. Seit dem 11. Jahrhundert wurden in zwei Städten, in Melun und Château-Landon interessante Bauten errichtet. Die eine Stadt liegt an der Seine, die andere etwas südlicher im Tal des Loing. Beide Flüsse waren Verbindungswege, und folglich verwundert es nicht, wenn die Architektur und Skulptur Merkmale aufweisen, wie sie auch in der Pariser Region und im Norden der Ile-de-France verbreitet sind.

Einige Gegenden bieten darüber hinaus ihre eigenen Besonderheiten. Dazu gehört das in das heutige Departement Loiret hineinragende Gâtinais. Hier findet man viele den Westfassaden vorgebaute Vorhallen. Den Höhepunkt bildet in dieser Hinsicht Château-Landon. Die Stadt konnte sich einen Teil ihrer mittelalterlichen Befestigung und ihres Schlosses bewahren. Außerdem blieben mehrere romanische Sakralbauten ganz oder teilweise erhalten (Farbtafel S. 375). Im Jahre 1088 kam die Stadt an die Krone, während Melun schon früher zur königlichen Besitzung gehört hatte.

Obwohl die Kirche von Saint-Loup-de-Naud bereits in der Brie Champenoise liegt, haben wir hier eine Ausnahme gemacht und sie in dieses Kapitel mitaufgenommen, denn ihr Portal gehört in die Reihe der mit Säulenstatuen versehenen Portale der Ile-de-France. Früher gab es ein weiteres vergleichbares Portal im nordwestlich von Melun gelegenen Corbeil. Leider wurde es abgetragen, und die beiden übriggebliebenen, im Louvre befindlichen Statuen sind stark restauriert.

Wie überall in der Ile-de-France hat sich die Gotik auch im Südosten sehr früh durchgesetzt, so daß die Kirchen nur selten ein rein romanisches Gesicht bewahrt haben.

Château-Landon · Notre-Dame

Geschichte

Notre-Dame zählt zu den fünf im Mittelalter erwähnten Kirchen Château-Landons, doch weiß man fast nichts über ihre Ursprünge. F. Deshoulières hat endgültig festgestellt, daß sich alle in diesem Zusammenhang zitierten Textquellen auf andere Bauwerke beziehen.

Die Kirche entstand Ende des 11. Jahrhunderts. Mitte des 12. Jahrhunderts wurden das Querschiff und das Chorhaupt erneuert. In diese Zeit datiert man auch die unteren Teile des Glockenturms, die Obergeschosse entstanden etwas später. Im 14. Jahrhundert erfuhren der Unterbau der südlichen Arkaden und das südliche Seitenschiff eine vollständige Überarbeitung.

Der 1668 durch Blitzeinschlag beschädigte Glockenturm wurde erst 1868 restauriert. Zwanzig Jahre später leitete der Architekt Sauvageot eine Reihe von Baumaßnahmen ein, um die Außenwand des nördlichen Seitenschiffs und des Mittelschiffs nach alten Unterlagen wiederherzustellen. Auch die Holzdecke des Hauptschiffs wurde erneuert.

Der Außenbau

Der rechte Teil der Fassade wurde bei der Erneuerung des südlichen Seitenschiffs im 14. Jahrhundert verändert. Ursprünglich glichen sich die beiden Stirnseiten der Seitenschiffe mit den flachen Strebepfeilern weitgehend. Das alte Mauerwerk besteht aus Kleinquaderwerk in dickem Mörtel, während der mittlere Vorbau der Kirche aus sauber behauenen Quadern gesetzt ist. Das Portal und das darüber befindliche Fenster liegen leicht aus der Achse verschoben in einem Vorsprung, dessen horizontales Kranzgesims auf mit Köpfen und symmetrischen Motiven skulptierten Kragsteinen aufliegt. Ein ähnliches Kranzgesims verläuft unterhalb der Fensterbank und trennt die beiden Zonen von Portal- und Fensteröffnung.

Das Portal selbst rahmen zwei Pfosten, auf denen ein giebelförmiger Türsturz liegt. Das rundbogige Tympanon ist mit einem Rhombenmuster verziert und von einer Reihe schmaler, etwas vorspringender Keilsteine eingefaßt. In den dickwandigen Vorbau sind zwei weitere mit Kapitellen bekrönte Stützen eingelassen. Die dazugehörende Archivolte besteht aus einem kräftigen Wulst, aufgelöst durch einen dünnen Rundstab in einer breiten Hohlkehle. Die abgeschrägten Deckplatten der Kapitelle sind parallel durch horizontale Streifen gegliedert, die sich auf den Außenseiten des Vorbaus fortsetzen. Die schmalen Kapitelle tragen gerippte Palmetten. Den Bogenrücken umlaufen drei Reihen vertiefter Sterne. Dasselbe Motiv kehrt in der Verlängerung der Abaki wieder. Ein vorspringendes Band mit parallelen Rillen umgibt das Ganze.

Das Fenster wirkt weniger tief eingeschnitten, denn in diesem Geschoß bilden zwei rechteckige Strebepfeiler die seitlichen Stützen, die sich von der Einfassung des rundbogigen Fensters absetzen. Der Bogen des Fensters ist wie die Archivolte des Portals profiliert. Das abschließende Kranzgesims liegt auf vierschrötigen, mit Palmetten und Voluten geschmückten Konsolen. Insgesamt scheint dieses schematisierte und wenig auf Reliefierung angelegte Ensemble auf das 11. Jahrhundert zurückzugehen, vergleichbar dem Fenster der Basse-Œuvre in Beauvais, das ebenfalls von einem vertieft eingemeißelten Sternfries gerahmt ist.

Château-Landon, Blick auf die Stadt von St. Severin aus. ▷

Die Nordseite des Langhauses blieb ohne eine rhythmisierende Gliederung durch Strebepfeiler. Im Obergaden liegen vier schmucklose Rundbogenfenster, während in die Mauer des Seitenschiffs drei aus der Achse verschobene Fenster und ein Portal eingelassen sind. Der Türsturz ist mit drei Flechtbändern, das rundbogige Tympanon mit überarbeitetem Rautenmuster geschmückt. Das Kranzgesims ist neueren Ursprungs.

Der von flachen Strebepfeilern flankierte Nordarm des Querhauses besteht aus sauber zugerichteten Steinen. In einem Wandvorsprung öffnet sich unter einem Rundbogen ein Portal ohne Tympanon. In das Gewände sind zwei Säulenpaare mit Basen und Kapitellen eingestellt. Ein weiteres eingebundenes Säulenpaar trägt eine Archivolte. Ein Blütenfries umgibt die Archivolte und das Gewände, das von zwei eingebundenen Säulen gerahmt wird. Die Kapitelle der Säulen an der Tür besitzen kräftige Astragale und profilierte, sich seitlich fortsetzende Abaki mit einer breiten Hohlleiste unter der Platte. Palmetten schmücken die Kapitelle nach einem achsenbetonenden Schema. Die hohen gerippten Zweige drängen sich in die Ecken und rollen sich dort als gezahnte Blätter ein. An den Kapitellen der Zwillingssäulen sind die Ecken durch dicke, vorstehende Köpfe betont, deren Haare sich mit den Palmetten verflechten. Die abgerundete Modellierung und die ungewöhnlich großen Augen lassen an die Kapitelle von Cergy denken (Bild 186–189): Die Köpfe sind von der gleichen Art, nur fehlt hier das rahmende Blattwerk. Die Skulptur am Nordportal scheint ein wenig jünger zu sein als die der Westfassade und muß in das beginnende 12. Jahrhundert datiert werden. Das darüberliegende Fenster ist direkt in die Mauer eingeschnitten und besitzt keinerlei Schmuck.

Der Glockenturm erhebt sich über dem Chorjoch, das der nördlichen Seitenapsis vorausgeht. Sein hoher, an den Ecken durch flache Strebepfeiler gestützter Unterbau scheint zur selben Zeit wie das Querschiff und der Chor entstanden zu sein. Die breiten rundbogigen Doppelfenster, profiliert durch einen Rundstab und eingestellte Säulen, öffnen sich auf jeder Seite im oberen Teil. Die darüberliegenden Geschosse mit den spitzbogigen Fenstern wurden im 13. Jahrhundert aufgestockt.

Die drei geosteten Apsiden des Chorhaupts sind von einheitlicher Gestalt (Bild 134). Die Mittelapsis tritt zwar besonders hervor, doch besitzen alle drei Kapellen einen gleich hohen, doppelt gestuften Sokkel, die gleichen rechteckigen, mit einer Schräge abschließenden Strebepfeiler und die gleiche Fensteranordnung: Rundbogige Fenster ohne Dekor flankieren die Scheitelfenster, die in der Laibung durch zierliche Säulen und am Bogen durch einen Rundstab gerahmt sind.

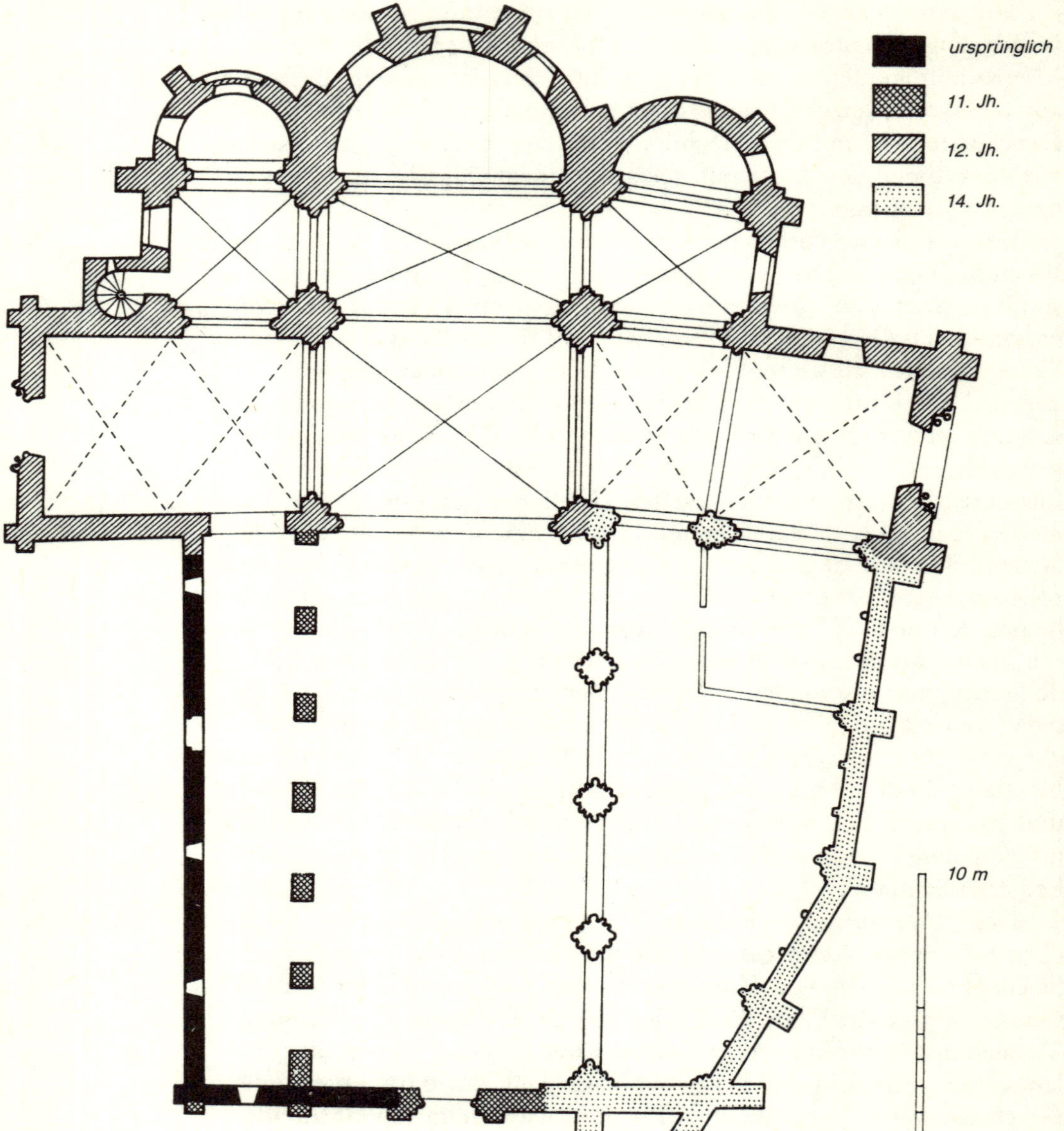

Château-Landon · Notre-Dame

Die Deckplatten der Kapitelle sind als Gesimsband bis zu den Strebepfeilern verlängert.

In der Fassade des südlichen Querarms liegt wie im Norden ein Portal und darüber ein Fenster zwischen den massiven rechteckigen Strebepfeilern. Allerdings unterscheidet sich der Dekor, das Portal liegt hier nicht in einem Mauervorsprung und das Fenster ist größer und auch reicher ausgeschmückt. Ferner durchschneiden drei Schmuckbänder die Fassade, eins in der Verlängerung der Abaki der Portalkapitelle, ein zweites unter der Fensterbrüstung und das dritte in Höhe der Kapitelle desselben Fensters (Bild 135). Das Portal – auch hier gibt es kein Tympanon – ist von vier in den Rücksprüngen des Gewändes liegenden Monolithsäulen und von zwei Archivolten eingefaßt. Die Stufung des Gewändes selbst ist dadurch abgemildert, daß die Kanten durch zierliche Säulen ersetzt sind. Die Kapitellplastik besteht aus breiten, aufrecht stehenden Blättern, die sich in recht starkem Relief einrollen. Darin zeigt sich an, daß das Portal etwas später als das Nordportal geschaffen wurde. Ein Zickzackfries schmückt die Archivolten. Den Bogenrücken der äußeren Archivolte unterstreichen ein Rundstab und ein Palmettenband, das gleiche, das auch das obere Fenster schmückt.

Die Südseite des Langhauses wurde im Zuge der Umbauten im 14. Jahrhundert verändert.

Der Innenraum

Besonders interessant ist die Rückseite der Westfassade, da das Portal und das Fenster wie am Außenbau in ein vorspringendes Massiv eingelassen sind. Dieser Wandvorsprung erweckt den Eindruck einer auf die Öffnungen von Portal und Empore reduzierten Turmvorhalle. Ein solcher Baukörper ist in der Ile-de-France einzigartig.

Das Portal ist wie außen mit Rundstäben und Hohlkehlen geschmückt und zusätzlich noch von einem Rollenfries eingefaßt. Über dem Massiv sieht man mehrere Lagen von Bruchsteinen in Fischgratmuster. Dieses Mauerwerk trifft man auch an der nördlichen Seitenschiffwand. Das Schiff und die Westfassade scheinen also gleichzeitig im 11. Jahrhundert gebaut worden zu sein. Das Langhaus bewahrte sein ursprüngliches Aussehen nur auf der Nordseite.

Das Mittelschiff war niemals eingewölbt. Es öffnet sich durch sechs Arkaden auf die Seitenschiffe (Bild 136). Für die frühe Entstehung der Arkaden sprechen ihre Schmucklosigkeit und die schmalen Keilsteine, die nur einen schmalen äußeren Rand des Bogens bilden.

Darüber hinaus schließen die rechteckigen Pfeiler nur mit Bogenkämpfern und nicht mit Abaki ab (Bild 137). Die mit einer Hohlkehle profilierten Bogenkämpfer schmückt manchmal ein Rundstab oder eine Zierleiste nach karolingischer Tradition. Die Obergadenfenster sind trotz ihrer ungewöhnlichen Größe ursprünglich. Sie liegen leicht ausgeschrägt und ohne Dekor in der Achse der Arkaden. Ihre schmalen Keilsteine gleichen denen der Arkaden. Man sieht schon von außen, daß die kleineren Fenster des nördlichen Seitenschiffs in keiner Beziehung zu den Öffnungen des Mittelschiffs stehen.

Die Vierung ist offensichtlich jünger und stammt wahrscheinlich aus dem zweiten Viertel des 12. Jahrhunderts. Ihre großen, doppelt gestuften Spitzbögen, profiliert durch Rundstäbe und dazwischenliegende Hohlkehlen, ruhen auf Wandsäulen. Dienste an den Eckpfeilern entsprechen den Rippen. Die Pfeilerkapitelle schließen mit durchgehenden Deckplatten ab und sind ähnlich wie die Kapitelle am Südportal mit breitem Blattwerk skulptiert. Die Querschiffarme tragen Kreuzgratgewölbe, die in den Ecken auf Konsolen aufliegen. Das Chorjoch der Mittelapsis und der nördlichen Seitenapsis unter dem Glockenturm sind ebenfalls von recht einfachen Kreuzrippen überwölbt. Die in einem Bauabschnitt mit dem Querschiff und dem Chor errichteten drei Apsiden enden in spitzen Halbkuppeln, an deren Basen ein Schmuckband verläuft (Bild 136). Die Fenster der Apsiden sind von zierlichen Säulen und einem Rundstab eingefaßt.

Abgesehen von den Umbauten des 14. Jahrhunderts ist das Erscheinungsbild der Notre-Dame von Château-Landon durch zwei Bauabschnitte geprägt: Im 11. Jahrhundert entstanden das Langhaus und die Fassade, in der ersten Hälfte des 12. Jahrhunderts hingegen das Querschiff und der Chor, wobei der Nordarm und der Glockenturm etwas älter als das übrige Querschiff und Chorhaupt sind.

Château-Landon · Saint-Séverin

Geschichte

Der Ursprung der Abtei Saint-Séverin ist von Legenden umrankt. Der erkrankte Chlodwig ließ demzufolge den im Ruf der Heiligkeit stehenden Severin aus Saint-Maurice d'Agaune im Wallis zu sich kommen, daß er ihn heile. Nach seiner Ankunft breitete Severin seinen Mantel über den Leib des Königs und Chlodwig erlangte alsbald seine Gesundheit wieder. Nach dieser wunderbaren Heilung zog sich Severin nach Château-Landon zurück. Die erste, 545 geweihte Kirche erhob sich über dem Grab des Heiligen. 630 ließ Dagobert die Reliquien in einen vom heiligen Eligius, dem Goldschmied des fränkischen Hofes, gefertigten Schrein legen. All diese Informationen stammen aus einer Vita des heiligen Severin, die aus dem 9. Jahrhundert stammt und damit lange nach den Ereignissen geschrieben wurde. Deshalb ist ihre Authentizität keineswegs gesichert.

König Hugo Capet ließ die von den Normannen zerstörte Kirche wiederaufbauen. 1151 schenkte Ludwig VII. die Abtei den Augustiner-Chorherren. 1436 brannte die Abtei nieder. Der erste Kommendatarabt, Jacques d'Aubusson, ließ sie Anfang des 16. Jahrhunderts aus den Ruinen wiedererstehen. Doch wurde sie zum großen Teil während der Religionskriege von den Hugenotten erneut zerstört. Von diesem Schlag hat sie sich niemals mehr erholt. Was bestehen blieb, findet sich heute in den Gebäuden eines Altersheims.

Bei 1928 unter der Kirche des 16. Jahrhunderts durchgeführten

Grabungen entdeckte man die Reste der mit Fresken ausgemalten romanischen Krypta.

Besichtigung

Die Krypta

Die Krypta unter dem Kirchenbau des 16. Jahrhunderts stellte eine richtige Unterkirche dar. Die Gewölbe sind zerstört, aber die ersten Steinlagen lassen erkennen, daß Tonnen die drei Schiffe überwölbten. Der sich hinter rundbogigen Arkaden öffnende Chor schloß mit einer geraden Mauer ab. Die Rundbögen sind unterfüttert und mit kleinen, schmalen Keilsteinen umrandet (Bild 138). Darin ähneln sie den Arkaden des Langhauses in der Kirche Notre-Dame. Die Krypta von Saint-Séverin stammt wahrscheinlich aus dem 11. Jahrhundert. Sie zeigt uns, daß Bauten mit rechteckigem Chorabschluß in der Ile-de-France häufiger waren, als man allgemein annimmt, sowohl hier im Südosten als auch im Norden, wie zum Beispiel in der Kirche von Rhuis.

Die Fresken

Nur zwei Felder mit Wandmalereien konnte man bei ihrer Entdekkung im Jahre 1928 abnehmen und retten. Beide zeigen Szenen aus der Legende des heiligen Severin (Bild 139). Sie sind in rechteckige, horizontal angeordnete und langgestreckte Flächen gemalt; darüber verläuft ein Ornamentstreifen. Es handelt sich um die in romanischer Zeit bevorzugte Aufteilung in übereinanderliegende Register oder horizontale Streifen. Die geringe Höhe der Krypta zwang hier dazu, die Szenen fortlaufend in gleicher Höhe entlang der Wand zu entwikkeln. Nach romanischer Tradition fassen schmale Bordüren die Felder ein. Die Szenen heben sich von einem abstrakten Grund aus farbigen Streifen ab. Das erste Feld zeigt die Heilung Chlodwigs durch den heiligen Severin. Die unteren Zweidrittel des Hintergrunds sind ockerrot. Der obere Teil ist heller und quer von ockergelben Wellenlinien durchzogen. Chlodwig liegt auf einem Bett mit Holzfüßen, der Mantel des heiligen Severin ist über ihn gebreitet. Der König streckt dem heiligen Severin, der sich ihm zuneigt, eine Hand entgegen. Nimbus und Krummstab zeichnen den Heiligen aus. Hinter ihm trägt ein Mönch mit Tonsur ein großes Buch, während auf der linken Seite eine bärtige Person einen Mörser bringt, in dem er Heilmittel mit einem Stößel zerreibt. Die klare, schlichte Komposition ist nur durch die Horizontale des Bettes und durch die drei stehenden Personen gegliedert. Den Raumeindruck vermittelt das Bett, perspektivisch dargestellt in einer leichten Aufsicht und begrenzt durch die Gewänder und die Füße der beiden dahinterstehenden Geistlichen, die sich allerdings zugleich in der vorderen Bildebene zu befinden scheinen. Anzeichen von Modellierung erkennt man noch in den Gesichtern mit den farbig gehöhten Backenknochen. Die Konturen sind sehr betont und die Gewandfalten, besonders bei Chlodwig und der bärtigen Person, durch gebogene, eng aneinanderliegende Striche gezeichnet, um den Körpern eine gewisse Plastizität zu verleihen. Dieser Sinn für Formvolumen, verbunden mit einer schematisierten Zeichnung der Details, scheint der von P. Deschamps und M. Thibout vorgeschlagenen Datierung in die Mitte des 12. Jahrhunderts zu entsprechen. Der Dekor des oberen Bandes bildet eine Art Mäanderfries.

Über dem zweiten Feld verläuft ein Band mit spiralähnlichem Motiv. Der Hintergrund des Wandbildes selbst ist blau gehalten und wie das erste Feld von Wellenlinien durchzogen. Die weniger gut erhaltene Darstellung läßt links einen Altar erkennen, den ein weißes, gefranstes Tuch deckt. Er ist in der gleichen Perspektive wie das Bett Chlodwigs gemalt. Dahinter steht der heilige Severin im Meßgewand und hebt den Arm zu einem Gebetsgestus.

Rechts wendet sich eine nur noch schwach zu erkennende Gestalt dem Altar zu und streckt einen Arm aus. Sie ist mit einer Tunika bekleidet, deren Falten sich fächerförmig öffnen. Eine Inschrift in der Höhe der Köpfe der Teilnehmer besagt: SCS SEVERINUS, CLODOVEUS REX – der geheilte Chlodwig ministriert bei der Messe, die der heilige Severin zelebriert. Soweit man es beurteilen kann, gleicht der Stil demjenigen der ersten Darstellung.

Die beiden Werke bilden nahezu das einzige erhaltene Beispiel romanischer Wandmalerei in der Ile-de-France. Es zeigt die Anwendung herkömmlicher Mittel, verbunden mit einer Suche nach Monumentalität in der Klarheit der Komposition wie in der Gewichtung der Formen.

Château-Landon · Saint-André

Von dem der Benediktinerabtei Ferrières-en-Gâtinais unterstellten Priorat Saint-André blieben nur die beiden unteren Geschosse eines imposanten Vorhallenturms (Bild 141). Der mächtige querrechteckige Block ist an den Ecken und in der Mitte der Seitenflächen von flachen Strebepfeilern eingefaßt. Ein Treppenturm liegt der Nordseite an.

Ein großes spitzbogiges Portal ohne Tympanon öffnet sich im Westen, begrenzt durch die Eckstrebepfeiler. Es liegt in einem massiven Vorbau, der von einem Kranzgesims unter einer breiten Abschrägung bekrönt wird. In dem tiefen Gewände liegen eingebundene Säulen mit Kapitellen, deren Deckplatten ein bis zu den Strebepfeilern fortlaufendes Gesims bilden. Die Basen ziert eine Hohlkehle zwischen zwei Rundstäben. Die vier Archivolten setzen sich aus schlanken Rundstäben und breiten Hohlkehlen zusammen. Um die Bogenrücken der äußeren Archivolte verläuft ein vorkragendes mit halbkreisförmigen Zierlinien geschmücktes Band.

Sehr eigenartig sind die hohen, schlanken und teilweise glatten Kapitelle. Nur oben in der Mitte unter den vorspringenden Ecken der Deckplatten sind sie mit stark reliefierten Köpfen geschmückt oder mit Palmetten, umgeben von zwei Stengeln, die in Voluten enden (Bild 140).

Auch an den abgeschrägten Konsolen der Türlaibung finden sich skulptierte Masken. Der Kontrast der glatten Flächen mit den Reliefköpfen erweckt einen fremdartigen Eindruck. Allein die Köpfe am

Nordportal der Kirche Notre-Dame sind in manchem vergleichbar mit dieser Skulptur, die möglicherweise durch Ausmalung noch plastischer hervortrat.

Nicht weniger interessant ist das Kranzgesims. Es besteht aus kleinen, nochmals unterteilten Arkaturen wie sie für das Beauvaisis typisch sind. Die Bögen enden auf mit Masken skulptierten Kragsteinen, während unter dem Bogenscheitel kleine Köpfe eingepaßt sind. Über der Mitte des Portalvorsprungs erhebt sich auf einem Sockel eine Halbsäule vor einer Wandvorlage (Bild 141) und unterteilt zwischen den beiden Öffnungen das zweite Geschoß der Fassade. Die rundbogigen Öffnungen rahmt ein fortlaufender Rundstab und ein mit einem Blumenband geschmückter Bogen. Die tief in der mächtigen Mauer liegenden Fensteröffnungen sind von zwei Säulen flankiert, von denen die eine aus übereinandergeschichteten Ringen zu bestehen scheint. Die heute stark beschädigten Kapitelle waren mit Blattwerk skulptiert.

Das untere Geschoß der Vorhalle birgt ein Kreuzgratgewölbe, das in den Ecken auf Säulen ruht. Das Portal, das sich früher auf das Mittelschiff öffnete, ist wie das Eingangsportal von einen Spitzbogen überfangen. F. Deshoulières hat dieses Ensemble in die Mitte des 12. Jahrhunderts datiert. Damit muß es annähernd zur selben Zeit wie das Querschiff von Notre-Dame geschaffen worden sein.

Saint-Mammès

Geschichte

Die bescheidene Kirche Saint-Mammès bei Moret-sur-Loing war früher eine einfache Filiale der Pfarrkirche von Moret, die zur Diözese Sens gehörte. Kurz vor der Revolution brach man das südliche Seitenschiff ab, um an dessen Stelle ein Pfarrhaus zu errichten. Das Dach wurde so erneuert, daß es das Mittelschiff und das nördliche Seitenschiff unter einer großen Schräge zusammenfaßt. Dabei verschwanden die Obergadenfenster.

Besichtigung

Der Außenbau

Die Fassade wird durch eine Giebelwand gebildet. Zwei flache Strebepfeiler enden abgeschrägt in der Verlängerung des Mittelschiffs, Eckstrebepfeiler fehlen. Ein Rundbogenfenster öffnet sich in der Achse des Mittelschiffs, ein weiteres in der Stirnwand des nördlichen Seitenschiffs. Beide sind schmucklos wie auch der Giebel. Der bauplastische Dekor konzentriert sich auf das Portal. Es liegt in einem von den beiden Strebepfeilern gerahmten, massiven Vorsprung unter einem Kranzgesims auf Kragsteinen. Die rundbogige Portalöffnung – ein Tympanon ist nicht vorhanden – ist von einem zweifach rechtwinklig gestuften Gewände und zwei Archivolten umschlossen. Die innere Archivolte ist schmucklos, die mittlere läßt eine Reihe recht beschädigter Palmetten zwischen zwei Leisten erkennen. Ein Bandgesims unterstreicht den Ansatz der äußeren Archivolte und setzt sich auf den Strebepfeilern seitlich des Vorbaus fort.

Der Glockenturm erhebt sich über dem Joch, das der südlichen Apsidiole vorausgeht (Bild 142). Kein Gesims gliedert die Mauerfläche. Das quadratische Untergeschoß stützen an den Ecken flache, unter dem letzten Niveau abgeböschte Strebepfeiler. Jede Seite ist von einer rundbogigen, kahlen Öffnung durchbrochen. Ebenfalls schmucklose Doppelfenster öffnen sich im oberen, mit einem Satteldach gedeckten Geschoß.

Das Chorhaupt endet in drei Ostapsiden. Die tiefere Mittelapsis schließt sich an ein Chorjoch an, dem die Seitenapsiden mit entsprechend abgestuften Dächern anliegen. Flache Strebepfeiler, ähnlich denen der Fassade und des Turms, gliedern die durch drei schmucklose Rundbogenfenster erhellte Apsis.

Der Innenraum

Der Schmucklosigkeit des Äußeren entspricht die archaische Nüchternheit im Innern. Das nicht eingewölbte Mittelschiff hatte vor der Dacherneuerung, die die Aufhebung der Obergadenfenster zur Folge hatte, einen zweizonigen Aufriß. Die einfach in die Wand eingeschnittenen Rundbogenarkaden gehen ohne Deckplatte oder Kämpfer scharfgratig in die viereckigen Pfeiler über. Das weitgehend ursprünglich erhaltene nördliche Seitenschiff trägt ein Tonnengewölbe, ebenso die Chorjoche. Die drei Apsiden tragen äußerst schlichte Halbkuppeln (Bild 143).

Die Kirche von Saint-Mammès hat trotz der Umformung des südlichen Seitenschiffs und der Dächer insgesamt ihr ursprüngliches Aussehen bewahrt. Ihre flachen Strebepfeiler, das Fehlen von Deckplatten oder Kämpfern auf den Pfeilern und – mit Ausnahme des Portals – das Fehlen jeglicher Bauplastik, rechtfertigen die Annahme, daß es sich um ein frühes Werk der romanischen Kunst des 11. Jahrhunderts handelt. Ohne Querschiff, mit einem flachgedeckten zweizonigen Mittelschiff, drei Apsiden und einem Glockenturm am Ostende des Seitenschiffs, stellt dieser Kirchbau im Süden von Paris ein bezeichnendes Beispiel für einen im Norden verhältnismäßig häufigen Gebäudetypus dar, wie wir ihn in Rhuis oder Oulchy-le-Château antreffen.

Melun · Notre-Dame

Geschichte

Die auf einer Insel in der Seine gelegene Kirche Notre-Dame von Melun bestand neben einer Burg schon in karolingischer Zeit.

Das heutige Gebäude ist wie Notre-Dame in Étampes von König Robert dem Frommen gegründet worden, der hier ein Kollegiatsstift einrichtete. So bezeugt es Helgaud de Fleury. Melun war wie Étampes eine Königsstadt. Robert der Fromme starb 1031 in der der Kirche benachbarten Burg.

Im 12. Jahrhundert führte man verschiedene Umbauten durch. So erneuerte man das Chorhaupt, dessen Weihe für das Jahr 1158 überliefert ist. Die Seitenschiffe wurden im 14. Jahrhundert durch Seitenkapellen erweitert. Der südliche Glockenturm und die Fassade wurden in der Renaissance überarbeitet.

Im Jahre 1775 riß man die Seitenkapellen ab und veränderte die obere Zone des Mittelschiffs. 1840 wurde die Kirche unter Denkmalschutz gestellt und Mitte des 19. Jahrhunderts gründlich restauriert. Die Osttürme erhielten hölzerne Turmspitzen. Man öffnete Bogenstellungen zwischen dem Chor und den ihn flankierenden Kapellen und erneuerte den gesamten Außenbau. Das Langhaus, das Querschiff und die beiden Türme seitlich des Chorjochs gehen teilweise auf die Zeit Roberts des Frommen zurück. Sie erinnern unmittelbar an die Kirchen Saint-Germain-des-Prés und Morienval. Der mit einer in zwei Zonen von Fenstern durchbrochenen Apsis abschließende Chor

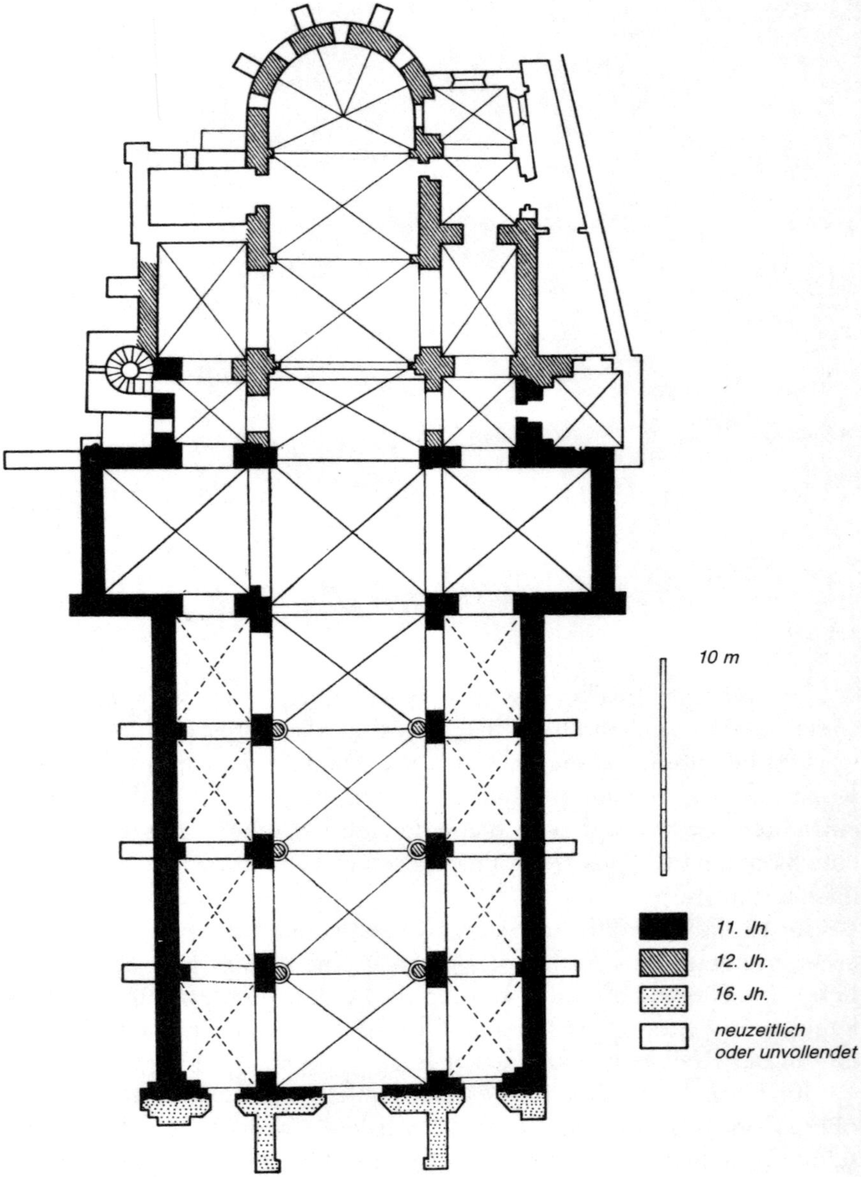

Melun · Notre-Dame

muß annähernd zur selben Zeit wie der von Juziers, also Mitte des 12. Jahrhunderts, entstanden sein. Leider ist er später stark erneuert worden.

Besichtigung

Der Außenbau

Die wie das gesamte Äußere der Kirche restaurierte Westfassade ist im 19. Jahrhundert wiederaufgebaut worden. Sie enthält keine romanischen Elemente mehr. Um die Baustruktur des 11. Jahrhunderts wiederzufinden, muß man sich auf die Südseite begeben.

Die Mauer des Seitenschiffs ist erneuert worden, als man die Seitenkapellen des 14. Jahrhunderts abbrach. Auch die Fenster der vier Joche sind neuzeitlich. Die Hochwand des Mittelschiffs entspricht noch am ehesten dem ursprünglichen Zustand. Man kann hier wie an der Fassade von Notre-Dame in Château-Landon Lagen von Fischgratmuster ausmachen, ebenso Reste der Strebepfeiler und kleine, schmucklose Rundbogenfenster. Das Bandgesims unter dem Dach ist teilweise mit dem alten Zahnfries erhalten.

Die Fassade des Südarms und der Südturm am Chor sind wiederaufgebaut. Das einstige Aussehen läßt sich eher noch am Nordturm ablesen. Die drei Geschosse sind durch Bandgesimse auf Kragsteinen unterteilt. Zwei rundbogige Zwillingsfenster öffnen sich in jeder Seite, mit jedem Stockwerk nach oben hin zusehends größer werdend. Kleine Säulen sind in die Laibung eingestellt. Ein Schmuckband umgibt die Archivolten und läuft waagerecht weiter bis zu den Turmecken.

Der Chor wird von Seitenschiffen flankiert, die mit einer geraden Mauer abschließen, während die halbkreisförmige Apsis darüber hinausragt. Zwischen den nach oben auslaufenden Strebepfeilern öffnen sich zwei Reihen spitzbogiger Fenster.

Der Innenraum

Das zweizonige Mittelschiff ist erst nachträglich eingewölbt worden, wie man an den Diensten erkennt, die den Pfeilern vorgelegt wurden, um die Kreuzrippen aufzunehmen (Bild 144). Hinter dieser

Umkleidung kann man sich die Struktur des 11. Jahrhunderts leicht vorstellen. Vier rundbogige Arkaden öffnen sich auf jeder Seite. Die einfachen Rundungen sind wie bei den Nordarkaden des Langhauses von Notre-Dame in Château-Landon (Bild 136) durch schmale Keilsteine gesäumt. Über den rechteckigen Pfeilern nehmen Kämpfer den Bogen auf. Der jeweils zweite Pfeiler besitzt außerdem eine Wandvorlage zum Seitenschiff hin. Die rundbogigen, ausgeschrägten Fenster liegen in der Achse der Arkaden.

In den Seitenschiffen sind die Kreuzgratgewölbe möglicherweise nicht ursprünglich. Allein der unterfütterte Gurtbogen, der vom zweiten Wandpfeiler ausgeht, scheint alt zu sein (Bild 144). Es könnte sich um einen Querbogen handeln, wie er auch im Chorumgang der Kirche von Dangeau erhalten blieb.

Auch das Querschiff wurde erst im nachhinein eingewölbt. Die beiden Spitzbögen in der Achse des Langhauses wurden erneuert, während die Bögen, die zu den Querschiffarmen führen, noch rundbogig sind. Ursprünglich erhalten blieben außerdem nur die Arkaden, die die Seitenschiffe mit den Querarmen verbinden. Die Bogenkämpfer sind mit eingravierten Dreiecken und recht grob skulptierten Palmetten verziert.

Der Chor und seine Anbauten wurden grundlegend erneuert. Die durch zwei Fenstergeschosse gegliederte Apsis zeugt von der Suche nach der Lichtfülle zu Beginn der gotischen Stilepoche. Das Langhaus und der Grundriß des Chorhaupts mit den beiden seitlichen Türmen bilden indessen ein bemerkenswertes Beispiel romanischer Baukunst der Ile-de-France aus der ersten Hälfte des 11. Jahrhunderts.

Saint-Loup-de-Naud

Geschichte

Die Kirche von Saint-Loup-de-Naud liegt acht Kilometer von Provins entfernt in einer der ältesten Residenzen der Grafen der Champagne und gehört zur Diözese Troyes. Es handelt sich folglich um ein Bauwerk der Champagne, doch die Eigenheiten seiner Architektur und Skulptur heben die Grenzen der mittelalterlichen Grafschaft auf.

Gegen 980 schenkte Sevinus, der Erzbischof von Sens, der Benediktinerabtei Saint-Pierre-le-Vif in Sens vier Altäre *in villa que dicitus Naudus, in honore sancti lupi consecratum* in der Domäne Naud, die dem heiligen Loup (oder Leu), einem der ersten Bischöfe von Sens, geweiht war. Demnach hat es damals an diesem Ort zumindest schon eine dem heiligen Loup geweihte Kapelle gegeben. Jenes Dokument gilt als Gründungsurkunde eines Saint-Pierre-le-Vif unterstellten Priorats. Das bestätigte sich durch eine weitere Urkunde von 999. Ferner erwähnen der Erzbischof von Sens im Jahre 1063 und mehrere Päpste im Laufe des 12. Jahrhunderts Saint-Loup-de-Naud unter den Besitzungen der Abtei von Sens. Das Priorat lag zwar in der Champagne, hing aber nicht von einer Abtei der Champagne ab, sondern von einem Kloster in Sens, der in den politischen Grenzen der Krone Frankreichs liegenden Bischofsstadt, zu deren Kirchenprovinz auch die Diözese Paris gehörte. Aus diesem Grund wandte sich das Priorat trotz der Nähe zu Provins mehr seiner Mutterabtei zu. Auch begab sich der Abt von Saint-Pierre-le-Vif wohl von Zeit zu Zeit in das Priorat. Einen seiner Besuche findet man für das Jahr 1120 belegt.

Im Jahre 1160 oder 1161 schenkte der Erzbischof von Sens, Hugues de Toucy, dem Priorat eine Reliquie des heiligen Loup. Sie stammte vermutlich aus der Abtei Sainte-Colombe-lès-Sens, die im 13. Jahrhundert wiederholt verkündete, sie bewahre die sterblichen Überreste des heiligen Bischofs. Wahrscheinlich errichtete man zu jener Zeit, also um 1160, das Portal der Kirche Saint-Loup-de-Naud, doch gibt es kein Dokument, das eine genaue Datierung der unterschiedlichen Bauteile ermöglicht.

Im Jahre 1167 erhielt der Graf der Champagne, Henri le Libéral, Reliquien von der Abtei Saint-Pierre-le-Vif im Tausch gegen bewilligte Güter an das Priorat. 1179 erfolgte eine neue Transaktion. 1188 tauschte Saint-Quiriace in Provins einen in Saint-Loup-de-Naud liegenden Brunnen mit anderen Gütern der Abtei Saint-Pierre-le-Vif. Diese Transaktionen fanden im Mittelalter sehr häufig statt und bieten deshalb – wie mitunter behauptet – keine Gewähr dafür, daß das Portal dank der Großzügigkeit von Henri le Libéral gebaut wurde und folglich recht spät, erst nach 1167, zu datieren wäre.

Weitere Schenkungen kamen im Laufe der ersten Hälfte des 13. Jahrhunderts von verschiedenen lokalen Grundherren hinzu. Als sich im Laufe des 12. Jahrhunderts das Dorf Saint-Loup-de-Naud entwickelte, diente die Prioratskirche auch als Pfarrkirche. Das führte 1212 zu einem schriftlichen Übereinkommen zwischen den Mönchen und dem Pfarrer.

Kein Dokument berichtet im einzelnen über die durch die englischen Truppen während des Hundertjährigen Krieges angerichteten Schäden; lediglich eine Andeutung in einem Brief Karls VII. von 1438 spielt darauf an und schlägt die Wiederherstellung des Priorats unter der Leitung eines Laienabtes, das heißt die Umwandlung in eine Kommende, vor.

Im Jahre 1567 plünderten die Hugenotten das Priorat. Die Mönche waren rechtzeitig vorgewarnt worden und konnten ihre wertvollsten Güter in Sicherheit bringen. Offensichtlich ging das Portal aus diesen Wirren unangetastet hervor.

Während der Revolution wurde das Priorat aufgelöst. Die Kirche steht seit 1844 unter Denkmalschutz, umfassende Instandsetzungsarbeiten fanden jedoch erst nach dem Krieg von 1870 statt. Die Gewölbe des Chors und der Apsiden wurden erneuert, wobei allerdings ihre Bemalung verlorenging. Die beiden letzten, ursprünglich tonnengewölbten Joche des Langhauses wurden seitlich erhöht und mit einem Kreuzrippengewölbe versehen. Gleichzeitig erneuerte man das Gebälk und die Dächer. Das gut erhaltene Portal blieb damals unangetastet und wurde erst kürzlich restauriert, weil man einen Riß im Türsturz schließen mußte. Die Skulpturen blieben jedoch unbeeinträchtigt.

Besichtigung

Der Außenbau

Von außen ist die Kirche noch ganz und gar romanisch. Im Westen erhebt sich die hohe doppelgeschossige Vorhalle, deren Dachschrägen in das Satteldach des Langhauses übergehen (Bild 146). Sie liegt vor der Fassade der Seitenschiffe und öffnet sich im Untergeschoß auf drei Seiten jeweils durch eine große gestufte Spitzbogenarkade. Die innere Rundung liegt auf Wandsäulen. Strebepfeiler stützen die Vorhalle an den Ecken, enden aber unter dem Obergeschoß, in das auf jeder Seite ein schmuckloses Fenster eingelassen ist. Im Westen markiert eine Zierleiste die Grundlinie des Giebeldreiecks. Ein rechteckiger Treppenturm liegt im Norden der Vorhalle an der Fassade des Seitenschiffs an.

Der übrige Kirchbau ist von derselben Kargheit wie das obere Geschoß der Vorhalle. Die Pultdächer der Seitenschiffe reichen annähernd bis zur Höhe des Hauptschiffs, so daß nur ein schmales Mauerband ohne Öffnungen und Strebepfeiler sichtbar ist. Schlichte Fenster sind dagegen in die Seitenschiffwände eingelassen. Das Querschiff wird durch einen massiven Vierungsturm beherrscht, der über dem fast quadratischen Unterbau aufragt, an dem noch die Eckstrebepfeiler fehlen. Die beiden Stockwerke sind durch zwei Bänder auf Kragsteinen unterteilt. Jede Seite besitzt vier gleiche, gestufte und leicht zugespitzte Öffnungen. Die Querschiffarme bilden zwei unabhängige an den Turm angefügte Baukörper, die ursprünglich ebenfalls ohne Strebepfeiler errichtet worden sind. Die einzigen Öffnungen befinden sich in der Stirnwand: Im Norden ein Rundbogenfenster über einem Portal, das früher zum Priorat führte, und ein Fenster im Süden über der Sakristei.

Auch das Chorhaupt wirkt sehr streng und schlicht. Ein einziges Satteldach überfängt den Chor und die Seitenschiffe und setzt sich ohne Absatz kegelartig auf den drei staffelförmig angeordneten Ostapsiden fort, deren mittlere höher und breiter ist (Farbtafel Seite 401). Drei rundbogige, schmucklose Fenster öffnen sich in der Hauptapsis, eins in jeder Seitenapsis. Ein Strebepfeiler liegt an der Nahtstelle

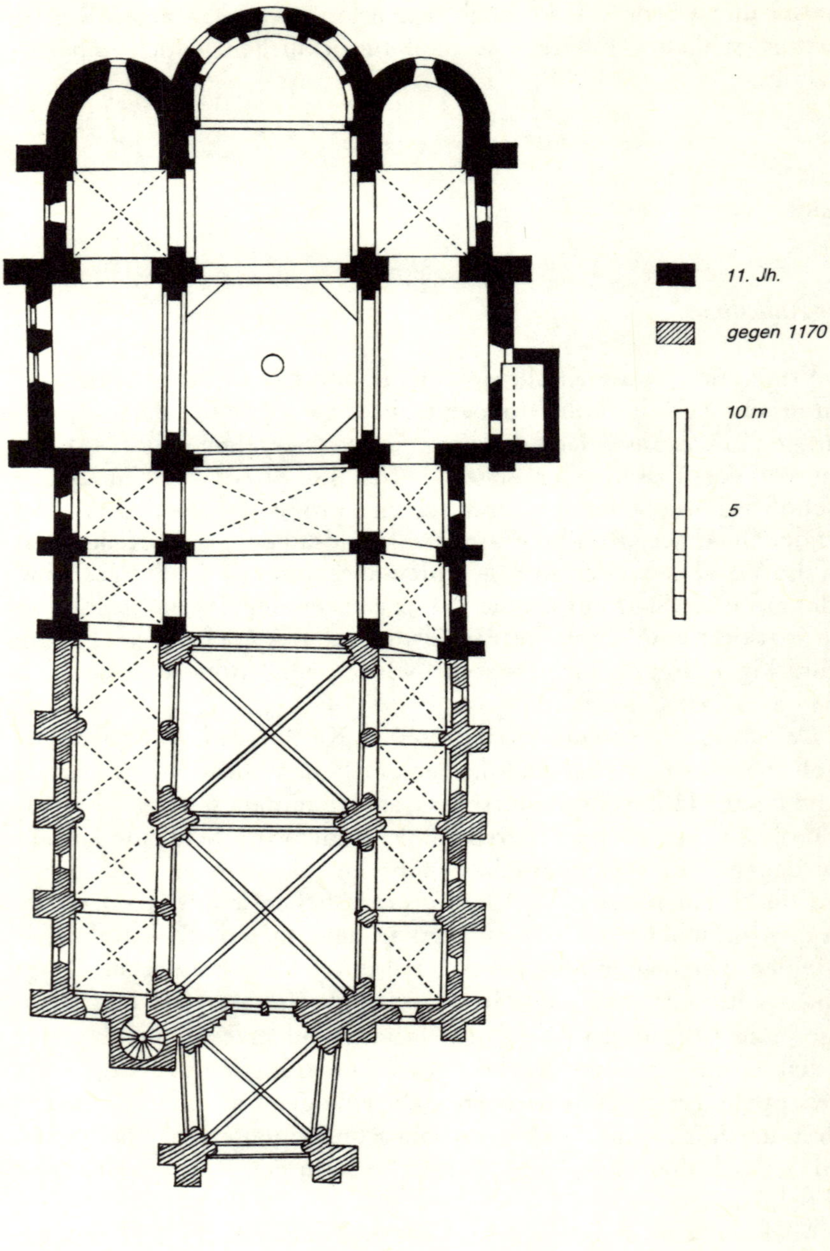

Saint-Loup-de-Naud

zwischen den Nebenapsiden und den Seitenchören. Abgesehen vom Vierungsturm und der Westvorhalle wirkt die in kleinen Bruchsteinen gemauerte Kirche ausgesprochen karg, einzig gegliedert durch die äußerst einfachen Öffnungen. Letztlich ergibt sich ein sehr homogener Gesamteindruck.

Das Westportal

Bevor man in die Kirche eintritt, durchquert man die kreuzrippengewölbte Vorhalle. Die durch kräftige Wulste gebildeten Gewölberippen laufen in den Ecken recht ungeschickt aus. Vielleicht hatte man zunächst ein Kreuzgratgewölbe vorgesehen. Das Portal selbst liegt eingeengt zwischen den Eckpfeilern. Der amerikanische Wissenschaftler C. Waynes hat bemerkt, daß verschiedene Elemente wegen des Platzmangels beschnitten werden mußten. Das gilt beispielsweise für die Säulen der Arkaden auf dem Türsturz, die dort abgestumpft sind, wo sie an den Mittelblock mit der Figur der Gottesmutter stoßen.

Das Portal besteht in der unteren Zone aus einem skulptierten Mittelpfeiler und dem Gewände, das auf jeder Seite mit drei Säulenstatuen geschmückt ist. Diese Statuen wirken ein wenig gestaucht zwischen den Basen und Kapitellen, die sie an den Füßen und am Kopf berühren. Der Sockel unter den Basen ist nicht dekoriert, nur die viereckigen Vorsprünge. Die voneinander getrennten Kapitellkörper setzen sich nur innen oberhalb der glatten Türpfosten als Fries fort. Die rechts mit Palmetten und links mit eingerollten Blattranken skulptierten Abaki bilden dagegen einen auf beiden Seiten fortlaufenden Fries und damit ein verbindendes Element der Einzelteile. Auch der Mittelpfeiler, der Trumeau, ist mit einer Säulenstatue geschmückt, deren Kapitell denen der Wandung ähnelt. Die eingebundene Säule reicht fast bis zum Fußbodenniveau herab und steht auf einer Basis und einem kurzen abgeschrägten Sockel. Darüber liegen der Türsturz, das Tympanon und drei spitzbogige, skulptierte Archivolten.

Drei ikonographische Themen bestimmen das Bildprogramm. Das Tympanon erinnert unmittelbar an den Mittelteil des Königsportals in Chartres: Es zeigt in der Mitte Christus in der Herrlichkeit thronend, umgeben von den vier Evangelistensymbolen. In der Laibung der inneren Archivolte sind Engel dargestellt, die Christus verehren. Der Türsturz erinnert ebenfalls in manchem an Chartres, denn in der Mitte thront die Gottesmutter genau unter Christus, und zwei Engel neigen sich über den Thron. Diese Maria hält eigenartigerweise kein

Kind. Deshalb symbolisiert sie in dieser Darstellung wohl auch eher die Kirche, während ihre Bedeutung als Gottesmutter zurücktritt. Sie ist aus einem Einzelblock skulptiert und ragt mit ihrem Relief aus dem der seitlichen Teile des Türsturzes heraus, auf denen sich das Bildprogramm von Chartres wiederholt: Unter den Arkaden sitzen die Apostel, allerdings nur acht im ganzen, vier auf jeder Seite. Die Apostel und die Gottesmutter lassen sich als Fürbitter für die Menschheit am Tage des Jüngsten Gerichts mit dem Thema des Tympanons in Beziehung setzen.

Die Gottesmutter bleibt indessen mit dem zweiten Thema verbunden, das man auf den Keilsteinen der inneren Archivolten in Verlängerung des Türsturzes dargestellt sieht. In drei Szenen geht es um die Kindheit Jesu. Links von außen nach innen, erkennt man die Verkündigung und den Besuch bei Elisabeth, rechts, sich über die beiden äußeren Archivolten erstreckend, die Drei Könige vor Herodes. Das dritte Thema befaßt sich mit dem heiligen Loup, dem Patron des Priorats und des Dorfes. Man sieht ihn auf dem Trumeau (Bild 145) als Bischof von Sens dargestellt; die Füße ruhen auf zwei mit dem Rücken zueinander stehenden Vögeln. Das Kapitell über seinem Kopf und die beiden äußeren Archivolten über den Szenen der Kindheit Jesu zeigen die legendären Episoden seines Lebens und seine Wunder. Ein Teil dieser Szenen bleibt ungedeutet. Von den Gewändestatuen kann man nur die beiden inneren bestimmen, die dem heiligen Loup am nächsten stehen: Es sind links Paulus und rechts Petrus. Sie begleiten das Apostelkollegium auf dem Türsturz. Zu der Deutung der übrigen vier Statuen – links eine Königin und eine männliche Gestalt, rechts ein König und eine barhäuptige Gestalt – haben Anlaß zu unterschiedlichen Interpretationen gegeben. Handelt es sich um die Königin von Saba und Salomon als Vorläufer der Kirche, um einen Propheten und einen Patriarchen oder um zwei Propheten? C. Waynes hat gemeint, es könnte eine Entsprechung zwischen Gewändestatuen und den Kindheitsszenen darüber geben. So sei die Königin von Saba, die Salomon besuchte, unter die Heimsuchung gestellt und Salomon unter die Drei Könige. Jeremias stände dann unter der Verkündigung und Isaias unter Herodes. Wie dem auch sei, das ikonographische Programm des Portals erscheint für eine einfache Prioratskirche ungewöhnlich vielschichtig.

Die rein ornamentalen Kapitelle der Ausschrägungen zeigen links Greifen und einander gegenüberstehende Vögel auf einem Hintergrund von Blattwerk, rechts Fabeltiere, geflügelte Vierfüßler mit menschlichen Köpfen und Chimären.

Auf den ersten Blick scheint sich das Portal in Saint-Loup-de-Naud unmittelbar von Chartres abzuleiten. Die Gewändestatuen wirken gedrungener als die des Hauptmeisters von Chartres, ihre Gesichter sind nicht so verfeinert, doch weisen die Figuren die gleiche Axialität und die gleiche Dominanz des vertikalen Faltenwurfs auf. Eleganter sind die Proportionen des heiligen Loup. Die Apostel auf dem Türsturz und das Tympanon entsprechen der Komposition von Chartres. Die Kapitelle zeugen von einem anderen Wirkungskreis, der seinerseits aber auch durch den Einfluß von Chartres geprägt war. Sie gleichen einigen Kapitellen im Chor von Saint-Germain-des-Prés und besonders denen des beschädigten Mittelportals von Notre-Dame-en-Vaux in Châlons-sur-Marne wie auch Fragmenten des zerstörten Portals von Saint-Bénigne in Dijon. Wahrscheinlich war Sens eine Schaltstelle verschiedenartiger Einflüsse, denn im Innern der Kirche von Saint-Loup-de-Naud stehen mehrere Kapitelle des Westteils verschiedenen Kapitellen im Chor der Kathedrale von Sens sehr nahe.

Der Bau der Kathedrale von Sens hatte spätestens gegen 1140 begonnen und zog sich von Ost nach West fortschreitend bis 1180 hin. Strittig ist die Datierung des Portals von Saint-Bénigne in Dijon, doch die Arbeiten in Saint-Germain-des-Prés waren zur Weihe im Jahre 1163 vollendet und in Châlons befand sich das Schiff im Jahre 1157 im Wiederaufbau. Man kann also mit einer gewissen Berechtigung das Portal von Saint-Loup-de-Naud in die Zeit um 1160 datieren, sei es kurz vor der Schenkung des Erzbischofs von Sens oder kurz danach. Die einzige Verbindung, die zur Skulptur der Champagne besteht, findet sich in Notre-Dame in Châlons, doch handelt es sich keineswegs um eine für diese Landschaft typische Kunst. Das Portal steht zunächst in der Nachfolge von Chartres, verrät aber darüber hinaus Kontakte mit Burgund und der Champagne.

Der Innenraum

Während der Außenbau der Kirche, abgesehen von der Vorhalle, sehr einheitlich erscheint, so sind im Innern doch klar zwei Bauabschnitte zu unterscheiden. Die ersten vier Joche des Langhauses sind jünger als der übrige Bau und müssen kurz vor Errichtung der Vorhalle und des Portals entstanden sein.

Über dem Eingang bemerkt man zunächst die dreifache Bogenstellung, durch die die obere Kapelle der Vorhalle mit dem Mittelschiff verbunden ist. Sie erinnert an Vorhallentürme mit Westemporen. Das Langhaus besteht aus einem blinden Mittelschiff, das heißt die Obergadenfenster fehlen, und aus den Seitenschiffen, die direkt beleuchtet sind (Bild 148). Auf jeder Seite verbinden sechs Arkaden die drei Schiffe. Alle Arkaden sind gleichförmig, rundbogig und scharfkantig gestuft. Die ersten vier Arkaden verteilen sich allerdings paarweise auf zwei annähernd quadratische Joche unter zwei weiten, gebusten Kreuzrippengewölben ohne Schildbögen. Das kräftige Profil der Rippen besteht aus einem Grat zwischen zwei Rundstäben. In den Ecken der Joche nehmen zusammengesetzte Pfeiler aus eingebundenen Säulen vor Pfeilervorlagen die Gurtbögen und schräggestellte Säulen die Rippen auf. Die seitlichen Halbsäulen entsprechen den inneren Bogenstellungen. Die Mittelstütze der beiden unter einem Gewölbe zusammengefaßten Arkaden bildet eine einfache, massive Säule ohne vertikale Verlängerung (Bild 147 und 148). Dieser ausgeprägte Stützenwechsel leitet sich von der Kathedrale von Sens her, ebenso das Profil der Rippen und der Kapitellschmuck aus großen, flachen Blättern.

Trotz der Schrägstellung der die Gewölberippen auffangenden Stützen bleibt das Erscheinungsbild dieser Westjoche wegen des geschlossenen Mauerwerks der fensterlosen Wände und der rundbogigen Arkaden sehr romanisch. Der Baumeister der Westarkaden von Saint-Loup-de-Naud war sicherlich darauf bedacht, die Gesamtharmonie der Kirche zu wahren. In der Tat sind die Seitenschiffe einheitlich kreuzgratgewölbt (Bild 147) und durch rundbogige Gurte mit viereckigem Profil sowie durch rundbogige, schlichte Fenster gegliedert. Auch die rahmenden Schildbögen sind rundbogig. Die einzige Abwandlung der Westjoche liegt darin, daß die Stützen der Gurtbögen im Osten aus Pilastern an Wandpfeilern und im Westen aus eingebundenen Säulen bestehen. Deutlicher sind die beiden Bauabschnitte im Mittelschiff zu unterscheiden. Die beiden letzten Joche des Schiffs sind nicht mit Kreuzrippen gewölbt. Sie waren bis 1874 mit Tonnengewölben gedeckt, die dann durch ein Kreuzgratgewölbe ersetzt wurden, vermutlich um dem Schiff ein einheitliches Aussehen zu verleihen (Bild 148). Die beiden Joche trennt ein einfacher Querbogen, der auf kreuzförmigen Pfeilern endet. Von diesen Pfeilern an sind alle Stützen nach Osten hin im Querschiff wie im Chorhaupt von derselben Kargheit der Formen wie der Außenbau. Es gibt nur schmucklose Pfeiler oder Wandvorlagen, bekrönt von einem einfachen abgeschrägten Abakus. Die Vierung ist durch einfach gestufte Bögen betont. Darüber spannt sich eine Kuppel, die in den Ecken auf zweifach gestuften Trompen ruht. Die Querschiffarme sind tonnengewölbt. Sie

Saint-Loup-de-Naud, die Kirche und das Dorf von Südosten. ▷

öffnen sich nach Westen und Osten durch Arkaden auf die Seitenschiffe und den Chor. In der Stirnwand jedes Arms liegt eine Tür und darüber ein Fenster.

Der Chor umfaßt ein Jochquadrat, das wie ursprünglich wieder mit einer Tonne gewölbt ist. Ein Gurtbogen auf Wandpfeilern trennt es von der Apsis, die ebenfalls neu mit einer Halbkuppel versehen ist. Die drei Fenster der Apsis werden von einem schmucklosen Bogen gerahmt, der auf Pilastern ruht. Zwei Arkaden verbinden das Chorjoch mit den Seitenschiffen. Zwischen den Arkaden und der Apsis ist ein hoher Bogen in der Art einer Seitennische eingelassen. Die Seitenschiffe des Chors sind breiter als die des Langhauses. Sie tragen wie jene Kreuzgrate; Gurtbögen trennen sie von den Seitenapsiden, in denen sich ein schmuckloses Fenster befindet.

Der gesamte Ostteil der Kirche, einschließlich der beiden östlichen Joche des Langhauses, ist also älter als die Westjoche. Er ist entweder Ende des 11. oder in den ersten Jahren des 12. Jahrhunderts erbaut worden. Weder in der Ile-de-France noch in der Champagne gibt es vergleichbare Bauten, denn zu jener Zeit waren die Kirchen in diesen beiden Regionen mit einem hölzernen Dachstuhl gedeckt. In Grund- und Aufriß scheint die Kirche von Saint-Loup-le-Naud eine vereinfachte Version der heute verschwundenen Abteikirche Saint-Pierre-le-Vif in Sens zu sein, von der sie abhing. Wahrscheinlich hat auch hier, wie bei einem Teil der Portalskulpturen, Sens die Rolle des Zwischenträgers gespielt und die Traditionen der Einwölbung in Burgund nach Saint-Loup-de-Naud vermittelt. Besonders die Trompenkuppel über der Vierung scheint von dorther eingeführt zu sein (Bild 148). Spuren einer noch älteren Bauperiode hat man in den letzten Jochen des südlichen Seitenschiffs vermutet, weil dort die Stützen nicht in der Achse stehen. Diese Verschiebung geht sicherlich auf eine ältere Prioratskirche zurück, die möglicherweise schon Ende des 10. Jahrhunderts bestand.

Die Wandmalereien sind leider modern. Sie geben mehr oder weniger getreu die 1874 zerstörten Wandmalereien wieder, die man nur durch damals angefertigte Kopien kennt. Es blieben einige alte Ausschnitte erhalten, Fragmente eines Tierkreiszeichens an dem Gurtbogen des Chors und an der Südmauer des Chors das überlebensgroße Bildnis eines heiligen Abtes. Diese Reste lassen den Verlust der Fresken, die einst die strenge und karge Architektur des Altarraumes farbig belebt haben müssen, um so bedauerlicher erscheinen.

Marolles-en-Brie

Geschichte

In der Nähe des Schlosses Grosbois, südöstlich von Paris, liegt in noch ländlicher Umgebung die Kirche von Marolles-en-Brie am Hang eines Hügels.

Der Archidiakon Dreux de Mallot von Paris schenkte sie Ende des 11. Jahrhunderts dem cluniazensischen Priorat der Hauptstadt Saint-Martin-des-Champs. Die Geistlichen nahmen es 1117 in Besitz. Sie richteten dort ein zweites Priorat ein und behielten sich den sicherlich zu dieser Zeit erneuerten Ostteil der Kirche vor, während das Langhaus der Pfarrei zur Verfügung stand.

Im Jahre 1761 wurden die beiden östlichen Joche des einschiffigen Langhauses enger wiederaufgebaut. Gleichzeitig vergrößerte man die Fenster des übrigen Schiffs. Zu dieser Zeit müssen der Nordarm des Querhauses und die Nordapsis des Chorhaupts verschwunden sein.

Die stark restaurierte Westfassade trägt auf einem Stein rechts vom Mittelfenster das Datum 1768.

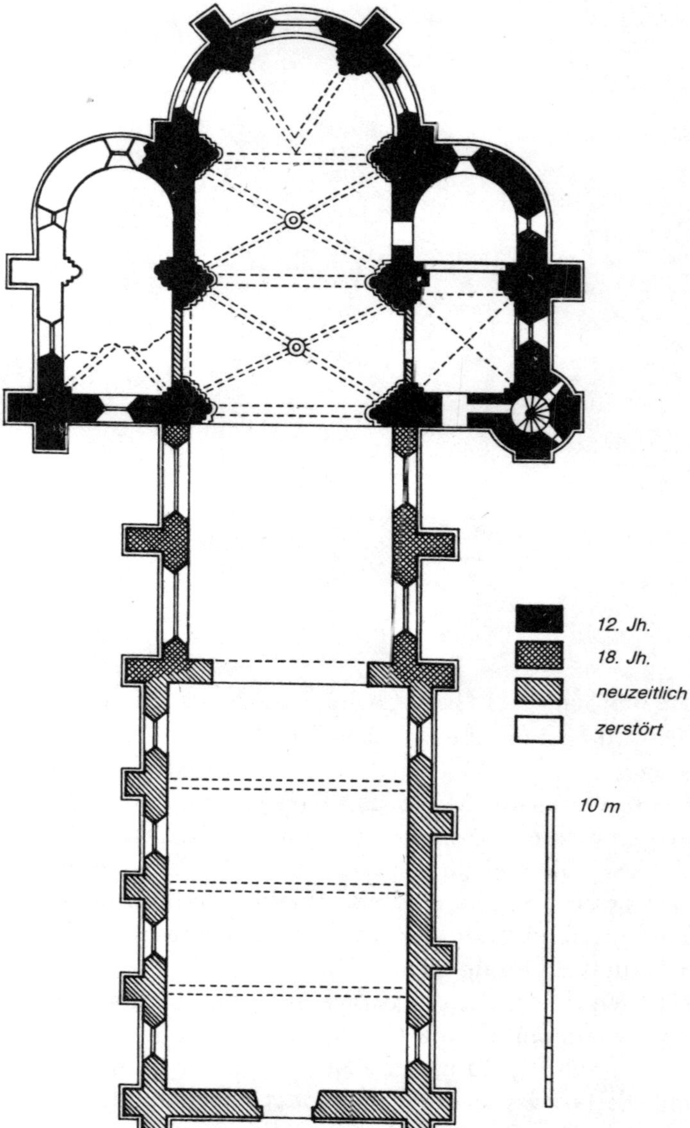

Marolles-en-Brie

Der Außenbau

Die Kirche erhebt sich auf einem kleinen baumbestandenen Platz. Ein modernes hölzernes Wetterdach schützt das Mittelportal der Fassade, dessen Backsteinrahmen wie der der darüberliegenden Fenster aus neuerer Zeit stammt.

Die Südmauer des Langhauses besteht aus Bruchsteinmauerwerk mit einigen Lagen in Fischgratmuster. Rechteckige Strebepfeiler ohne Vorsprung stützen die Mauern. Der alte Teil erhält sein Licht durch erneuerte Rundbogenfenster, während die Fenster in den beiden im 18. Jahrhundert wiederaufgebauten Abschnitten spitzbogig sind.

Der auf rechteckigem Grundriß errichtete Glockenturm scheint ein Anbau zu sein. Strebepfeiler stützen ihn an den Ecken (Bild 152). Die südwestlichen Strebepfeiler sind als Treppenaufgang ausgebaut. Das obere Stockwerk besitzt auf jeder Seite rundbogige Zwillingsfenster ohne Dekor. Ein Satteldach deckt den Turm.

Im Osten schließt sich eine kleine, mit Steinplatten gedeckte Apsis an, flankiert von einer größeren Apsis, die in der Verlängerung des Mittelschiffs liegt. In dieser durch rechteckige Strebepfeiler verstärkten Apsis liegen drei Rundbogenfenster. Das Mittelfenster ist durch die Auskehlung der Keilsteine besonders hervorgehoben, während eine der Seitenöffnungen mit einer Reihe von Diamantspitzen geschmückt ist.

Im Norden grenzt die Kirche an Privatgebäude. Die Obergadenfenster des Mittelschiffs scheinen erneuert zu sein. Man sieht noch Reste der ursprünglichen Mauer des östlichen Jochs und die Mauer der kleinen Apsis, die das Pendant zur Südkapelle gewesen sein muß.

Der Innenraum

Das einschiffige, niemals eingewölbte Langhaus hat seinen ursprünglichen Charakter verloren. Dennoch ist es bemerkenswert, da einschiffige Kirchen in dieser Region verhältnismäßig selten vorkommen.

Östlich des Langhauses schließt sich der vollständig eingewölbte alte Mönchschor des 12. Jahrhunderts an (Bild 151). Er bestand vermutlich aus einem Mittelschiff und zwei Seitenschiffen, wobei sich der südliche, wahrscheinlich ältere Glockenturm so einfügte, daß er das erste Joch des südlichen Seitenschiffs bildete. Er öffnete sich auf den Chor und die südliche Apsis durch zwei Spitzbogenarkaden, die später zugemauert wurden. Das nördliche Seitenschiff und seine Apsis wurden abgerissen. Es blieben nur die zwei Joche des Mittelschiffs, die Hauptapsis und die kleine Südapsis.

Den Eingang zum Chor bildet ein großer, leicht zugespitzter Gurtbogen, dessen Grate durch Hohlkehlen gemildert sind. Ein Rundstab schmückt die zum Schiff hin ausgerichtete Seite. Der Gurtbogen zwischen den Chorjochen zeigt das gleiche Profil, aber ohne Rundstab. Zwei schwere, archaisch anmutende Kreuzrippengewölbe decken die beiden Joche. Schildbögen begrenzen die Wandfläche. Der Gurtbogen, der den Chor von der Apsis trennt, ist rundbogig und hat ebenfalls die seitlichen Hohlkehlen aufzuweisen. Er ruht auf Pfeilern mit Diensten. Über der Apsis selbst wölbt sich eine Halbkuppel auf Rippen. Ihre Arme enden auf Halbsäulen, deren Deckplatten sich unter dem Gewölbe zu einem fortlaufenden Band vereinigen. Ein Rundstab auf zwei zierlichen Säulen säumt die drei rundbogigen Fenster.

Die Kapitelle in der Apsis sind zum Teil glatt und abgerundet, zum Teil aber auch skulptiert. Das Relief hebt sich deutlich vom Grund ab, die Modellierung ist weich. Eigenartig sind die Kompositionen. Ein Menschenkopf betont eine obere Ecke, während sich ein Blattmotiv mit Perlen und Palmetten ohne Ordnung und System über den Kapitellkörper zu ranken scheint (Bild 150). Auf einem anderen Kapitell erstreckt sich eigenartigerweise ein abgeschnittener Arm, auf einem weiteren stehen sich zwei Löwen gegenüber mit einem gemeinsamen Kopf in der Ecke (Bild 149). Diese Skulptur bestärkt die Annahme, daß der Altarraum trotz der Kreuzrippengewölbe schon kurz nach dem Eintreffen der Mönche aus Cluny gegen 1120 bis 1130 errichtet worden ist. Die kleine Südapsis ist düsterer. Sie ist von zwei schmucklosen Fenstern durchbrochen und mit einer einfachen Halbkuppel überwölbt.

Fleury-en-Bière

Die Kirche von Fleury-en-Bière wurde neben einer lehnsherrlichen Burg erbaut. Eine mittelalterliche Festung lag ehemals dort, wo sich heute das ab 1550 errichtete Schloß erhebt. Zunächst war die Kirche dem Heiligen Kreuz geweiht, dann Notre-Dame. Sie unterstand einst der Autorität des Erzbischofs von Sens.

Das Mittelschiff scheint wie die Seitenschiffe aus der ersten Hälfte des 12. Jahrhunderts zu stammen. Man deckte es später mit Kreuzgratgewölben. Der rechteckige Chor entstand im 13. Jahrhundert.

Besichtigung

Man muß durch eine schmale Sackgasse gehen, um zu der von Mauern umschlossenen Kirche an der Nordseite des Schlosses zu gelangen.

Die Südfassade mit dem in das südliche Seitenschiff führenden Portal ist die einzig freistehende Seite der Kirche. Das rundbogige Portal ohne Tympanon ist von einer mit Rundstäben profilierten Archivolte eingefaßt. Ein großes Flamboyantfenster liegt nicht weit vom Portal in der Mauer des Seitenschiffs. Es gibt keine Obergadenfenster, denn das große Satteldach überfängt das gesamte Langhaus.

Am östlichen Ende des südlichen Seitenschiffs erhebt sich der

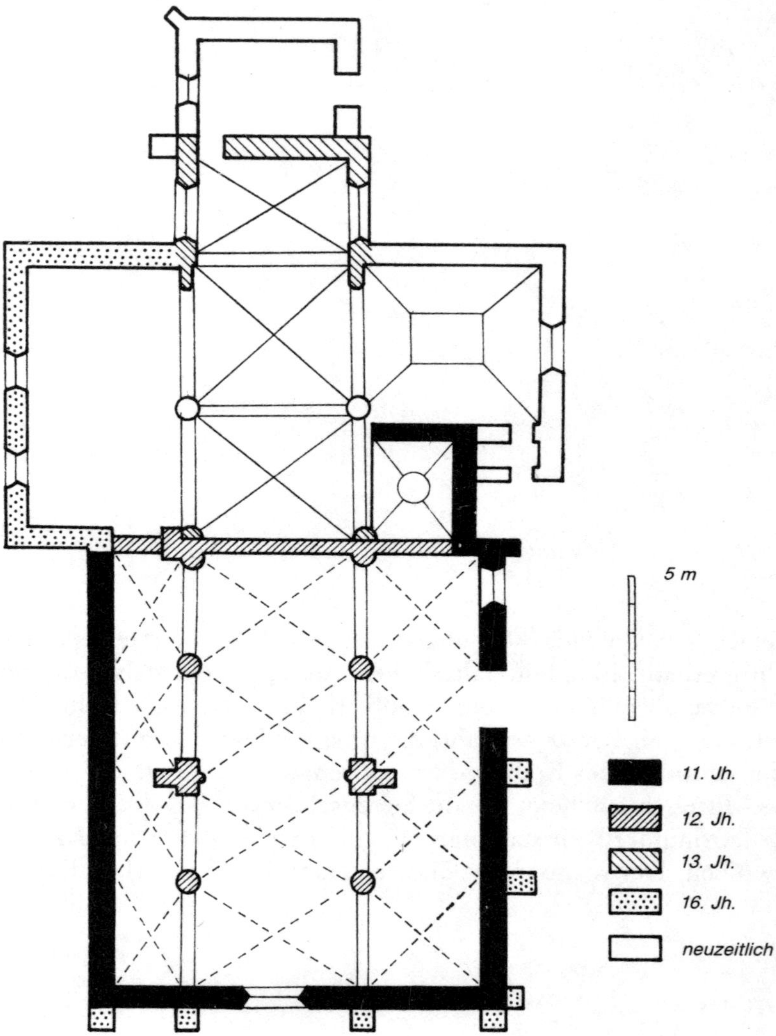

Fleury-en Bière

Glockenturm, bekrönt mit einem Satteldach. Ein Bandgesims kennzeichnet die Basis der Giebel, in denen zwei schmucklose Rundbogenfenster liegen. Darunter öffnet sich in derselben Seite ein schlichtes Zwillingsfenster unter einem halbrunden Entlastungsbogen.

Im Innern fällt auf, daß im Mittelschiff die Obergadenfenster fehlen und Licht durch die Fenster in den wiederaufgebauten Außenmauern der Seitenschiffe einfällt. Das Langhaus erstreckt sich über vier Joche (Bild 153). Die spitzbogigen, einfach in die Wandfläche eingeschnittenen Arkaden ruhen abwechselnd auf Säulen und querrechteckigen Pfeilern mit einer anliegenden Säule auf der Mittelschiffseite. Dort, wo das Langhaus in den Chor mündet, sind den Pfeilern drei Dienste vorgelegt, die einen breiten, spitzen Gurtbogen mit abgeschrägten Kanten aufnehmen. Kein Gurtbogen gliedert dagegen das Kreuzgratgewölbe des Mittelschiffs oder der Seitenschiffe. Über den Säulen beginnen die Gewölbe auf einem mit einer Konsole gedeckten Kapitell. Der kreuzrippengewölbte Chor umfaßt zwei Joche, deren Arkaden denen des Schiffs ähneln.

Die Säulen des Schiffs tragen skulptierte Kapitelle, die unten ein kräftiges Astragal besitzen. Die breiten, aber verhältnismäßig flachen Körper sind nach oben hin weit ausladend. Einige Kapitelle sind ihrer Struktur entsprechend klar gegliedert, andere sind willkürlich mit Motiven überzogen. Die mit überwiegend glatter, sparsam skulptierter Oberfläche halten sich mit denen mit gänzlich ausgefüllter Oberfläche die Waage. Trotz des einheitlichen Flachreliefs beobachtet man also große Unterschiede in der Komposition und in der Bearbeitung. Mehrere Kapitelle scheinen sich mit ihren Eckvoluten und ihrer Halskrause von korinthischen Formen abzuleiten. Es mischen sich aber auch andere Elemente darunter, zum Beispiel eine Art Teppich von dreieckig tief geränderten Palmetten oder solchen, bei denen Stengel die Voluten verlängern, die an den Ecken große glatte Blätter begrenzen. In der Mitte dazwischen sieht man Löwen und Vierfüßler (Bild 155). Andere Kapitelle haben sich ganz von dem antiken Kompositionsschema losgelöst und lassen der ornamentalen Phantasie freien Lauf. So ist eine von ihnen von einem Knotenband umringt, das eine Art Kette zwischen umgekehrt und aufrecht stehenden Palmetten bildet (Bild 154). Man begegnet in Fleury-en-Bière – und damit im Süden von Paris – einem Formenrepertoire, das dem der Skulptur an der Oise und der Aisne gleicht. Darin zeigt sich, daß in der gesamten Ile-de-France die gleichen vorromanischen Quellen benutzt wurden.

Boësse

Die kleine Kirche von Boësse liegt an der Grenze des Departements Loiret, in der Nähe von Beaumont-en-Gâtinais rund 20 Kilometer westlich von Château-Landon. Ihre Geschichte ist nicht dokumentiert, doch stellt diese Kirche ein charakteristisches Beispiel für eine ganze Gruppe kleiner ländlicher Sakralbauten des Gâtinais dar. Darüber hinaus findet man auch im Loiret, etwa in Girolles bei Ferrières und im Südwesten des heutigen Departements Seine-et-Marne, solch bescheidene Bauten, denen eine Vorhalle mit von Arkaden durchbrochenen Außenmauern und einem Pultdach vorliegt. Im Dreieck von Nemours, Château-Landon und Boësse sind die Vorhallen von Chevrainvilliers, Châtenoy, Aufferville, Arville, Chenou und Mondreville zu nennen. Die Häufigkeit dieser romanischen Vorhallen und ihr Aussehen erinnert an die Kirchen der Champagne entlang der Marne, obwohl sich keine direkte Beziehung zwischen den beiden Regionen herstellen läßt.

Die Vorhalle von Boësse erstreckt sich über die gesamte Breite der Fassade (Bild 156). Eine rundbogige Öffnung ohne Dekor liegt in jeder der beiden Schmalseiten, eine weitere in der Fassadenmitte zwischen den beiden Mauersockeln, die bis zu den Eckpfeilern laufen.

Links, das heißt nördlich des Mittelportals, öffnen sich daneben sechs Arkaden, während es auf der anderen Seite nur fünf sind. Die Rundbogen aus glatten Keilsteinen ruhen auf Monolithsäulen, deren Basen durch eine Hohlkehle zwischen zwei Rundstäben profiliert sind. Die streng gegliederte Kapitellplastik besteht aus Palmetten und flachem Blattwerk, wobei die Ecken unter den Deckplatten durch kräftige Kugeln betont sind (Farbtafel S. 415). Bei den vergleichbaren Vorhallen der anderen genannten Kirchen kann die Zahl der Arkaden variieren.

Das Dach der Vorhalle verdeckt teilweise ein kleines Fenster unterhalb des Giebels (Bild 156). Zwei Strebepfeiler grenzen das Mittelschiff von den Seitenschiffen ab. Ein einziges großes Dach überdeckt die drei Schiffe. Das Innere der Kirche wurde in gotischer Zeit durch den Einzug des Gewölbes verändert, das zum Teil die ursprünglich vorhandenen Obergadenfenster verdeckt. Die ersten Pfeiler wurden offensichtlich im Zuge der Einwölbung erneuert. Die rundbogigen, schmucklosen Arkaden sind noch ursprünglich; sie liegen auf quadratischen Pfeilern mit Kämpferplatten.

Die Seitenschiffe wurden durch regelmäßig in den Achsen der Arkaden liegende Rundbogenfenster beleuchtet. Der östliche Teil der Seitenschiffe ist restauriert und auch das rechteckige Chorhaupt besitzt moderne Fenster. In seiner Gesamtanlage stimmt der Bau mit den zahlreichen Landkirchen dieser Region überein. Die Vorhalle wird nicht vor der Mitte des 12. Jahrhunderts entstanden sein, wie sich aus dem Profil der Basen schließen läßt. Die Kirche ist zu derselben Zeit oder etwas früher geschaffen worden.

Boësse, Blick in die Vorhalle. ▷

Bransles

Geschichte

Die östlich von Château-Landon, ganz im Süden des Departements Seine-et-Marne gelegene Kirche von Bransles gehörte früher einem Priorat an, das der etwa zwölf Kilometer entfernt liegenden Benediktinerabtei Ferrières unterstand. Die Kirche wurde zugleich als Pfarrei genutzt, deren Pfarrer vom Erzbischof von Sens ernannt wurde. Patron der Kirche ist der heilige Loup oder Leu (Bischof von Sens, † 623).

Die Kirche ist vermutlich in der ersten Hälfte des 12. Jahrhunderts erbaut worden. Sie bestand aus einem einschiffigen Langhaus, das der Gemeinde diente, und einem dreischiffigen, überwölbten Altarraum, der offensichtlich den Mönchen vorbehalten war. Diese Aufteilung kommt derjenigen der Kirche von Marolles-en-Brie sehr nahe.

Im ausgehenden Mittelalter wurde dem Langhaus im Norden ein Seitenschiff angefügt. Die Hauptapsis ist in einer nicht näher bestimmbaren Zeit erneuert und erhöht worden.

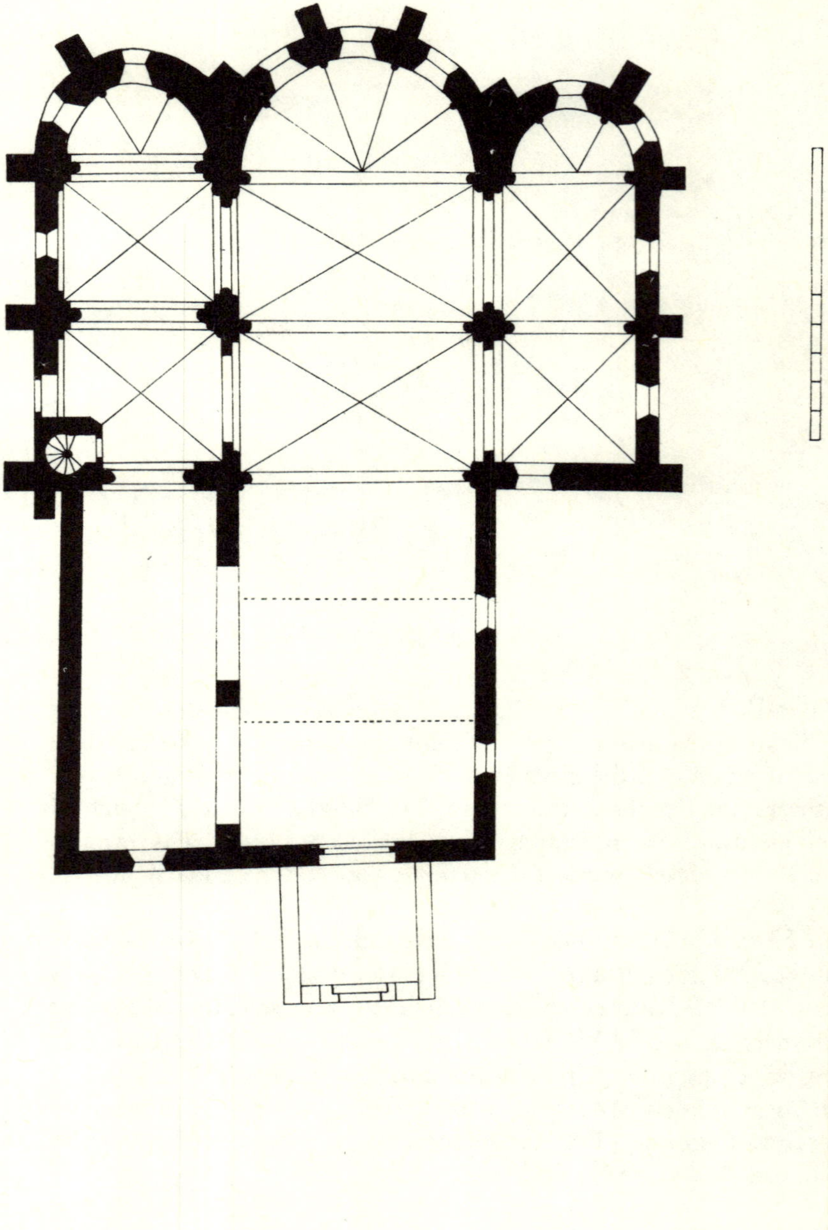

Bransles

Der Außenbau

Die Westfassade bildet eine Giebelwand vor dem Hauptschiff und dem später hinzugefügten nördlichen Seitenschiff, das unter einem Dach mit dem Hauptschiff zusammengefaßt ist. Den unteren Teil einer rundbogigen Öffnung in der Mitte der Fassade verdeckt ein kleiner rechteckiger Portalvorbau aus einem Satteldach, blinden Seitenmauern und einer Westfassade mit einem großen spitzbogigen Eingangsbogen, der von zwei Rundstäben auf zwei Wandsäulen eingefaßt ist. Zwei Rundbogenfenster öffnen sich beiderseits des Eingangs. Das Portal der Kirche im Innern der Vorhalle ist wiederum spitzbogig. Es besteht aus zwei Archivolten, die jeweils auf zwei Säulen aufliegen.

Wenn man entlang der kahlen Mauer des nördlichen Seitenschiffs zum Chor geht, kommt man zunächst am ersten Joch des Seitenschiffs vorbei, das von rechteckigen Strebepfeilern gestützt und von einem Rundbogenfenster erhellt ist. Über dem zweiten Joch erhebt sich der quadratische Glockenturm (Bild 157). Kräftige Eckstrebepfeiler laufen bis zum obersten Stockwerk empor. Ein rundbogiges Fenster im Untergeschoß erhellt das Seitenschiff. Darüber gab es auf der Nordseite eine weitere, später zugemauerte Öffnung. Ohne deutliche Abtrennung vom Sockelgeschoß folgt dem eine durchbrochene Zone mit einer einfachen Öffnung im Osten und Zwillingsfenster im Westen und Norden. Das Obergeschoß ist durch ein Bandgesims abgesetzt. Hohe Doppelfenster ohne Dekor öffnen sich auf jeder Seite. Eine Schieferspitze bekrönt den Turm.

Das Chorhaupt endet in drei gestaffelten Apsiden. Die nördliche Apsis liegt dem Glockenturm an. Die zwischen den Rundbogenfenstern eingeschobenen Strebepfeiler laufen abgeböscht aus; die der Mittelapsis sind nicht in den oberen, später errichteten Teil hinein verlängert worden.

Der Innenraum

Das Hauptschiff öffnet sich durch spitzbogige Arkaden mit scharfen Graten auf das nördliche Seitenschiff. Die Arkaden stammen aus dem späten Mittelalter. Zwei Fenster liegen in der Südmauer. Ein großer spitzbogiger Gurt mit rechteckigem Profil ruht auf zwei

Wandsäulen und betont den Eingang zum tiefen, zweijochigen Chor, der mit einer Apsis abschließt (Bild 158). Die etwas niedrigeren Seitenschiffe bestehen gleichfalls aus zwei Jochen und einer Apsis. Die spitzbogigen, scharfgratigen Arkaden ruhen auf viereckigen Pfeilern mit eingebundenen Säulen. Die zum Mittelschiff ausgerichteten Säulen laufen bis zum Gewölbeansatz empor. Ihre Kapitelle sind mit einer oder zwei Reihen Blattwerk verziert, das sich in den oberen Ecken zu einer großen Kugel einrollt. Die weitentwickelte Form dieser Skulptur läßt eine Datierung des Chors vor die Mitte oder das dritte Viertel des 12. Jahrhunderts unwahrscheinlich erscheinen. Gleichwohl tragen die drei Schiffe noch Kreuzgratgewölbe.

Drei rundbogige Fenster erhellen die Mittelapsis, zwei die Nebenapsiden. Jene sind dreiteilig gewölbt, wobei die zwei Mittelgrate an Rippen erinnern. Das fünfteilige Kreuzgratgewölbe der Hauptapsis entstand vermutlich bei der Erneuerung der Außenmauer. Die Kirche von Bransles bestätigt, daß das in der Ile-de-France verhältnismäßig selten vorkommende einschiffige Langhaus doch mehr oder weniger überall im Norden wie im Süden existiert hat. Andererseits beobachtet man, daß bei grundsätzlich übereinstimmender Anlage der Kirche von Bransles und Marolles-en-Brie (Bild 151 und 152) dem Kreuzgratgewölbe hier noch ein Vierteljahrhundert nach dem Kreuzrippengewölbe in Marolles der Vorzug gegeben wurde. In der nahegelegenen Kirche Notre-Dame in Château-Landon (Bild 134), deren Chorhaupt etwa zur selben Zeit wie der Ostteil von Saint-Loup in Bransles errichtet wurde, verbinden sich Rippen, Grate und Halbkuppel (Bild 136). Die Lösungen für die Einwölbung des Chorhauptes konnten demnach sehr unterschiedlich ausfallen.

Skulptur

Kapitelle

Eine große Anzahl von Kapitellen ist uns bereits bei der Einzelbeschreibung der Kirchen begegnet. So gibt es seit dem 11. Jahrhundert Pfeiler, denen zwei Säulen mit skulptierten Kapitellen eingebunden sind, wie beispielsweise in Morienval. In Saint-Germain-des-Prés sind es sogar vier Pfeilersäulen. Auch die Apsiden besitzen vielfach reich geschmückte Kapitelle unter Blendarkaden oder in den Fensterlaibungen. Außerdem bieten die Vierungspfeiler, die Portale und die oberen Stockwerke der Türme Möglichkeiten zur Verwendung von Säulen mit skulptierten Kapitellen. Dieses Buch kann nicht alle romanischen Kapitelle der Ile-de-France vorstellen, sondern beschränkt sich auf einige besonders repräsentative Gruppen. Meistens blieben die Kapitelle an dem Joch unter dem Glockenturm erhalten, weil in vielen im Laufe der Zeit erneuerten Kirchen der romanische Glockenturm in den Neubau mit einbezogen wurde. Andere Kapitelle sind heute in Ruinen zu finden wie in Crépy-en-Valois, oder stammen sogar aus inzwischen ganz verschwundenen Bauten, wie die Kapitelle von Soissons. Die einen wie die anderen zeigen den Zusammenhang mit der noch in situ befindlichen Skulptur der Bauwerke aus dem 11. und der ersten Hälfte des 12. Jahrhunderts.

La Croix-sur-Ourcq

Die Kirche von La Croix-sur-Ourcq liegt in der Nähe von Oulchy-le-Château nordöstlich von Paris. Ihr zum Teil später verändertes Langhaus aus nur drei Jochen scheint etwa in die Mitte des 11. Jahrhunderts zurückzugehen. An den Schmalseiten der rechteckigen Pfeiler unter den rundbogigen gestuften Arkaden liegen zwei Halbsäulen und eine dritte zum Seitenschiff hin.

Die Kapitelle tragen eine hohe Deckplatte, die teils skulptiert, teils mit einer Hohlkehle unter einer Leiste gegliedert sind, einem Profil, das F. Deshoulières mit den Deckplatten von Montier-en-Der (Haute-Marne) verglichen hat. Die kurzen, breiten und wenig ausladenden Kapitellkörper gehen von einem kräftigen Schaftring aus. Sie sind friesartig weitgehend losgelöst von der Kapitellform skulptiert, und nur gelegentlich sieht man die oberen Ecken betont. In ihren Proportionen und in der Flächenaufteilung unterscheiden sie sich also von denen in Oulchy-le-Château und noch deutlicher von denen in Morienval. Das Relief ist wenig ausgeprägt, die Formen sind weich und kraftlos. Kompositionen und Ausführung erinnern eher an geographisch weiter entfernte Werke in Fleury-en-Bière, Villennes-sur-Seine oder Saint-Martin-du-Val in Chartres. Ein Kapitell aus letztgenannter Kirche trägt sogar eine Deckplatte, die einer Deckplatte in Croix-sur-Ourcq genau gleicht: Vertiefte Dreiecke sind aneinandergereiht und bilden einen Zickzackfries (Bild 159).

In das darunterliegende Kapitell ist eine verwirrende und unverständliche Szene gemeißelt. Man erkennt geflügelte Kentauren, eine Person, die sich mit einem Arm an den Kopf greift, während sie in der anderen Hand einen Vogel hält, einen großen Menschenkopf ohne Körper sowie verschiedene, schwer deutbare Motive. Dieses Kapitell befindet sich am Eingang zum nördlichen Querschiffarm. Gegenüber kann man langgezogene Schlangen sehen, zwei Vögel, die mit dem Kopf gegeneinanderstehen (Hähne) und zwei pausbäckige Köpfe zwischen tief ausgeschnittenen Palmetten (Bild 160). Die Pfeilerkapitelle im Langhaus sind stärker ornamentiert. Manches Motiv ist phantasievoll von Palmetten abgeleitet, in der Form langer Blätter mit abgerundeter Spitze und tief eingeschnittenen Rippen (Bild 161). Ein anderes Kapitell zeigt ein gewisses Streben nach Ordnung: Die Ecken sind durch hohe, mit Motiven ausgefüllte Dreiecke hervorgehoben, und auf der Schauseite sind vier Blattreihen übereinandergestaffelt, die mit einem Fries aus zwei sich überkreuzenden Bändern abschließen (Bild 162).

In dieser Skulptur muß man wahrscheinlich das Überleben vorromanischer Formen und ein mehr oder weniger volkstümliches und lokales ornamentales Vokabular sehen. Es fehlt jeglicher Anklang an antike Schemata, seien sie auch noch so verfremdet.

Acy-en-Multien

Die Kirche von Acy-en-Multien liegt ebenfalls nordöstlich von Paris, auf halbem Wege zwischen Meaux und La Ferté-Milon. Romanische Kapitelle schmücken die mit mehreren Säulenvorlagen unter den Gurtbögen und den Rippen versehenen mächtigen Pfeiler in einem Turm, der am Eingang des südlichen Seitenschiffs des im 13. Jahrhundert wiederaufgebauten Chors steht.

Die Form der Pfeiler und des Gewölbes deuten auf das zweite Viertel des 12. Jahrhunderts. Die Doppelwürfel-, Pfeifen- oder Faltenkapitelle (Bild 164) sind dem Durchmesser des Pfeilerelements entsprechend unterschiedlich breit. Sie sind etwas breiter als hoch und kaum gebaucht. Ihrer Form liegt das Würfelkapitell zugrunde, ihre Gestaltung fällt jedoch sehr abwechslungsreich aus: Flache Dreiecksflächen mit eingeschriebenen geometrischen Linien sind ebenso vertreten wie rundes oder geripptes Blattwerk. Blätter, die in Eckvoluten enden, mehrreihige »Halskrausen« aus kleinen, runden Blättern oder auch eine grimassenschneidende Maske schmücken die Kapitelle (Bild 163). Das Relief ist wenig betont und die Modellierung mit Ausnahme der Faltenkapitelle weich. Letztere lassen an einen normannischen Einfluß denken, der sich in der axialen und symmetrischen Komposition bestätigt. Die Interpretation der Gestaltung bleibt jedoch ganz regional.

Crépy-en-Valois

Crépy-en-Valois muß im 11. Jahrhundert ein wichtiges Zentrum im Herzen einer Grafschaft gewesen sein, die damals eine politische Rolle spielte. Im Laufe des 11. Jahrhunderts ließ der Graf Gautier die Kirche Saint-Arnoul errichten. Ende des 11. Jahrhunderts wurde sie als Priorat Cluny unterstellt. Das Bauwerk zerfiel jedoch schon im Hundertjährigen Krieg, genauer seit dem Jahre 1434. Erhalten blieb nur ein Teil der Krypta und die unteren Teile der Langhausmauern.

weiter Seite 474

Die Bildseiten

Fleury-en-Bière

153 *Das Hauptschiff gegen Westen.*
154 und 155 *Kapitelle.*

Boësse

156 *Die Fassade von Südwesten.*

Bransles

157 *Die Kirche von Nordosten.*
158 *Langhaus und Chor.*

SKULPTUR

159–162 *La Croix-sur-Ourcq, Kapitelle.*
163 und 164 *Acy-en-Multien, Kapitelle an der Basis des Glockenturms.*
165–167 *Crépy-en-Valois, Kapitelle in der Krypta.*
168 und 169 *Soissons, Kapitell im Museum: das Opfer Abrahams.*
170 *Soissons, Museum, Detail einer Gestalt auf einem Kapitell.*
171–174 *Montévrain, Kapitelle.*
175 *Saint-Thibault-des-Vignes, Kapitell: der Sündenfall.*
176 *Saint-Thibault-des-Vignes, Kapitell: Eva stillt Kain.*
177 *Saint-Thibault-des-Vignes, Kapitell: der Brudermord (?).*
178 und 179 *Châtenay-Malabry, Kapitelle an der Basis des Glockenturms.*
180 und 181 *Rieux, Kapitelle.*
182 *Deuil-la-Barre, Kapitell: das Opfer Kains und Abels.*
183 und 184 *Deuil-la-Barre, Kapitelle.*
185 *Sartrouville, Kapitell im Querschiff.*
186 *Cergy, Kapitell: Adam und Eva.*
187 *Cergy, Kapitell: Engel.*
188 *Cergy, Kapitell: die Höllenqualen des Geizigen.*
189 *Cergy, Kapitell.*

154

BOËSSE

155

156

157

BRANSLES

159

SCULPTURES

160

161

162

163

164

171

172

173

174

176

177

178

179

180

181

182

183

184

189

190

191

192

193

196

197

198

199

201

202

203

204

205

207

208

209

210

211

212

213

CLOCHERS

190 und 191 *Le Bellay-en-Vexin, Kapitell: Gesamtansicht und Detail.*
192 und 193 *Arthies, Kapitelle in der Vierung.*
194 *Paris, Louvre: die Säule von Coulombs.*
195 *Säule von Coulombs, Detail: die Geburt Christi.*
196 *Säule von Coulombs, Detail: der Traum der Weisen.*
197 *Säule von Coulombs, Detail: ein Löwe verschlingt einen Menschen.*
198 *Dreux, Kapitell im Museum: Heimsuchung und Geburt.*
199 *Dreux, Kapitell im Museum: das apokalyptische Weib.*
200 *Dreux, Kapitell im Museum: Anbetung der Weisen.*
201 und 202 *Dreux, Kapitell im Museum: Salbung des Leichnams Christi; Gesamtansicht und Detail.*
203 *Dreux, Kapitell im Schloß: Verkündigung.*
204 *Mervilliers, das ehemalige Portal.*
205 *Mervilliers, Kapitell von der rechten Seite des Portals.*
206 *Mervilliers, Ausschnitt aus dem Tympanon.*
207 *Meulan, Tympanon.*
208 *Le Heaulme, Tympanon.*
209 *Paris, Louvre, Tympanon aus Carrières-Saint-Denis: Teilansicht der Gottesmutter.*
210 *Paris, Louvre, Detail vom Tympanon aus Carrières-Saint-Denis: Verkündigung.*
211 *Argenteuil, Musée du Vieil Argenteuil, Detail von einem Relief: die heiligen Frauen am Grabe.*

GLOCKENTÜRME

212 *Moisenay.*
213 *Bougival.*
214 *Orgeval.*
215 *Nogent-sur-Oise.*
216 *Seraincourt.*

Die Kapitelle zeigen deutlich, daß die Stadt ein Sammelbecken war, in dem Personen aus fremden Gegenden zusammentrafen, denn die Kapitelle weichen von dem ab, was die Ile-de-France im 11. Jahrhundert hervorbrachte. Ihre Körper sind langgestreckter und gebauchter; die Art ihrer Bearbeitung leitet sich vom korinthischen Kapitell ab. Dafür spricht die abgerundete Form, der untere Blattkranz, die Betonung der Mitte auf der Vorderseite und die Betonung der oberen Ecken. Das Relief löst sich auch stärker vom Hintergrund; die Voluten wirken plastischer, die Modellierung kontrastreicher. All diese Merkmale erinnern an die Werkstätten der Turmvorhalle von Saint-Benoît-sur-Loire. Es zeigen sich zugleich aber auch Unterschiede. Der Künstler, der diese Kapitelle geschaffen hat, muß eine regionalere Ausbildung erfahren haben. Das Blattwerk besteht aus Palmetten, nicht aus Akanthusblättern (Bild 166). Die geometrischen Motive, Zahnschnitt und vertiefte Dreiecke, verbinden sich bezeichnenderweise mit dem Dekor (Bild 167).

Ein sehr schönes Kapitell zeigt zwei Hähne, die sich in einer Kampfstellung gegenüberstehen. Sie sind in einem sehr deutlich herausgearbeiteten Relief auf einem Hintergrund von gerippten Blättern dargestellt (Bild 165). Besonders die Hälse und die Köpfe heben sich meisterlich vom Hintergrund ab. Sie lassen an Beziehungen mit Burgund denken, während das eingeritzte Gefieder und der nuancierte Schwung der Formen der regionalen Kunst näherstehen.

Soissons

Die romanischen Kapitelle im Museum von Soissons stammen aus der dortigen Benediktinerabtei Saint-Médard. Von ihr blieb nur eine karolingische Krypta erhalten, während die 1133 geweihte Abteikirche und der Klosterkreuzgang verlorengegangen sind.

Obwohl Soissons an der Grenze der Ile-de-France liegt, blieb die Stadt mit dem Königreich der Kapetinger eng verbunden, insbesondere durch ihren Bischof und die Abtei Saint-Médard.

Die Kapitelle von Soissons lassen sich interessanterweise mit denen von Crépy-en-Valois vergleichen. Sie sind sicherlich jünger und gehören dem 12. Jahrhundert an, aber sie zeigen ebenfalls Beziehungen zu einer dieser Region fremden Kunst. Zwei kleinere Kapitelle wurden in der karolingischen Krypta von Saint-Médard entdeckt. Von ihnen unterscheidet sich ein drittes, dessen oberer Teil und besonders der Schaftring erkennen lassen, daß dieses ringsum auf allen vier Seiten skulptierte Kapitell für einen Pfeiler aus vier Säulen vorgesehen gewesen sein muß. Vermutlich stammt dieses im Jahre 1877 unter dem Fußboden ausgegrabene Kapitell aus dem ehemaligen Kreuzgang der Abtei.

Eine der Seiten zeigt nur Laubwerk, während die drei anderen der Geschichte des Opfers Isaaks gewidmet sind. Die erste Szene zeigt Abraham mit einem Opfermesser in der Hand. Er treibt einen Esel an, auf dem Isaak sitzt (Bild 168). Auf der nächsten Seite hält Abraham mit seiner Rechten den Kopf seines Sohnes, bereit ihn zu opfern, doch wendet er zugleich sein Gesicht dem Engel zu, der ihm einen Widder darbietet (Bild 169). Auf der dritten Seite symbolisieren drei Engel die Dreifaltigkeit.

Das Kapitell zeichnet sich durch lebendige Kompositionen aus. Die Personen sind in sich gedreht in verschiedenen Haltungen dargestellt. Ihre Proportionen wirken gedrungen, ihre Köpfe übergroß. Das Relief hebt sich schwer und betont von dem glatten, gut sichtbaren Hintergrund ab. Eigenartig ist die Modellierung besonders der von einer scharfen Kontur umrandeten Augen mit den gebohrten Pupillen und der Gewandfalten mit den sorgsam ausgearbeiteten Borten. Die minuziös herausgearbeiteten Details und die klar betonten Konturen und Linien sind weit entfernt von den weichen Formen der Kapitelle in Crépy-en-Valois. Man kann sie nur aus dem Einfluß der großen burgundischen Werkstätten, vor allem von Vézelay, erklären, möglicherweise vermittelt durch andere Zentren wie Reims oder Étampes. Diese Kapitellplastik dürfte folglich nicht vor dem zweiten Viertel des 12. Jahrhunderts geschaffen worden sein. Saint-Médard hat seinerseits wiederum benachbarte Werkstätten inspiriert, besonders die von Berzy-le-Sec.

Montévrain

Die Kirche von Montévrain findet man in der Nähe von Lagny oberhalb des Marnetales. In romanischer Zeit gehörte sie zur Champagne. Das Langhaus ist durch rundbogige Arkaden auf viereckigen Pfeilern gegliedert. Das flache Chorhaupt ist gotisch. Am östlichen Ende des südlichen Seitenschiffs erhebt sich der Glockenturm. Sein Untergeschoß überwölben dicke Kreuzrippen, deren Profil aus einem Grat zwischen zwei Rundstäben besteht. Sie enden auf Ecksäulen mit skulptierten Kapitellen.

Eins von ihnen läßt in den gedrungenen Figuren, in der Gestaltung der Augen und in der Gewandfaltung Beziehungen zur Kunst von Soissons erkennen. Allerdings hat die Skulptur nicht die gleiche

Qualität: Die Figuren wirken noch unproportionierter und die Komposition ist überladen (Bild 171).

Am Eingang sind die den Pfeilern eingebundenen Säulen mit Kapitellen bekrönt, die etwa gleichzeitig mit denen des Glockenturms, das heißt Mitte des 12. Jahrhunderts entstanden sein müssen. Sie sind breiter und nach oben ausladend. Der Dekor beschränkt sich auf florale Motive. Aus einer Manschette von glatten Blättern kommen in den Ecken zwei große Blätter hervor und rollen sich zu Voluten ein. In die Mittelfläche ist in Flachrelief eine Palmette eingemeißelt (Bild 173). Es handelt sich hier um eine traditionellere Kunst, die ihre Formen vom korinthischen Kapitell ableitet.

Saint-Thibault-des-Vignes

Die Kirche Saint-Thibault-des-Vignes liegt wie die von Montévrain in der Nähe von Lagny, allerdings im Westen der Stadt. Von Arnoul, dem Abt des Klosters Saint-Pierre in Lagny († 1106) gegründet, stammt die Kirche wahrscheinlich aus dem ersten Viertel des 12. Jahrhunderts.

Die Kapitelle – drei von ihnen sind szenisch gestaltet – liegen auf den Pfeilern der Seitenmauern. Die Deckplatten bestehen aus einer hohen, schräg abgekanteten Fläche mit flach gezeichneten Palmetten unter einer Leiste. Der langgezogene Kelch darunter ist höher als breit und wenig ausladend. Die Seiten sind nahezu flach und runden sich zum Schaftring hin leicht ab. Palmetten betonen die oberen Ekken.

Auf einem Kapitell erkennt man Adam und Eva beiderseits des Baums der Erkenntnis (Bild 175). Eine riesige Schlange windet sich um den Baumstamm. Auf einem weiteren Kapitell stillt eine sitzende Maria das langgestreckt auf ihren Knien liegende Wickelkind (Bild 176). Das dritte Kapitell zeigt eine kniende, mit einer kurzen Tunika bekleidete, barhäuptige Figur (Bild 177). A. Lapeyre zufolge könnte es sich hier um den Kirchenpatron, den heiligen Thibault, handeln.

Die verschiedenen, gleichmäßig über die Flächen verteilten Szenen heben sich deutlich vom Hintergrund ab. Die Proportionen der Personen wirken schwerfällig und die weiche, kraftlose Modellierung führt wiederum zu der mangelnden Geschlossenheit, wie sie für die Ile-de-France typisch ist. Die Gewandfalten sind durch einfache, eingeschnittene Linien markiert. Man findet hier nicht die Sorgfalt im Detail, wie man sie in der benachbarten Kirche von Montévrain beobachtet. Die Kapitelle von Saint-Thibault-des-Vignes scheinen älter zu sein und lassen keinerlei Einfluß von außerhalb erkennen.

Châtenay-Malabry

Die dem heiligen Germain von Auxerre geweihte Kirche von Châtenay-Malabry steht in der südlichen Bannmeile von Paris. Der Chor ist ein Werk der Frühgotik aus dem dritten Viertel des 12. Jahrhunderts. Das teilweise noch romanische Langhaus wurde im 13. Jahrhundert erneuert. Die skulptierten Kapitelle finden sich auf den Pfeilervorlagen unter dem an der Nordseite des Chors errichteten Glokkenturm.

Während die Deckplatten schmucklos blieben, sind die Schaftringe besonders betont. Es gibt zwei Arten von Kapitellen, je nach dem Durchmesser der darunterliegenden Säulen. Auf den Säulen mit kleinem Durchmesser sind sie langgestreckt und zylindrisch mit stark hervortretenden oberen Ecken. Auf den kräftigeren Säulen wirken die Kelche dagegen breiter als hoch und leicht ausladend. Die Skulptur hebt sich als Relief von einem weiträumigen glatten Hintergrund ab. Die Komposition verrät in der Betonung der Ecken und der Mitte der Flächen ein gewisses Streben nach geordneten Strukturen. Eine weit entfernte Erinnerung an die Antike zeigt sich auf einem Kapitell mit einer Manschette aus abgerundeten Blättern und einem Kelch mit Eckvoluten. Ansonsten ist der korinthische Akanthusschmuck in voller Höhe des Kapitells durch Menschen- und Tiergestalten mit großen Köpfen ersetzt.

Fernerhin sieht man Masken oder zwei Vierfüßler, deren gemeinsamer Kopf die obere Ecke des Kapitells bildet (Bild 178). Dieses eigenartige Motiv findet man auch in der Kirche von Marolles-en-Brie (Bild 149). Ein anderes Kapitell zeigt den Geizigen mit dem Beutel um den Hals zwischen zwei Gestalten, die ihm mit Hörnern in die Ohren blasen (Bild 179).

Diese Skulpturen sind wegen der entwickelten Form der Stützen wahrscheinlich in die ersten Jahre des 12. Jahrhunderts zu datieren, stehen aber noch ganz in der regionalen Tradition des 11. Jahrhunderts.

Rieux

Die Kirche Saint-Denis in Rieux erhebt sich am Ufer der Oise bei Villers-Saint-Paul, nördlich von Creil. Das südliche Querschiff wurde im 13. Jahrhundert erneuert. Ein achteckiger Glockenturm ragt über der Vierung auf. Der Nordarm birgt alte Kapitelle auf Wandvorlagen.

Die durch eine Leiste und eine breite Schrägfläche gebildeten Deckplatten und die kräftigen Schaftringe sind charakteristisch für das 11. Jahrhundert. Die oberen Ecken der abgerundeten, wenig ausladenden Kelche sind betont, wenngleich die Komposition etwas ungeordnet erscheint. Lefèvre-Pontalis verglich diese Skulptur mit den Kapitellen von Saint-Germain-des-Prés und mit der Rückwand der Fassade von Saint-Leu-d'Esserent. Das Flachrelief hebt sich nur geringfügig von dem glatten Hintergrund ab, Details sind nur eingeschnitten. Diese Merkmale erinnern an bestimmte Kapitelle in Fleury-en-Bière oder an den Glockenturm in Saint-Vaast-de-Longmont. Der Schmuck besteht aus flachem Blattwerk und Palmettenvoluten. Auf einem Kapitell erkennt man einen Vierfüßler, dessen Kopf der eines Pferdes sein könnte, während sein sich zwischen den Beinen hindurchwindender Schwanz eher an einen Löwen denken läßt (Bild 180). Auf einem anderen Kapitell packt ein Tier (Hirschkuh oder Esel?) mit einer übermäßig großen Kinnlade den Arm eines Kentauren. Soll man diese Bilder als Symbole deuten, die der örtliche Meister dem Repertoire eines Bestiariums entnahm und auf seine Weise interpretierte?

Deuil-la-Barre

Die Kirche Saint-Eugène in Deuil ist wie Rieux nördlich von Paris, aber näher an der Hauptstadt gelegen, zwischen Enghien und Montmorency. Henri de Montmorency schenkte sie im Jahre 1066 der Abtei Saint-Florent in Saumur. Das Langhaus und das Querschiff blieben teilweise romanisch. Das wahrscheinlich ältere Langhaus muß in dem ausgehenden 11. oder in den ersten Jahren des 12. Jahrhunderts entstanden sein. Das etwas jüngere Querschiff stammt vermutlich aus den Jahren um 1130.

Die noch vorhandenen Kapitelle bestätigen diese Datierung, denn sie gehören zwei verschiedenen Typen an. Im südlichen Seitenschiff sieht man auf den Wandsäulen breite und gedrungene Kapitelle mit abgerundeten Kelchen, bedeckt mit friesartigem Flachrelief. Die Ecken sind durch Voluten oder recht kleine Kugeln betont. Die Motive bestehen aus gleichmäßig gezeichneten, fächerförmigen Palmetten, die sich an der Basis zurückbiegen, aus tiefliegenden Sternen, spiralenförmigen Stengeln oder drei oder vierteiligen, kreuzbogenartig angeordneten Bändern (Bild 183). Einige Kapitelle in Oulchy-le-Château und auch im Langhaus von Morienval sind dieser Skulptur durchaus vergleichbar.

Die Kapitelle unter den Gurten der Vierungsbögen weisen, wie A. Lapeyre bemerkte, einen anderen Stil auf. Eins von ihnen ist mit einer Maske in Flechtwerk geschmückt, die anderen hingegen sind figürlich. Man will unter anderem Daniel zwischen den Löwen erkannt haben, von denen einer einen menschlichen Kopf trägt (Bild 184). Die Darstellungen mit Adam und Eva, Kain und Abel (Bild 182) lassen sich eindeutiger identifizieren. Bei geringer Relieftiefe liegt eine nuancierte Modellierung vor. A. Lapeyre verglich die dichte Komposition und den weichen Stil des Reliefs mit den Kapitellen von Saint-Thibault-des-Vignes bei Lagny (Bild 175–177) und der Krypta von Saint-Denis. Die Szene mit Kain und Abel scheint tatsächlich den Kapitellen von Saint-Denis recht nahe zu stehen. Die Figuren haben die gleichen, verhältnismäßig langgezogenen Proportionen und die gleiche Art der Modellierung. Das »Daniel-Kapitell« zeigt hingegen sehr massive Figuren mit gewaltigen Köpfen, die sich eher mit den Reliefs unter den Kreuzrippen von Cambronne und den Kapitellen in Cergy (Bild 186–189) vergleichen lassen. Es bietet auf jeden Fall ein herrliches Beispiel für die rein regionale figürliche Kunst.

Sartrouville

Wie Deuil liegt Sartrouville in unmittelbarer Umgebung von Paris, und zwar im Nordwesten am rechten Ufer der Seine gegenüber von Maisons-Laffitte. Die Kirche Saint-Martin stammt zu großen Teilen aus dem 13. Jahrhundert, das Chorjoch jedoch, das den Glockenturm trägt, wurde im 12. Jahrhundert gebaut und besitzt mit Kapitellen versehene Ecksäulen.

Auf einem der Kapitelle ist eine rätselhafte Szene dargestellt (Bild 185). Der breite Korb ist stärker ausladend als in der Region üblich. Die durch zwei parallele Linien betonten Kanten begrenzen die trapezförmige, fast flache Schauseite. Der Hintergrund ist diagonal durch parallel verlaufende Streifen gemustert. Vor diesem Hintergrund heben sich die in Flachrelief gearbeiteten Figuren mit einer für die Kunst dieser Region ungewöhnlichen plastischen Kraft ab. Die

Köpfe sind sehr groß, die Details der Gesichter und Gewänder sind deutlich eingeschnitten. Eine seitlich stehende Gestalt hält drei an einem Ring befestigte Fische. Auf der Vorderseite stürzt sich ein mit einer kurzen Tunika bekleideter Mann in bedrohlicher Gebärde auf sein Gegenüber. In seiner erhobenen Hand schwingt er eine Art von Keule oder Hammer. Ihm gegenüber steht in ruhiger Haltung ein Mann, der dem anderen einen Fisch(?) entgegenhält.

Diese szenische Darstellung von Sartrouville hat in der Ile-de-France kein stilistisch gleichwertiges Pendant.

Cergy

Die Kirche Saint-Christophe in Cergy bei Pontoise stammt zum größten Teil aus dem 16. Jahrhundert. Aber wie so oft blieb der Sokkelbau des romanischen Glockenturms erhalten, der im Innern auf den Wandvorlagen skulptierte Kapitelle bewahrt.

Die kaum ausladenden Kapitellkörper sind nur an der Basis leicht abgerundet. Die Figuren sind in Flachrelief in der für diese Region typischen, weichen Modellierung skulptiert, dabei aber ganz systematisch an den Kanten des Kapitells angeordnet. Ob die Gestalten nun stehen, sitzen oder knien, ihre großen Köpfe belegen das obere Drittel des Kelches. Die strenge Komposition wird auf dem ausgesparten Hintergrund deutlich sichtbar. Die großen, kugelförmigen Augen und die Anordnung der Figuren verleihen ihnen einen eigenartig ruhigen Ausdruck. Eine Gestalt scheint von einem großen vierfüßigen Vogel angegriffen zu werden. Zwei andere knien einander gegenüber und halten in der Mitte einen Baum (Bild 186). Eine weitere hockende Gestalt entfaltet massiv und breit ihre weiten Flügel (Bild 187). Diese Kapitellplastik entspricht dem »Daniel« in Deuil-la-Barre und der Versuchung in Saint-Thibault-des-Vignes. Es handelt sich um die gleiche regionale Ausdrucksweise, doch verleiht die friedliche Monumentalität der Figuren der Kapitellplastik von Cergy eine gewisse Originalität. Sie nähert sich darin einigen Kapitellen der Kirche von La Villetertre (Bild 91 und 92).

Le Bellay-en-Vexin

Le Bellay-en-Vexin liegt gut zehn Kilometer östlich von Magny-en-Vexin. Die Kirche besitzt einige romanische Kapitelle auf Wandvorlagen in dem erhöhten Chorjoch.

Ein gut erhaltenes Kapitell ist an den Kanten mit zwei Büsten geschmückt, deren große Köpfe an die der Kapitelle von Cergy erinnern, obwohl die Komposition überladener ist, das Relief deutlicher hervortritt und die Modellierung geschlossener wirkt (Bild 190). Der Kelch ist breiter als hoch und ein wenig ausladend. Die Figuren füllen die gesamte Höhe. In einer Ecke sieht man eine gekrönte Frau, deren Gesicht von langen Zöpfen gerahmt ist (Bild 191). In der anderen Ecke erscheint ein bärtiger Mann, der seinen Arm zur Königin hin ausstreckt, ohne sie anzusehen. Er hält in seiner Hand eine Art Stock oder Rohr, das ein Vogel mit seinem Schnabel ergreift. Ein weiterer Vogel versteckt seinen Kopf hinter dem Arm. Manche Gewandfalten sind einfach eingeritzt, andere Oberflächen sind sorgsam bearbeitet. In den von dicken Brauen umrandeten Augen sind die Pupillen gebohrt. Die Krone, die Zöpfe, das Gefieder der Vögel sind detailliert gezeichnet. Anders als in Cergy drückt sich in diesen Gesichtern mit dem schweren, eigensinnigen Kinn eine gewisse Willenskraft aus.

Arthies

Die Kirche von Arthies ist etwa auf halbem Weg zwischen Mantes und Magny-en-Vexin gelegen.

Ihre wenigen noch aus romanischer Zeit stammenden Kapitelle belegen die Beziehungen zur benachbarten Normandie oder zu den Werken, die mehr oder weniger von dorther beeinflußt sind wie die Kapitelle in Cormeilles-en-Vexin. Die Schrägen der Deckplatten sind mit Rollenfriesen oder vertieften Dreiecken verziert. Die breiten Kelche tragen am unteren Rand mehrfach einen Blattkranz. Den flacheren oberen Teil gliedern zwei Stengel, die sich an den Ecken als Voluten einrollen. Zwischen den Rippen sieht man eine Maske (Bild 193) oder Blattwerk mit stilisierten Rippen im Mittelteil (Bild 192). Die verschiedenen Formelemente der Kelche sind deutlich konturiert. Die etwas schwere Modellierung mildert die Härte der Formen.

Coulombs

Die Benediktinerabtei Coulombs erhob sich einst am Ufer der Eure nahe bei Nogent-le-Roi, im Norden von Maintenon. Vor Ort steht heute nur noch das Eingangsportal des ehemaligen Klosters. Der Louvre in Paris bewahrt noch zwei Säulen, die aus Coulombs stammen. Beide sind so geschaffen, als beständen sie aus vier spiralartig umeinander und in sich gedrehten, auf einem gemeinsamen Sockel und einer vierpaßförmigen Basis stehenden Säulchen (Bild 194). Ein einziges gemeinsames Kapitell auf einem vierpaßförmigen Schaftring bekrönt die Pfeiler. Die Windungen der Teilsäulen sind durch schmale Leisten oder kleine Blüten hervorgehoben; andere Pfeilerschäfte sind durch buschiges Blattwerk und kräftige Rosetten geschmückt. An der Nahtstelle der Schäfte sind sehr plastisch kleine Figuren und phantastische Wesen eingefügt. Sie sind in ganz unterschiedlichen Haltungen dargestellt, mit dem Kopf nach oben oder nach unten, die Beine angezogen oder gestreckt, die Arme erhoben, herabhängend oder angewinkelt (Bild 197). Die kräftige Ausformung der Rosetten und des Rankenwerks, die festumrissene Zeichnung der Figuren und die bandartige Faltengebung der Gewänder lassen unweigerlich an die romanische Kunst Burgunds und hier ganz besonders an Vézelay denken.

Nur ein einziges Kapitell blieb gut erhalten. Auf seiner hohen Deckplatte hebt sich ein kräftiges, klar konturiertes Rankenwerk ab. Der Kelch schließt oben mit einer Reihe ausladender Arkaturen mit Architekturmotiven ab, die unmittelbar an die Kapitelle am Königsportal von Chartres erinnern. Darunter sind drei Szenen der Kindheit Jesu dargestellt: die Verkündigung an die Hirten, die Geburt (Bild 195) und den Traum der Weisen (Bild 196). Das Relief ist kräftig und klar umrissen. Es zeichnet sich durch sorgsame Bearbeitung der Oberflächen und der Details aus, was zum Beispiel am Stuhl des Joseph in der Geburtszene deutlich wird. Sehr lebendig wirken die Gewänder, deren Falten und Bordüren vielfach bandartig durch zwei parallele Linien gebildet sind. Offensichtlich standen die Bildhauer von Coulombs in Beziehung mit den Künstlern des Königsportals in Chartres – die Stadt liegt weniger als 30 Kilometer entfernt –, andererseits aber auch mit Burgund. Der Einfluß von Vézelay auf bestimmte Skulpturen des Königsportals ist bekannt. Das gilt besonders für das Portal der Himmelfahrt. Coulombs könnte eine Zwischenstation sein. Auf jeden Fall bestätigt sich hier der in der Kunst der Ile-de-France spürbare burgundische Einfluß, der sich im zweiten Viertel des 12. Jahrhunderts auch in Étampes bemerkbar macht.

Dreux

In der nordwestlich von Coulombs, nicht weit vom Tal der Eure entfernt gelegenen Stadt Dreux gab es bis zur Revolution die Stiftskirche Saint-Étienne. Aus ihrer Frühzeit – die Kirche wurde im Jahre 1142 geweiht – haben sich neun Kapitelle erhalten. Die kleinsten wurden im Schloß wiederverwendet (Bild 203), während die bedeutendsten – sie bekrönten einst die Säulen der Apsis – seit 1950 im Museum der Stadt zu finden sind. Hinzu kommt ein Kapitell vom Portal der Kirche.

Diese Werke zeigen erzählende Darstellungen. Auf dem Kapitell vom Portal sieht man die Geburt zwischen der Verkündigung an die Hirten und der Heimsuchung (Bild 198). Den oberen Teil des Kelches bilden mit Architekturen geschmückte Arkaturen, ähnlich dem Dekor des Kapitells von Coulombs, das heute im Louvre zu sehen ist. Hier spürt man ebenfalls ganz deutlich den Einfluß des Königsportals von Chartres. Gleichwohl fehlte dem Bildhauer von Dreux die ornamentale Geschicklichkeit des Künstlers von Coulombs. Auch vermißt man die langgestreckten Proportionen und das sich plastisch abhebende Relief der Chartreser Bauhütte. In Dreux wirken die Formen schwer und voluminös, die Ausführung ist derber. Die Köpfe sind übergroß und rund. Ihre großen, hervortretenden Augen mit den gebohrten Pupillen erscheinen fremd und starr. Es ist die lokale Interpretation einer verfeinerten Kunst, von der noch besonders das kraftvolle Relief zeugt. Obwohl die Chorkapitelle nicht den baldachinartigen architekturbekrönten Abschluß haben, handelt es sich dennoch um Werke derselben Werkstatt mit dem gleichen schweren Figurenschmuck. Eins von ihnen zeigt auf der einen Seite eine sitzende Maria, die ihr Kind stillt (Bild 199), während auf der benachbarten Seite in der Szene der Anbetung der Drei Könige die gekrönte Himmelskönigin dargestellt ist (Bild 200). Auf einem anderen Kapitell ist ein seltenes ikonographisches Thema behandelt, das sich von einem Medaillon des Glasfensters der Passion in der Fassade der Kathedrale von Chartres herleitet. Dargestellt ist die Salbung des Leichnams Christi bei der Grablegung (Bild 201 und 202). Der Chartreser Einfluß scheint unbestreitbar zu sein, obwohl die Bildhauer von Dreux vermutlich nicht am Königsportal von Chartres beteiligt waren.

Portale und Tympana

Was für die Kapitelle gesagt wurde, gilt auch für die Portale. Viele wurden bereits in den vorangehenden Beschreibungen der Kirchen vorgestellt. An dieser Stelle wollen wir noch auf einige Beispiele eingehen, die charakteristisch sind, deren Kontext aber in späteren Epochen weitgehend umgestaltet wurde. Von anderen Portalen blieben nur Fragmente des Tympanons erhalten, die sich zum Teil nicht mehr an ihrem ursprünglichen Platz befinden. All diese Tympana sind figürlich gestaltet und deshalb von Interesse, weil man an ihnen die typischen Merkmale der Skulptur vor der Entwicklung der Portale mit Gewändefiguren aufzeigen kann.

Eins der im folgenden beschriebenen Werke – es stammt aus Carrières-Saint-Denis – ist heute als Retabel im Louvre ausgestellt. Dabei handelt es sich aber möglicherweise um die Fragmente eines unvollständigen Tympanons.

Mervilliers

Mervilliers, ein kleines Dorf im Süden des Departements Eure-et-Loire, besitzt eine Kirche, die man seit der Revolution zweckentfremdet als Scheune benutzte. Das Portal ist vermauert. Das Tympanon, das man damals abgetragen hatte, wurde in der ersten Hälfte des 19. Jahrhunderts unter den Spalierbäumen wiedergefunden. Es scheint sich nun erneut an seinem ursprünglichen Platz zu befinden, denn der Abstand der seitlichen Säulen entspricht der Breite des Tympanons.

Die verwitterten Säulen liegen an der mit Diamantspitzen geschmückten Türlaibung und sind mit skulptierten Kapitellen bekrönt. Der Schaftring ist wuchtig, die durch eine Rille unterteilte Deckplatte dagegen verhältnismäßig schmal. Das rechte Kapitell ist aus einem Block gearbeitet, der sich in der Laibung fortsetzt. Eigenartig ist sein Skulpturenschmuck, ein Kopf aus stilisierten Blättern (Bild 205). Der Mund ist durch die obere Zahnreihe angegeben, unter der eine Art strähniger Bart hervorkommt, der wie ein abgeschnittenes Blatt aussieht. Das Gesicht rahmen zwei breite, hängende Palmetten, die die beiden großen Ohren bilden. Über einem Stirnband aus drei Streifen entfalten sich zwei Palmetten wie zwei breite Federn eines Helms. Die von einem Wulst umgebenen, sehr breiten Augen tragen zum fremdartigen Aussehen dieses Kopfes bei, der an eine Darstellung eines vorkolumbianischen Kriegers mit Federschmuck erinnert. Die Komposition ist symmetrisch aufgegliedert und das Sujet nuanciert gezeichnet. Das linke Kapitell umschließen kräftig reliefierte Palmetten.

Das Tympanon selbst ist von einem vorspringenden flachen Band mit einer Inschrift eingefaßt (Bild 204). Auch hier zeigt sich das Bemühen um eine strenge Komposition, obwohl die Gestaltung des Tympanons in zwei Registern friesartig erscheint und die Figuren auf dem großen kahlen Hintergrund etwas beziehungslos wirken. Das obere Register ist schmaler und dicht skulptiert. Das Thema ist leicht zu erkennen: In der Mitte erscheint Christus, dessen Gestalt auf die Halbfigur verkürzt dargestellt ist. Er trägt auf seinem Haupt einen Goldreif mit einem Kreuz, das in die umlaufende Inschrift hineinragt (Bild 206). Beide Arme sind erhoben, die Rechte segnet und die Linke hält ein offenes Buch, auf dessen Seiten Alpha und Omega eingemeißelt sind. Seitlich davon erkennt man in den Wolken die Büsten von zwei Engeln, die Weihrauchgefäße schwingen. Einer irdischen Szene widmet sich der untere Teil des Tympanons. In der Mitte sitzt eine bärtige Gestalt auf einem Stuhl ohne Lehne. Sie trägt eine kurze Tunika, darüber einen am Hals von einer Brosche zusammengehaltenen Mantel und eine gerippte Mütze auf dem Kopf. Die linke Hand umfaßt eine Art von Zepter, während der rechte Arm ausgestreckt ist, um die zylindrische Büchse entgegenzunehmen, die ein kniender Ritter darreicht. Der Kopf des Thronenden ist in Dreiviertelansicht dem Ritter zugewandt. In Höhe des Kopfes liest man auf dem Grund des Tympanons eine Inschrift: IEORGIUS, Georg. Hinter dem knienden, in Panzerhemd und mit Helm dargestellten Ritter führt in der Ecke des Tympanons der kleine Schildknappe des Ritters dessen geharnischtes Pferd am Zügel. Auf der rechten Seite – und hier zeigt sich der friesartige Charakter der Komposition noch deutlicher – wendet sich ein Mönch mit Tonsur der Mittelfigur zu, die rechte Hand zum Segensgestus erhoben. Er steht im Meßgewand vor einem auf Säulen ruhenden Altar. Darüber ragt die Hand Gottes aus den Wolken. In der rechten Ecke sitzt eine winzige Gestalt auf einem Schemel. Nach außen gewendet schreibt sie auf ein Schriftband, das sich mit dem das Tympanon umlaufenden Band vereint.

Die teilweise ausgelöschte Inschrift gab Anlaß zu verschiedenen Interpretationen und Erneuerungen, wie zu der recht unwahrscheinlichen von Quicherat. Abbé Sainsot las um 1900: HERBERTUS WILLERMUS SIMILITER CONCESSIT ... REMBANDUS MILES MICHI CONTULIT EJUS HERES GAZAS PRESENTES CET HABERET FINE CARENTES, was übersetzt bedeuten kann: »Herbert Wilhelm gestattet ... Rembaud Ritter trat mir diese reichen Geschenke ab, um jene zu besitzen, die niemals enden.« Weder Georg, die Zentralfigur, noch Herbert Wilhelm oder Rembaud sind eindeutig zu identifizieren. Auf alle Fälle erinnert dieses Tympanon an eine bedeutende Schenkung in Gegenwart eines Lehnsherrn (Georg) oder zu Ehren des heiligen Georg für eine religiöse Einrichtung. Mervilliers unterstand dem Kapitel der Kathedrale Sainte-Croix in Orléans. Galt ihm die Stiftung? Nur sehr selten findet man in der Skulptur solch eine Schenkung dargestellt. In diesem Zusammenhang erinnert man sich aber an das Tympanon des Annenportals von Notre-Dame in Paris, auf dem die Gottesmutter in ihrer Herrlichkeit von einem König, einem Bischof und einer schreibenden Assistenzfigur umgeben ist (Bild 12).

Das Tympanon von Mervilliers ist mit Sicherheit älter, die Komposition wirkt zusammenhangloser. Die Figuren treten zwar in deutlichem Relief hervor, wirken aber ungeschickt proportioniert mit ihren übergroßen Köpfen. Die Details sind sehr schematisiert dargestellt. Es handelt sich wahrscheinlich um ein Werk aus der ersten Hälfte des 12. Jahrhunderts, das vor der Entstehung der großen benachbarten Werkstätten von Étampes und Chartres geschaffen wurde.

Meulan

Das kleine Tympanon von Meulan – der Ort liegt am Ufer der Seine zwischen Poissy und Mantes – ist allem Anschein nach für die Kirche Saint-Nicolas geschaffen worden, befindet sich aber nicht an seinem ursprünglichen Aufstellungsort, sondern ist in die Rückseite der Fassade eingemauert. Die Kirche geht teilweise – zumindest im Bereich des Langhauses – auf das zweite Viertel des 12. Jahrhunderts zurück. Die zwei westlichen Joche stammen aus dem 13. Jahrhundert, während die Fassade im Jahre 1764 erneuert wurde. Das Tympanon schmückte vermutlich die erste romanische Fassade. 1867 wurde es wiederentdeckt, nachdem es neben der Kirche vergraben lag. Das Bogenfeld besteht aus einer einzigen Platte, in die das Relief hineingearbeitet wurde, das heißt der Hintergrund der Darstellung ist aus dem Stein ausgehöhlt. Der Bogenrand ist recht breit und flach und rahmt die Komposition mit einem Zickzackfries ein.

Das Tympanon selbst zeigt in deutlichem Relief drei Figuren, eine stehende Person in der Mitte zwischen einem Löwen und einer geflügelten Sirene (Bild 207). Die Gestalt in der Mitte – ihr Kopf ist zerstört – trägt ein langes auf die Füße fallendes Gewand, das in seiner geschmeidigen und recht natürlichen Faltengebung deutlich die Körperformen nachzeichnet. Die Mähne und das Fell des Löwen, sein Schwanz und die Flügel der Sirene sind sorgfältig herausgearbeitet. All diese Elemente sprechen für eine recht späte Datierung nicht vor die Mitte des 12. Jahrhunderts, obwohl das Thema ausgesprochen romanisch ist. Das Relief und die Modellierung scheinen weiter entwikkelt zu sein als am Nordtympanon von Saint-Étienne in Beauvais (Bild 56), wo man auf eine vergleichbare Komposition trifft.

Le Heaulme

Das Dorf Le Heaulme liegt an der Grenze des Departements Oise, einige Kilometer nördlich von Cormeilles-en-Vexin. Die Kirche wurde im Laufe der Jahrhunderte wiederholt umgebaut. In der Nordwand des Langhauses ist ein zugemauertes romanisches Portal erhalten. Das aus einem Stück gearbeitete Tympanon ist von zwei rundbogigen Archivolten eingefaßt. Ein doppeltes, reliefartiges Zickzackmuster ziert die innere Archivolte, während die äußere Archivolte durch einen Rundstab zwischen Hohlkehlen betont ist. Die Darstellung im Tympanon ist friesartig angelegt (Bild 208). Obwohl die Oberflächen der Figuren heute abgestumpft sind, kann man in der rechten Ecke unten ein Agnus Dei erkennen, das ein Kreuz auf einem langen Stab hält. Ein mit einer Lanze bewaffneter Ritter schließt sich nach links an und ragt mit seinem Pferd über die Mitte des Tympanons. Auf der linken Seite wenden sich zwei Personen dem Ritter zu. Die erste steht aufrecht und hält einen Stab. Die zweite ganz außen links scheint zu knien. Im oberen Feld erkennt man etwas links von der Mitte eine Halbfigur mit ausgebreiteten Armen, umgeben von einer Wolke. Mit großer Wahrscheinlichkeit kann man diese Szene als Darstellung des heiligen Georg deuten.

Der Erhaltungszustand der Skulptur erschwert die Datierung. Der Dekor aus Zickzackbändern, das Figurenrelief, ihre recht natürlichen Proportionen lassen auf das zweite Viertel des 12. Jahrhunderts schließen, zumal die Abweichung von der axialen Komposition eine spätere Datierung kaum zuläßt.

Carrières-Saint-Denis

Im Jahre 1845 entdeckte man in der Kirche von Carrières-Saint-Denis im Nordwesten von Paris drei in der Wand hinter dem Marienaltar eingemauerte Reliefs. Im Jahre 1915 vom Louvre erworben, wurden sie dort zu einer Art Steinretabel zusammengestellt. Die Einrahmung oben und unten wirkt jedoch unvollständig und die drei Tafeln passen sich nur schlecht aneinander. Die seitlichen Ränder sind mit skulptiertem Flechtwerk geschmückt, in das phantastische Tiere eingebunden sind. Das gleiche Rankwerk dürfte sich unten erstreckt haben, es wurde jedoch abgeschlagen. Das Relief wirkt fleischig. Die Details, Perlschnüre, Blattwerk aus gewundenen, breiten Palmetten und Kriechtiere sind in einer fast so kostbaren Art gezeichnet wie die ornamentale Skulptur der Fassade von Saint-Denis. Oben schließen die Tafeln über Bogenstellungen mit einem Architekturfries ab wie bei den Kapitellen des Königsportals von Chartres oder dem Kapitell von Coulombs.

Die mittlere Tafel ist höher als die beiden seitlichen, begrenzt durch zwei kleine Säulen, deren zickzackgemusterte Schäfte vollständig vom Hintergrund losgelöst sind. Basen, Sockel und Kapitelle sind wie die Säulen am Apostelrelief von Saint-Denis (Bild 18) geschmückt. In der Mitte ist eine thronende Muttergottes dargestellt (Bild 209), auf dem linken Flügel eine Verkündigung (Bild 210) und rechts die Taufe Christi. Diese drei Themen sind eigenartig miteinander verbunden. Auf einem Retabel erwartet man in der Mitte eher eine Christusgestalt. Ob es sich hierbei wirklich um einen wohl unvollständigen Altaraufsatz oder vielmehr um einen Teil einer größeren monumentalen Komposition handelt, bleibt ungeklärt.

Die Gestalten heben sich deutlich vom Hintergrund ab und wirken gleichzeitig schmal und fest umrissen. Das Gewand des Engels in der Verkündigung erinnert in der bewegten Faltengebung unwillkürlich an die Kunst von Vézelay. Ein Vergleich dieser Skulptur mit dem Portal der Kindheit Jesu im Vorschiff von Vézelay wird aber erkennen lassen, daß sie viel mehr Ruhe ausstrahlt. Die Jungfrau der Verkündigung und die Gottesmutter mit Kind sind hier frontaler gezeigt und die Faltenlinien der Gewänder wirken symmetrischer. Wie in Coulombs ist der burgundische Einfluß unübersehbar. Er kann durch Saint-Denis, beispielsweise durch das Apostelrelief, vermittelt worden sein.

Argenteuil

Im Jahre 1952 wurde in dem einstigen Bezirk des Priorats von Argenteuil ein beschädigtes Relief gefunden, das heute im Museum der Stadt ausgestellt ist. Dieses Priorat für Nonnen wurde 1129 unter dem Schutz der Abtei Saint-Denis errichtet.

Von der rechtwinkligen Relieftafel ist die untere linke Ecke weggebrochen. Ein teilweise glatter Rahmen hebt sich rechts ab (Bild 211). Die Szene dürfte sich auf dieser Seite nicht fortgesetzt haben, oben und unten aber scheint die Platte abgeschlagen zu sein und auch links kann sich die Darstellung noch auf eine oder mehrere Tafeln erstreckt haben. Tatsächlich zeigt dieses Fragment, sei es ein Bruchstück eines Tympanon oder eines Altaraufsatzes, einen Ausschnitt einer Darstellung der drei Frauen am Grabe, beziehungsweise die Auferstehung in der Darstellungsform, wie sie vor der Gotik üblich war. Die heiligen Frauen fehlen. Sie waren vermutlich auf einer angrenzenden Relieftafel skulptiert. Auf der erhaltenen sieht man oben links das offene leere Grab mit einem konischen Dach, das in einer Spitze mit einer hohen Kreuzblume ausläuft. Das Ganze ist von einer Bogenstellung umgeben, die auf zwei Säulen ruht. Diese Darstellung des Heiligen Grabes steht den Elfenbeinschnitzereien oder der Buchmalerei aus karolingischer Zeit nahe.

Oben rechts sitzt ein in Seitenansicht gezeigter Engel auf einem Sessel mit Lehne, den Kopf dem Besucher zugewandt, und zeigt auf das Grab. Zwei große Flügel breiten sich hinter seinem Kopf aus. Zu seinen Füßen erkennt man die schlafenden Wachsoldaten.

Der Stil ist recht grob und die Komposition wirkt ungeordnet. Die stark betonten Konturen sind um das Motiv tief eingeschnitten, während das Relief selbst flach bleibt. Die Köpfe sind überproportioniert und wenig gegliedert. Die Personen haben keine feste Standfläche. Der Unterschied zu den Reliefs von Carrières-Saint-Denis ist offensichtlich: Das Relief von Argenteuil ist älter, entstand also vor dem Eindringen der burgundischen Kunst in die Ile-de-France. Das in regionaler Tradition ausgeführte Werk geht auf vorromanische Quellen zurück. Soll man es nach 1129 ansetzen und dem Saint-Denis unterstellten Priorat zuordnen, wie es A. Lapeyre vorschlägt, oder soll man es in eine frühere Epoche datieren? Wegen der noch lang fortlebenden regionalen Tradition kann man eigentlich keine scharfe Trennungslinie ziehen, doch dürfte das Relief nicht nach 1130–1135 geschaffen worden sein, weil Suger seit jener Zeit für die Gestaltung der Fassade von Saint-Denis Künstler von weither kommen ließ.

Glockentürme

Den romanischen Glockentürmen der Ile-de-France gebührt ein eigenes Kapitel, obwohl schon viele von ihnen im Zusammenhang mit den bedeutendsten Kirchen beschrieben worden sind.

Ihre charakteristische Silhouette prägt das Aussehen der Dörfer und Weiler, die hohe Spitze macht sie schon von weitem sichtbar. Wie ein Schäfer seine Herde versammelt, so scheinen sich die Häuser um den Turm zu gruppieren. Oft haben die soliden Steinbauten der romanischen Glockentürme die Kirchen überlebt, die im Laufe der Jahrhunderte immer wieder umgebaut und verändert wurden. Der romanische Turm blieb der dauernde historische Fixpunkt in der Landschaft.

Die außerordentliche Vielfalt in der Gestalt der Glockentürme spricht für die schöpferische Kraft unserer Vorfahren. Schon die Dächer zeigen einen bemerkenswerten Erfindungsreichtum. Der Turm, der durch seine beherrschende Höhe den Blitz mehr anzieht als alle anderen Bauten der mittelalterlichen Stadt, wurde, um ihn vor einem plötzlichen Blitzschlag zu schützen, mit einer steinernen Spitze gedeckt. So entstanden allmählich aus den kurzen Pyramiden des 11. Jahrhunderts kühne und elegante Turmspitzen. Weitere charakteristische Merkmale der Glockentürme der Ile-de-France sind die harmonischen, niemals gedrungenen Proportionen und das Bemühen um eine Ausschmückung, die sich mit zunehmender Höhe und zunehmendem Aufblick gen Himmel verfeinert und an Reichtum gewinnt. Der Glockenturm ruft die Menschen zum Gebet, erhebt sie zur geistlichen Besinnung und ist somit auch und vor allem ein religiöses Symbol.

Nicht alle romanischen Glockentürme der Ile-de-France können wir hier behandeln. Eine wissenschaftliche Arbeit befaßte sich kürzlich mit mehr als 40 Türmen allein in dem Gebiet des Vexin Français zwischen Seine und Oise. Viele wurden in der Gotik erneuert und erhöht. Hier stellen wir nur die repräsentativsten und die am besten erhaltenen Beispiele vor. Um langweilige Wiederholungen in den Beschreibungen zu vermeiden, fassen wir die Glockentürme in bestimmten Artengruppen zusammen.

Die Vorhallentürme

Ein erstes interessantes Kriterium ist der Standort des Turms bezüglich des Kirchengebäudes, mit dem er stets unmittelbar verbunden ist. Zunächst überrascht die verhältnismäßig große Zahl der vor der Fassade errichteten Vorhallentürme, die auf doppelte Weise mit der Kirche verbunden sind, einerseits durch das Eingangsportal und andererseits durch die Empore, die sich auf das Längsschiff öffnet. Einige dieser Türme sind im Laufe der Zeit verschwunden, wie zum Beispiel der von Ressons-le-Long. Man weiß, daß die zwischen 1020 und 1034 gebaute romanische Kathedrale von Chartres im 11. Jahrhundert mit einem großen Vorhallenturm versehen war, den man sich wahrscheinlich ähnlich wie den Turm der benachbarten Abtei Saint-Pierre vorstellen kann (Bild 124). Der bewundernswerteste Turm dieser Art ist sicherlich der von Saint-Germain-des-Prés in Paris (Bild 1), gebaut unter Abt Morard († 1014). Tatsächlich entwickelte sich dieser Fassadentypus mit dem vorliegenden Turm kurz vor dem Jahre 1000 in Frankriech, doch blieb kein Beispiel erhalten, das älter ist als der Turm von Saint-Germain-des-Prés. Diese gelungene architektonische Lösung vereinigt eine Vorhalle, eine Empore beziehungsweise eine Kapelle im Obergeschoß und den Glockenturm, ohne den Zugang zum Langhaus zu behindern und betont zugleich die Fassade. Diese Bauform behielt man im 12. Jahrhundert bei, wie der Turm von Saint-André in Château-Landon zeigt (Bild141). Derartige Vorhallentürme wurden überall in der Ile-de-France im Norden wie im Süden, im Westen wie an den Grenzen der Champagne errichtet.

In ihrer Gestalt gab es Unterschiede. Der annähernd quadratische Turm wirkt verhältnismäßig schmal in Saint-Germain-des-Prés und in Morienval (Bild 21), während sein massives Aussehen in Saint-Pierre in Chartres oder in Châteaudun dem eines Donjons gleicht. In Poissy (Bild 99) und in Étampes (Bild 103) verfeinert sich die Form und bildet unter der bekrönenden Spitze ein Achteck. Zusätzlich zu den bereits erwähnten Beispielen sollen nun noch die Vorhallentürme von Orrouy und Créteil beschrieben werden.

Orrouy liegt am Rand des Waldes von Compiègne, einige Kilometer von Morienval entfernt. E. Lefèvre-Pontalis hat nachgewiesen, daß sich der Vorhallenturm dieser Kirche unmittelbar von jenem der Abteikirche ableitet. Das Bauwerk wurde teilweise im 16. Jahrhundert erneuert. Die Breite des Vorhallenturms entspricht der des Mittelschiffs. Die beiden unteren Geschosse sind von schräg auslaufenden Eckstrebepfeilern gestützt. Im Erdgeschoß öffnet sich ein modernes Portal unter einem Kielbogen. Es führt in die mit einer Spitztonne überwölbte Vorhalle. Zwei große Spitzbögen verstärken die Seitenmauern. Das erste Stockwerk erhellen zwei kleine rundbogige Öffnungen mit ausgeschweiftem Fenstersturz. Gesimsbänder trennen die Stockwerke. In den beiden oberen Geschossen liegen auf jeder Seite zwei Paare von Zwillingsfenstern unter zwei rundbogigen Entlastungsbögen. Kleine eingebundene oder freistehende Säulen tragen die Bögen. Die Deckplatten laufen als Band um den Glockenturm und bekrönen die schlanken Ecksäulen. Die Kapitelle sind mit großflächigem, glatten Blattschmuck skulptiert. Ein Kranzgesims auf Kragsteinen betont das Satteldach und die Giebel, in denen sich ein schmuckloses Rundbogenfenster öffnet. Die beiden oberen Stockwerke entsprechen tatsächlich weitgehend dem letzten Geschoß des Vorhallenturms von Morienval.

Der Turm von *Créteil*, im Südosten von Paris, blieb weniger gut erhalten. Er lehnt sich an ein im 13. Jahrhundert erneuertes Gebäude an und wurde selbst im 19. Jahrhundert stark restauriert. Dabei sind das Tonnengewölbe im Erdgeschoß und die Außenwände überarbeitet worden. Der Turm besitzt drei Stockwerke, von denen das letzte nicht romanisch ist. Die beiden unteren Geschosse trennt ein recht einfaches Bandgesims; auch die Eckstrebepfeiler und die rundbogigen Öffnungen blieben schmucklos. Die Vorhalle im Erdgeschoß wird im Innern an jeder Seitenwand durch zwei rundbogige Blendarkaden auf eingebundenen Säulen mit Bogenkämpfern verstärkt; sie scheinen teilweise ursprünglich zu sein. Die beiden sehr breiten Gurtbögen die sich unter dem Tonnengewölbe spannen, liegen auf Säulenvorlagen an Wandpfeilern auf. Hinten blieben in der Vorhalle die alten, durch drei Rundstäbe profilierten Säulenbasen erhalten. Authentisch scheinen auch die Kapitelle rechts beim Eingang zu sein, ebenso die links im Hintergrund mit dem Flechtwerkornament. Sie zeugen davon, daß dieses Werk zu Beginn des 12. Jahrhunderts entstand. In der Nachfolge des Vorhallenturms entwickelte sich – wahrscheinlich unter dem Einfluß der Baukunst der Normandie – das Westmassiv mit einer Vorhalle im Erdgeschoß, der Emporenkapelle im Obergeschoß und zwei Glockentürmen. Diese Bauform kommt erst im 12. Jahrhundert auf. Das typischste Beispiel bietet die Pfarrkirche Saint-Leu-d'Esserent; vor allem durch seine nach außen offene Vorhalle ist das Erscheinungsbild noch ganz romanisch (Bild 78). Der massive Südturm – man weiß nicht, ob je ein Nordturm existiert hat oder ob er zerstört wurde – ähnelt in den beiden oberen Geschossen mit den rundbogigen Öffnungen dem Vorhallenturm von Morienval, obwohl hier der Turm mit einer Spitze abschließt. Saint-Denis (Bild 13) und die Kathedrale von Chartres gehören mit ihren beiden Türmen, die abgetrennte und nach innen vom Erdgeschoß an geschlossene Elemente bilden, einem anderen Typus an und sind letztlich gotischer.

Die Zwillingstürme am Chor

Bevor sie auf den Gedanken kamen, zwei Türme an der Fassade zu errichten, hatten die Baumeister der Ile-de-France wiederholt Zwillingstürme errichten lassen, die den Chor flankieren. L. Grodecki wies nach, daß diese Form im 10. Jahrhundert in Trier entstanden sein muß. Sie erlangte daraufhin in Lothringen und in der Champagne eine gewisse Verbreitung. In der Ile-de-France fand sie im 11. Jahrhundert an den Kirchen Saint-Germain-des-Prés in Paris, Notre-Dame in Melun und in Morienval Niederschlag (Bild 21). Auch für die Kirche in Rhuis war diese Bauform vorgesehen, doch begnügte man sich dort schließlich mit nur einem Turm (Bild 31). Die heute sehr beschädigte Kirche *Saint-Aignan in Senlis* muß schon seit dem 11. Jahrhundert zwei Chortürme gehabt haben, also bereits vor Errichtung derjenigen von Morienval. Nur der Sockel eines der beiden Türme blieb erhalten.

Interessanterweise sind die drei ältesten Beispiele, Saint-Germain-des-Prés, Melun und Senlis in Städten zu finden, die zur Zeit der Kapetinger direkt mit dem Königtum verbunden waren. Die Zwillingstürme am Chorhaupt findet man folglich nur an Gebäuden von einer gewissen Bedeutung und niemals an ländlichen Kirchen. Das erklärt sich wahrscheinlich aus den anfallenden Kosten; für eine Pfarrkirche mußte ein Glockenturm genügen. Die Kostenfrage war letztlich immer ausschlaggebend, wie beispielsweise in Rhuis, wo zwei Türme vorgesehen waren, aber nur einer verwirklicht werden konnte. Gleichwohl fanden die Zwillingstürme am Chor in der Ile-de-France eine Nachkommenschaft an gotischen Bauwerken, wie an der Kathedrale von Senlis, in Saint-Leu-d'Esserent und an der Kathedrale in Chartres.

Der Glockenturm auf einem Seitenschiff

Statt der Türme beiderseits des Chors begnügten sich die Baumeister in romanischer Zeit wie in Rhuis oftmals damit, den Glockenturm über dem Ostabschluß eines der beiden Seitenschiffe zu errichten. Viele Kirchen der Gegend besaßen ein Mittelschiff mit Seitenschiffen. Die meisten entstanden seit dem 11. Jahrhundert, wie La Madeleine in Châteaudun oder Saint-Martin-des-Champs in Paris (Bild 6), Oulchy-le-Château oder Retheuil (Bild 38). Allem Anschein nach wurde der Turm häufiger im Süden errichtet, doch gibt es dafür keine Regel und sicherlich entschieden die Beschaffenheit des Geländes und der zur Verfügung stehende Platz über den Standort. So steht der Glokkenturm in Marolles-sur-Ourcq und in Châteaudun im Norden. Gelegentlich lehnt der Glockenturm auch am Chor, sofern dieser Seitenschiffe besitzt, wie in Notre-Dame in Château-Landon. Ähnlich sah es vielleicht auch in Saint-Martin-des-Champs aus vor dem Wiederaufbau des Chorhaupts im 12. Jahrhundert.

Die Errichtung des Glockenturms am Ende des Seitenschiffs verlangt den Bau einer soliden auf zwei Seiten geschlossenen Sockelzone. Die Türme von Retheuil und Oulchy-le-Château sind zwischen den Eckstrebepfeilern zusätzlich durch Entlastungsbögen gestützt. Unter den bisher nicht erwähnten Glockentürmen verdienen mehrere, besonders hervorgehoben zu werden. In *Oulchy-la-Ville* nahe bei Oulchy-le-Château besitzt die Kirche kein Querschiff, sondern endet mit drei Ostapsiden. So erhebt sich der im Süden errichtete Glockenturm über dem Abschluß des Seitenschiffs, der zugleich ein Chorjoch ist. Der Turm erscheint wie eine vereinfachte Ausführung des Glokkenturms von Oulchy-le-Château. Er besteht nur aus zwei anstatt aus drei mit Öffnungen versehenen Geschossen. Nur das letzte Stockwerk ist mit kleinen Ecksäulen geschmückt; die Strebepfeiler reichen im Unterschied zu Oulchy-le-Château bis zu den Öffnungen des ersten Stockwerks und darüber liegt ein Satteldach auf zwei Giebeln. Die rundbogigen Doppelfenster teilt in der Mitte eine kleine Säule, und Rollenfriese betonen die enge Verwandtschaft. Die beiden Türme scheinen sich übrigens von den Zwillingstürmen in Morienval herzuleiten wie auch vom Turm in Retheuil.

Der Glockenturm von Saint-Martin in *Moisenay* bei Melun steht an der Nordseite des Chors einer im 13. Jahrhundert erneuerten Kirche. Über der Sockelzone folgt ein hohes Geschoß mit leicht spitzbogigen Zwillingsfenstern, in deren Abstufung schlanke Säulen eingestellt sind (Bild 212). Die Deckplatten sind durch ein umlaufendes Gesimsband verbunden. Ein Kranzgesims auf Kragsteinen bildet den Abschluß unter der achteckigen Spitze, an der vier dreieckige Pyramiden anliegen. Ein rechteckiges übergiebeltes Dachfenster öffnet sich an der Basis der vier Hauptseiten. Die Grate der Spitze sind durch aufgelegte Rundstäbe abgemildert. Die Form der Bögen und der Giebel spricht für ein späteres Werk aus der Mitte des 12. Jahrhunderts.

Der Glockenturm der Kirche von *Nogent-sur-Marne* bei Paris steht ebenfalls am Ende eines nördlichen Seitenschiffs, das zu einem Bauwerk des ausgehenden 13. Jahrhunderts gehört. Der von Strebepfeilern gestützte Sockelbau erhält sein Licht durch eine rundbogige Öffnung, deren doppelte Reihe von Keilsteinen von einem Bandgesims umgeben ist, das horizontal auf den Turmseiten weiterläuft. Das obere Stockwerk besitzt auf jeder Seite zwei rundbogige Zwillingsfenster mit eingestellten schlanken Säulen unter zwei zugespitzten Entlastungsbögen. Wie bei den unteren Öffnungen umgibt ein Bandgesims die Entlastungsbögen. Die Turmspitze gleicht in ihren Eckpyramiden, ihren Dachfenstern und den Rundstäben auf den Graten der von Moisenay.

In *Nesle-la-Vallée* bei Isle-Adam im Nordwesten von Paris erhebt sich der Glockenturm im Süden einer gotischen Kirche vom Ende des 12., Anfang des 13. Jahrhunderts. Sein durch Strebepfeiler verstärktes Untergeschoß wird durch ein rundbogiges Fenster beleuchtet, das durch zwei schlanke Säulen und ein mit Diamantspitzen besetztes Band gerahmt ist. Die beiden oberen Stockwerke sind an jeder Seite durch zwei ungewöhnlich kräftige Ecksäulen eingefaßt. Alle Stockwerke schließen mit dem für das Beauvaisis typischen Gesims ab und sind auf jeder Seite von rundbogigen Zwillingsfenstern durchbrochen, die im zweiten Geschoß höher und schmaler sind als im ersten. Eine Steinspitze krönt den achteckigen Turm. Ihre Teilflächen sind mit Schuppenornament geschmückt, die Grate unter Rundstäben verdeckt. Vier dreieckige Pyramiden füllen die Ecken aus. Dieser sehr elegante Glockenturm dürfte in der zweiten Hälfte des 12. Jahrhunderts errichtet worden sein.

Der Glockenturm der Kirche von *Mareil-Marly* in der Nähe von Saint-Germain-en-Laye steht am Ende des nördlichen Seitenschiffs. Die Kirche selbst wurde in gotischer Zeit erneuert. An dem quadratischen Untergeschoß liegt im Süden ein kleiner rechteckiger Treppenturm an, der wie die Strebepfeiler unterhalb des einzigen Stockwerks schräg ausläuft. Alle Seiten des Obergeschosses sind von hohen rundbogigen Zwillingsfenstern durchbrochen, in deren abgestuften Bögen ein Rundstab auf eingebundenen Säulen eingelegt ist. Kräftigere Säulen stehen in der Mitte und außen an den Seiten und eine weitere kleine Säule mildert die scharfen Eckgrate. Alle Deckplatten dieser großen und kleineren Säulen bilden ein fortlaufendes Band, auf dem weitere, kürzere Säulen mit Basen und Kapitellen stehen, eine in der Mitte und drei an den Ecken. Die Kapitelle sind mit breiten, flachen Blättern skulptiert, die sich unter den Ecken der Deckplatten einrollen. Ein Diamantfries umgibt die Öffnungen und ein Kranzgesims auf Kragsteinen bekrönt das Geschoß. Darüber erhebt sich eine achteckige Steinspitze, die aber erst aus dem 19. Jahrhundert stammt. Der Turm selbst muß auf die Mitte des 12. Jahrhunderts zurückgehen.

In *Lierville*, südlich der Oise bei La Villetertre, bildet der Glockenturm von Saint-Martin den Abschluß des zum größten Teil noch romanischen südlichen Seitenschiffs. Den quadratischen Unterbau verstärken flache Strebepfeiler. Enge Fenster ohne jeden Schmuck erhellen die beiden Stockwerke. Große Dreiecke grenzen die Sockelzone von dem achteckigen Obergeschoß ab, in dem sich auf jeder Seite ein breites, niedriges Rundbogenfenster öffnet. Die Archivolte jedes Fensters ist mit einem Rundstab und einem vorspringenden Bandgesims geschmückt. Die achtseitige, verhältnismäßig gedrungene und mit Schuppenornament überzogene Spitze trägt an den Graten Rundstäbe. Es handelt sich hier vermutlich um einen der ältesten achteckigen Glockentürme der Region aus den ersten Jahren des 12. Jahrhunderts, vergleichbar dem Chorturm der Kirche von Juziers im Seinetal.

Der Glockenturm über dem Chor

In einigen Kirchen enden die Seitenschiffe im Osten mit einer geraden Mauer und der Glockenturm erhebt sich über dem Chorjoch, wie beispielsweise der schöne Turm von Saint-Vaast-de-Longmont (Bild 34). Er erinnert etwas an die seitlichen Glockentürme, denn das Sockelgeschoß bleibt auf zwei Seiten gut sichtbar.

Die Kirche von *Athis,* einem südlichen Vorort von Paris am Zusammenfluß der Seine und Orge, weicht von der üblichen Anordnung ab, denn ihr Glockenturm bildet, wie ein Vorhallenturm auf drei Seiten vorkragend, den Abschluß des rechteckigen Chors. Das hohe quadratische Sockelgeschoß wird unten in der Achse des Chorhaupts durch ein rundbogiges Fenster und darüber durch ein zweites Fenster auf jeder Seite erhellt. Ein fortlaufender Rollenfries umgibt den Bogenrücken. Die vorspringenden Strebepfeiler steigen bis zur Turmspitze auf. Das Geschoß des Glockenstuhls ist von zwei Kranzgesimsen auf Kragsteinen eingefaßt. Zwei rundbogige Zwillingsfenster öffnen sich auf jeder Seite. Die äußeren Bogenrundungen ruhen seitlich auf zwei zierlichen Säulen und in der Mitte auf einer stärkeren Säule. Der Kapitellschmuck besteht aus großen, flachen Blättern, die sich oben einrollen. Die achteckige Steinspitze ist von vier kleinen Pyramiden flankiert. Die hohe Spitze und die Pyramiden sind wiederum mit dem Schuppenornament versehen, und Rundstäbe verkleiden ihre Grate. Über den vier Hauptseiten ragen übergiebelte Dachfenster mit eingestellten Säulen auf. Die Höhe der Pyramiden und die Form der Giebelfenster lassen vermuten, daß die Spitze ein wenig jünger ist als der Turm selbst, den man wohl in die erste Hälfte des 12. Jahrhunderts datieren kann.

In *Omerville* bei Magny-en-Vexin wird die einschiffige Kirche durch einen eingezogenen Glockenturm nach Osten verlängert. Er bildet sozusagen das erste Joch des Chors, der mit einer Apsis abschließt. Den quadratischen Unterbau erhellen im Norden und Süden kleine Rundbogenfenster. Auf der Südseite liegt ein Treppenturm in dem Winkel zwischen Chor und Langhaus. In das Obergeschoß ist auf jeder Seite ein Zwillingsfenster unter einem runden Entlastungsbogen eingelassen, dessen einzigen Schmuck die Mittelsäule bildet. Bis zu Beginn des 20. Jahrhunderts bekrönte eine achteckige Steinspitze mit vier Eckpyramiden den Turm. Man ersetzte sie durch eine Schieferspitze. Der Turm stammt aus dem 11. Jahrhundert, ebenso die Nordmauer des Schiffs, die wie das Mauerwerk der Basse-Œuvre in Beauvais aus kleinen kubischen Bruchsteinen besteht und mit Lagen in Fischgrätmuster durchsetzt ist.

Die viereckigen Vierungstürme

Einige dieser Chortürme wurden durch spätere Hinzufügungen von Bauteilen, besonders durch querschiffartig angesetzte Joche, zu Vierungstürmen. Das gilt für den Turm der Kirche von Pontpoint bei Verberie (Farbtafel Seite 139) wie für den der Kirche von La Villetertre (Bild 95). Der Glockenturm in Cormeilles-en-Vexin steht zwischen den beiden letzten Jochen der erneuerten und im 18. Jahrhundert wahrscheinlich verlängerten Seitenschiffe. In Épone verhält es sich etwas anders, denn dort bildet der Turm das Mitteljoch des Chors. Vierungstürme gibt es in großer Zahl. Sie sind dem Grundriß der Vierung entsprechend quadratisch oder rechteckig, manchmal auch achteckig, wie wir im folgenden Kapitel sehen werden.

Der Turm von Notre-Dame in *Bougival,* zwischen Paris und Saint-Germain, gehört zu einem gotischen Bauwerk. Auf quadratischem Grund errichtet, umfaßt er zwei reich geschmückte Stockwerke (Bild 213). Jede Seite der beiden Stockwerke besitzt zwei Rundbogenfenster. Im unteren Geschoß sind die beiden Öffnungen durch eine Mittelsäule getrennt, der außen zwei weitere Säulen und an den Ecken schlanke Dienste entsprechen. All diese Säulen tragen Blätterkapitelle, deren Deckplatten sich als Bandgesims fortsetzen. Die Fenster selbst sind gestuft, mit Rundstäben versehen und von einem Zahnschnitt eingefaßt. Vier schlanke Säulen sind ins Gewände eingestellt. Im zweiten Geschoß sind die Öffnungen annähernd gleich, nur sieht man hier die inneren Bögen als Zickzackstäbe gestaltet, und die äußeren Bögen setzen direkt oberhalb der Mittelsäule an. An den vorspringenden Ecken des Turms liegen zwei eingebundene Säulen gleicher Höhe. Darüber laufen drei kleine Säulen bis zum Kranzgesims aus einem Bogenlauf, wie er für das Beauvaisis typisch ist. An der achteckigen Steinspitze beobachtet man wiederum die Rundstäbe und das Schuppenornament. Die vier kleinen Ecktürmchen bestehen aus einem Kegeldach, das von zierlichen Säulen getragen wird. Hinter jedem der kleinen Türme verbirgt sich ein von zwei Säulen und einem kleinen Giebel eingefaßtes Dachfenster. Als Entstehungszeit dieses Turms kann man das zweite Viertel oder die Mitte des 12. Jahrhunderts annehmen.

Er scheint durch den Turm der Kirche Saint-Maclou in *Conflans-Sainte-Honorine* angeregt worden zu sein. Jener Ort liegt zwischen Poissy und Pontoise. Der Turm ist einfacher und besteht nur aus einem hochgezogenen Geschoß, doch sind die rundbogigen Öffnungen ebenfalls mit Zickzackstäben geschmückt, und zwischen den Öffnungen und seitlich der kleinen Ecksäulen sieht man vorkragende Pilaster, auf denen winzige Säulen stehen. Das Kranzgesims besteht aus Bogenpaaren zwischen Kragsteinen. Die restaurierte Spitze und die kleinen Ecktürmchen kommen denen von Bougival sehr nahe.

Auch der Glockenturm von Saint-Germain in *Hardricourt* bei Meulan umfaßt nur ein Geschoß mit Zwillingsfenstern. Seine Ecksäulen liegen ebenfalls zwischen zwei vorspringenden Halbsäulen, während lediglich eine Mittelsäule der äußeren Rundung der Öffnungen entspricht. Diese Rundungen liegen außen auf dünnen Säulen, ähnlich denen der inneren Bögen. Die Kapitelle schmückt breites Blattwerk, das sich unter den Ecken der Akabi einrollt. Ein Kranzgesims auf Kragsteinen unterstreicht die achteckige steinerne Turmspitze, bei der man erneut dem Schuppenornament und den Rundstäben auf den Graten begegnet. Dieser Schmuck wiederholt sich an den vier dreiseitigen Eckpyramiden. Der Turm stammt wie die vier zugemauerten Arkaden der nördlichen Langhauswand aus dem zweiten Viertel des 12. Jahrhunderts.

Der Glockenturm der Kirche von *Joul-le-Moutier* bei Pontoise gehört zur gleichen Familie, doch muß er ursprünglich doppelgeschossig gewesen sein. Das untere Stockwerk verschwand größtenteils, als das Langhaus und der Chor in gotischer Zeit erhöht wurden. Das erste Geschoß besaß wie das zweite auf jeder Seite rundbogige Doppelfenster. Ein charakteristisches Detail bilden die starken Mittelsäulen und die drei Ecksäulen mit unterschiedlichem Durchmesser. Große Ähnlichkeit mit Hardricourt zeigt sich in der großblättrigen Kapitellplastik und in der Spitze mit den Eckpyramiden. Dieser Reihe von Türmen mit Strebesäulen an den Ecken ist auch der seitliche Glockenturm der Kirche im nördlicher gelegenen Nesle-la-Vallée zuzuordnen.

In diese Gruppe gehört auch der Kirchturm von Saint-Pierre in *Santeuil* nordwestlich von Pontoise, Querschiff und Chor bilden einen einheitliches Ganzes, das auf das zweite Viertel des 12. Jahrhunderts zurückgeht. Die Querschiffarme öffnen sich auf Seitenkapellen, die wie der tiefere Chor rechteckig sind. Die Vierung unter dem Turm wurde im 13. Jahrhundert eingewölbt, als man das Langhaus erneuerte, die Querarme und der Chor tragen jedoch noch Spitztonnen und besitzen auch noch einige romanische Fenster. Die Spitze des Glokkenturms wurde im 19. Jahrhundert überarbeitet, während die beiden darunterliegenden Geschosse aus derselben Zeit wie das Querschiff und das Chorhaupt stammen. Wie in Jouy-le-Moutier und in Nesle-la-Vallée sind die Ecken auf jeder Seite durch Strebesäulen gestützt, hier allerdings nur im unteren Bereich, während man am zweiten Geschoß wie in Conflans-Sainte-Honorine Pilaster erkennt. Ein Beauvaiser Kranzgesims ähnlich dem in Bougival trennt die beiden Stockwerke. In den Zwillingsfenstern sind schlanke Säulen unter zwei Archivolten eingestellt. Im ersten Stockwerk zieren Diamantspitzen diese Archivolten, im zweiten eine Zahnschnittleiste.

Ganz in der Nähe von Gaillon, nordwestlich von Meulan, ist der Vierungsturm der Kirche von *Seraincourt* wie der von Jouy-le-Moutier inmitten neuerer Baukörper erhalten geblieben. Er dürfte einer der Prototypen dieser Reihe sein. Er ist nur eingeschossig und schließt mit einem einfachen Satteldach ab (Bild 216). Das Kranzgesims auf Kragsteinen unterhalb der Dachtraufe setzt sich an der Basis der Giebel fort. Die Ecken des Turmgeschosses sind durch zwei Säulen gestützt, die wie Strebepfeiler anliegen. Jede Seite besitzt ein rundbogiges Zwillingsfenster, dessen Stufung durch Rundstäbe betont wird.

Der Glockenturm von *Nogent-sur-Oise* bei Creil und Villers-Saint-Paul ist einer anderen Kategorie zuzuordnen. Der Ort nannte sich bis in neueste Zeit Nogent-les-Vierges in Erinnerung an die heilige Maura und die heilige Brigitta, deren Reliquien in der Kirche aufbewahrt wurden. Ludwig der Heilige hatte sie 1241 von einer Wallfahrt mitgebracht. Daraufhin errichtete man hier den großen gotischen Chor. Das einschiffige Langhaus mit hölzernem Dachstuhl stammt aus dem beginnenden 12. Jahrhundert, ebenso die tonnenüberwölbten Querschiffarme. Kurze Zeit darauf scheint die Vierung überarbeitet worden zu sein, damit sie den dreigeschossigen Turm tragen konnte. Das erste Geschoß liegt heute unter dem Dach verborgen (Bild 215). Die oberen Stockwerke sind auf jeder Seite durch jeweils drei Öffnungen mit eingestellten Säulen durchbrochen. Die Bogenrücken sind im unteren Geschoß durch einen Würfelfries und oben durch ein Band skulptierter Sterne betont. Ein Beauvaiser Kranzgesims unterstreicht die Giebel und die Traufseiten des Satteldachs.

Die Zahl der Öffnungen im Glockenturm von Nogent-sur-Oise läßt an den Kirchturm von *Rully,* etwa zwölf Kilometer östlich von Senlis denken. Der eingeschossige Turm ist massiver und schließt mit einer Steinspitze ab. Einst war er zweigeschossig, doch ist das nach späteren Umbauten nicht mehr zu erkennen. Möglicherweise bildete der querrechteckige Turm ursprünglich das Chorjoch wie in Saint-

Vaast-de-Longmont (Bild 34) oder in Omerville. Säulen mildern die Ecken und reichen hinauf bis zum Beauvaiser Kranzgesims unterhalb der Spitze. Drei Rundbogenfenster öffnen sich in den Schmalseiten; fünf sind es im Osten, wobei die beiden äußeren kleiner sind. Die gestuften Bögen liegen auf eingestellten Säulen. Die äußeren Bögen sind durch ein Zickzackband hervorgehoben. Die Turmspitze besteht aus acht ungleich großen Teilflächen, wobei in die vier breiteren, die von den Grundlinien des Rechtecks ausgehen, ziemlich hoch übergiebelte Dachfenster eingelassen sind. An der Basis der Steinspitze ragen in den Ecken kleine Rundtürme mit konischem Dach auf. Dieser Vierungsturm muß Mitte des 12. Jahrhunderts entstanden sein.

Die achteckigen Vierungstürme

Bei einer gewissen Anzahl von Türmen sind die Geschosse, die die Spitze tragen, achteckig. Hier erfolgt der Übergang von der viereckigen Vierung zu den Turmgeschossen mittels abgestufter Trompen, die außen hinter abgeschrägten Dreiecken verborgen bleiben. Auch sieht man im Unterschied zum Vorhallenturm von Notre-Dame in Étampes (Bild 103) keinen Eckturm und keine Eckpyramide an der Basis der Turmspitze. Notre-Dame in Poissy besitzt mit zwei achteckigen Glockentürmen eine außergewöhnliche Silhouette (Bild 99). Häufiger gibt es allein den Vierungsturm wie in Cambronne, Épone oder Juziers. Die oktogonale Form scheint eng mit der Entwicklung der Steinspitze verbunden zu sein und fand sich in der Ile-de-France wohl nicht vor dem 12. Jahrhundert, während sie in Burgund schon früher existierte, gedeckt mit einer hölzernen Turmspitze. Wenn in der Ile-de-France die Spitze nicht in Stein errichtet ist, dann meist, weil die wirtschaftliche Lage dies nicht erlaubte oder weil sie, wie in Omerville und bei der Notre-Dame in Poissy, später ersetzt wurde.

Die beiden bekanntesten achteckigen Vierungstürme sind neben denen, die schon vorher beschrieben wurden, die von Orgeval und von Feucherolles. Beide liegen in der Nähe von Poissy und sind wahrscheinlich durch die Türme der dortigen Kirche Notre-Dame beeinflußt. Der Vierungsturm von *Feucherolles* besteht über dem Sockelbau nur aus einem Stockwerk. Jede seiner acht regelmäßigen Seiten ist von einem Rundbogenfenster mit doppelter Archivolte durchbrochen, umgeben von einem Rundstab und einem skulptierten Band. Kleine Säulen liegen in der Laibung. Außerdem laufen an den Kanten der acht Seiten dünne Säulen bis zum Kranzgesims empor. Sie scheinen sich in den Rundstäben an der Turmspitze fortzusetzen. Die Spitze ist mit

Schuppenornamenten geschmückt und in unterschiedlicher Höhe von kleinen rechteckigen Öffnungen durchbrochen.

Der Vierungsturm der Kirche in *Orgeval* (Bild 214) erscheint wie eine größere Ausgabe des Turms von Feucherolles. Er besteht aus zwei Geschossen, wobei die oberen Öffnungen niedriger sind als die unteren, ihre Anordnung aber übereinstimmt. Zudem gibt es ein zweites Kranzgesims auf Kragsteinen, das die Stockwerke trennt. In den Seitenflächen der Spitze befinden sich in Höhe des zweiten Drittels kleine übergiebelte Dachfenster. Beide Kirchen sind durch spätere Umbauten verändert worden, die in Orgeval hat aber ihre romanische Apsis bewahrt, welche sich im Osten an den das Chorjoch bildenden Turm anschließt. Sie wird durch drei Rundbogenfenster beleuchtet und trägt eine Halbkuppel. Apsis und der Glockenturm stammen aus dem zweiten Viertel des 12. Jahrhunderts.

Auch in der Oise gibt es einige achteckige Vierungstürme ähnlich denen von Orgeval und Feucherolles. Genannt seien hier die Orte Cauvigny und Foulangues.

Die Aufrisse

Im Laufe der Beschreibungen konnte man beobachten, daß die Anzahl der Turmgeschosse oberhalb des Sockelbaus variiert, daß es sowohl einfache wie zusammengesetzte Öffnungen gibt oder Zwillingsfenster unter einem Entlastungsbogen; die Strebepfeiler enden in unterschiedlicher Höhe, und auch der Dekor wandelt sich. Es zeichnet sich hierin eine gewisse Entwicklung ab, doch zugleich erkennt man eine große Freiheit in der Gestaltung und bisweilen örtlich begrenzte Erscheinungsformen.

Die Turmvorhallen entstanden oft im nachhinein wie in Saint-Germain-des-Prés (Bild 1) und bilden eine besondere Gruppe, auf die wir nicht zurückzukommen brauchen. Die Zwillingstürme von Morienval (Farbtafel S. 97) brachte E. Lefèvre-Pontalis mit einer Anzahl unterschiedlich plazierter Türme des 11. Jahrhunderts in Verbindung, mit Noël-Saint-Martin bei Verberie, mit Rhuis (Bild 31), Retheuil (Bild 38), Pontpoint (Farbtafel S. 139) und Oulchy-le-Château. All diese Kirchen sind der Abteikirche von Morienval recht ähnlich. Sie besitzen doppelstöckige Türme mit zwei rundbogigen Fenstern auf jeder Seite der beiden Geschosse über dem Sockelbau. Eine Ausnahme bildet der Glockenturm von Pontpoint mit drei Öffnungen auf jeder Seite des Obergeschosses. Säulen sind in die Laibungen eingestellt, und Würfel- oder Rollenfriese betonen die Bogenrücken oder die Gesimse, die die Stockwerke trennen. Die Strebepfeiler reichen niemals bis ins Obergeschoß hinauf; in Morienval und Oulchy-le-Château enden sie sogar schon am Unterbau.

Das Obergeschoß ist im allgemeinen an den Kanten mit dünnen Ecksäulen geschmückt, nur in Retheuil nicht, wo eine vereinfachte oder etwas ältere Version vorliegt. Alle Türme sind mit einer kurzen Steinpyramide bekrönt. Diese Kennzeichen sind regional sehr begrenzt, doch scheinen einige für das 11. Jahrhundert typisch zu sein. So begegnet man zu dieser Zeit überall in der Ile-de-France nur einfachen Öffnungen, zum Beispiel in Athis oder an den Zwillingstürmen von Saint-Germain-des-Prés. Sobald man auf Zweierfenster unter einem Entlastungsbogen trifft, muß man an eine etwas spätere Datierung, den Anfang oder die erste Hälfte des 12. Jahrhunderts, denken. Dieser Wechsel wird von einer Veränderung der Strebepfeiler – sie sind nun abgetreppt – und einer reicheren Ausschmückung der oberen Öffnungen begleitet. Das bemerkt man sowohl am Vorhallenturm in Morienval als auch an den Türmen in Marolles-sur-Ourcq, Oulchy-la-Ville, Saint-Vaast-de-Longmont (Bild 34) und Béthisy-Saint-Martin, um in der Region zu bleiben, die Lefèvre-Pontalis untersucht hat. Die Aneinanderreihung einfacher Öffnungen tritt daneben aber auch weiterhin auf, wie zum Beispiel in Rully, doch ist der Dekor auch hier aufwendiger.

Die Öffnungen des 11. Jahrhunderts sind verhältnismäßig breit und kurz, die des 12. enger und höher. Gleichzeitig werden die Säulen feiner und vielfältiger. Dies beobachtet man besonders an einer Gruppe von Glockentürmen südwestlich und westlich von Paris; Bougival (Bild 213) bietet ein gutes Beispiel. Die Säulen vervielfältigen sich an den Ecken und in den Ausschrägungen der Fenster mit unterschiedlichem Durchmesser, so daß sich eine plastische und reiche Wirkung ergibt. Eine andere Entwicklung geht dahin, die Ecksäulen und die in die Öffnungen außen eingestellten Säulen gleichermaßen zu betonen und durch die Deckplatten zu verbinden, so daß die Ecken des Turms wie Pfeiler aussehen, dessen Kanten durch Säulen abgemildert sind. Dieses System zeigt sich beim Turm von Saint-Basile in Étampes in recht später Form.

Ein früheres Beispiel findet man am Turm von Berzy-le-Sec, wo an den Ecken auch noch die Strebepfeiler einbezogen sind (Bild 46). Auch an den achteckigen Türmen läßt sich diese Entwicklung nachvollziehen. Die Zahl der Seitenflächen zwingt zu einfachen Fenstern, aber in der Höhe der Öffnungen und im Dekor folgen sie den gleichen Tendenzen. Die Zahl der mit Öffnungen versehenen Stockwerke variiert im 12. stärker als im 11. Jahrhundert. Wenn der Turm auf einem Chorjoch ohne Seitenschiffe oder am Ende eines Seitenschiffs steht, ist sogar schon der obere Teil der Sockelzone von Fenstern durchbrochen, wie in Marolles-sur-Ourcq. Dort steigert sich der Reichtum des Dekors mit zunehmender Höhe, bleibt das eine Ausnahme. Meist sind beide Geschosse gleichwertig ausgeschmückt. In Orgeval (Bild 214) und Bougival (Bild 213) ist das obere Stockwerk niedriger. Spitzbögen erscheinen erst recht spät an den Türmen, nicht vor der zweiten Hälfte des 12. Jahrhunderts, während das Joch im Erdgeschoß oft schon in den Jahren 1130 oder 1140 ein Kreuzrippengewölbe erhielt.

Die Turmspitzen

Hölzerne Dachstühle findet man in der Ile-de-France in großer Zahl. Sie scheinen für die massiven Vorhallentürme des 11. Jahrhunderts die Regel gewesen zu sein. Satteldächer decken den Vorhallenturm von Orrouy, die verschiedenen Glockentürme in La Villetertre (Bild 95), in Arthies oder Nogent-sur-Oise (Bild 215) sowie die unzähligen Türme bescheidener Landkirchen des 11. und 12. Jahrhunderts. Vielfach sieht man heute allerdings auf den alten Türmen ein Dachwerk aus dem 18. oder 19. Jahrhundert. Unser besonderes Interesse gilt den steinernen Turmbekrönungen. Steindächer in Form von kurzen Pyramiden waren im 11. Jahrhundertweit verbreitet. Es sei nur an die Türme der Gruppe von Morienval erinnert, die Lefèvre-Pontalis untersucht hat. Die hohe steinerne Spitze entwickelte sich seit Beginn des 12. Jahrhunderts. Doch muß man zwischen den Spitzen der achteckigen und denen der viereckigen Türme unterscheiden. Bei den achteckigen Türmen erübrigt sich das Problem der Verbindung von Basis und Spitze. Bei den quadratischen Türmen entwickelten sich verschiedene Lösungen. Am geläufigsten wurde die mit den kleinen dreieckigen Pyramiden. Zunächst bleiben sie kurz und schmucklos wie in Marolles-sur-Ourcq, doch bald gewinnen sie an Höhe und werden durch Schuppenornamente und Rundstäbe an den Kanten geschmückt wie in Saint-Vaast-de-Longmont (Bild 34). Sie haben schließlich eine schlank aufragende, spitze Silhouette, wie wir sie von Nesle-la-Vallée kennen. Derartige Eckpyramiden findet man in allen Gegenden der Ile-de-France, besonders hingewiesen sei jedoch auf die in Athis, Nogent-sur-Marne, Jouy-le-Moutier und Hardricourt.

Eine andere Lösung des Eckproblems bieten kleine Türmchen. Die von Rully sind in ihrer zylindrischen Bauweise die einfachsten, die der Notre-Dame in Étampes (Bild 103) die elegantesten, denn die drei übereinanderliegenden Arkadengeschosse verleihen ihnen das Aussehen von Laternen. Eine mittlere Lösung findet sich in Bougival (Bild 213), wo einfache kleine Säulen eine kegelförmige Haube tragen. Diese durchbrochenen, zierlichen Laternen deuten bereits auf die Lösung von Chartres, in der sich gotische Bauformen ankündigen. Auch die Turmspitze selbst wurde weiterentwickelt. Die eigenartige Rhombenform von Marolles-sur-Ourcq hatte keine Zukunft. Sehr bald kommen die geschuppten Spitzen auf, deren Grate durch Rundstäbe abgeschwächt sind, was bisher weder in Marolles-sur-Ourcq noch in Saint-Vaast-de-Longmont (Bild 34) der Fall war. Die eigenartigste Ausführung sieht man an der Spitze über der Vorhalle von Saint-Leu-d'Esserent, wo die Rundstäbe unten losgelöst und mit Ringen geschmückt sind.

Bereits in den ältesten Steinspitzen öffnen sich in den Teilfeldern rechteckige Öffnungen (Marolles-sur-Ourcq, Béthisy-Saint-Martin). Seit dem zweiten Viertel des 12. Jahrhunderts erscheinen die übergiebelten Dachfenster, die Lukarnen, in den vier Hauptfeldern, die den vier Seiten des Turms entsprechen. Zunächst liegen sie in Höhe der Eckpyramiden wie in Moisenay (Bild 212) oder Athis. Später, in Rully, sind sie etwas höher eingelassen, und schließlich befinden sie sich in Orgeval (Bild 214) nahezu an der Spitze. Die schönsten Lukarnen sind die von Notre-Dame in Étampes (Bild 103), die einen Übergang von dem tambourartigen Sockel der Spitze zu den darüberliegenden Schrägflächen bilden.

All diese Experimente der romanischen Baukunst haben den Weg zu den gotischen Architekturformen geebnet, wie sie zu Beginn des 13. Jahrhunderts in dem Turm der Kathedrale von Senlis im Herzen der Ile-de-France ihren vollendetsten Ausdruck fanden. Andere Regionen wie die Normandie oder das Limousin haben zu der Herausbildung derartiger Turmspitzen beigetragen, doch manifestieren sich Fortschritt und Formvielfalt am deutlichsten in der Umgebung von Paris. So haben die romanischen Kirchtürme der Ile-de-France neben den anderen Elementen der Architektur und Skulptur eine vorrangige Bedeutung in der Durchsetzung des neuen Stils.